徐旭生文集

第十一册

中华书局

一九五四——一九六六年日記

一九五四年

一　月

廿八日,上午學習哲學惟物論,閱《原始社會史》。到所中取回公債收據及利息。下午進行去年工作總鑒定。開始繼續討論夢家問題,後由我作鑒定及同人題意見。

廿九日,早見胥平信。上午學習哲學惟物論,再閱《無政府主義還是社會主義?》,並參閱《原始社會史》。復楊遇夫信。下午黃仲良作鑒定,爲之提意見。晚借開工會時間,討論總路綫問題,因東區學委言本所學習進度不佳,討論改進學習辦法。

三十日,上午夏作銘作鑒定,爲之提意見。下午到地質學院,聽狄超白爲總路綫解答問題。

卅一日,接義詮信。未出門,興惜爭取入黨,作自傳,爲之提意見。稚岐亦回家一會兒,幫助他。發現對《關於黨在過渡時期總路綫的學習和宣傳提綱》應保密文件未保密,後當竭力注意。

二　月

一日,上午作銘繼續鑒定工作;對所中作合理化建議,討論廣泛,發言普遍,相當成功。下午工會開會,討論過舊曆年應作事宜。復錫昌信。

二日,上午學習哲學惟物論,閱完《無政府主義還是社會主義?》,下午看《河南報》及整理報章。

三日,今日爲舊曆元旦,放春節假三日。將七日星期日假期與本星期六掉換,故總爲四日。此四日中**四日**往看侍峰,**五日**看臨照、介眉,**六日**看孟和、廣相。後二人均大病初起,我以前全不知道。來看望的有建功夫婦、苾芬及安間。翔雁、重慶、臨照夫婦、實甫夫婦、愛松、濟川夫婦來,未遇。

七日,上班。聽説作銘因十二指腸出血,躺下,與同人同往他家慰問,勸他早入醫院。後鄭所長來,請子衡對所多負責任,子衡還是謙讓未遑。下午想對下星期六所要講演題目預備講稿,而精神不能集中。翻閱辯證惟物論的小册子(從《蘇聯大百科全書》中譯出)。尹達來訪子衡,我也同他談頗久。

八日,上午學習。閱斯杰潘寧《解釋》書。下午寫講稿千數字。白萬玉借錢,約以明日。李蔭棠到寓所。今日爲朝鮮建軍六周年紀念日,大使館在交道口電影院招待(或爲招待志願軍家屬)看《飛機打獵組》電影;我前往,七點半(實三刻)開始,歸至寓時尚不及十一點。季芳亦受招待,到栴檀寺,看程硯秋演《梁山伯與祝英臺》,歸已十二點過。

九日,因昨夜睡少,全日精神不振。學習時間未看關於辯證惟物論的書。閱《甲骨學商史論叢》中《殷代之天神崇拜》及其後數篇。下午未寫講稿,但在預備中。我在《中國古史的傳說時代》中說過康熙年中宋犖等所刻的《御批通鑑綱目》爲陳桱《通鑑續編》的第一卷,但今日翻閱,内有"四明陳氏"等語,疑非陳桱所著,也不記得當日何據而有此判斷,當找原書看看是否如是。又我此書中,信陳氏關於十二紀一部分,全抄羅泌之説,也不全對。下班後歸家時,過東安市場,買《俄語語法詳解》一本。將汽車月票及本院通行證遺失,疑掉在書攤上,明日當行尋找。

十日,早到東安市場,而書攤主人還没有起床,遂上班,擬下班後再往,但不久市場派出所打來電話,説遺失物已送至該所,可持本機關證明往取云云。今日學習哲學惟物論,我没有參加,預備講稿提綱。到所請沈錦椿同志寫一證明書。下午學習總路綫。下班時到市場派出所取遺失物,彼誡此後宜特别小心。晚丙辰到寓中談。

十一日,仍未學習哲學惟物論以預備講稿。下午到所中借《大戴禮記》,並檢《通志》中關於傳說時代最初期的材料。想找《通鑑外紀》《古史》《皇王大紀》《通鑑前編》、陳桱的《通鑑續編》諸書,檢查其開始部分,乃皆不可得。晚繼續學習總路綫。

十二日,上午聽安志敏講新石器時代,下午因柱子回家,打電話來,請假回家一見,並全家往照像。

十三日,我講整理傳說古史的方法問題,未完。下午到西皇城根二十二號聽許立群關於總路綫改造工商部分的報告。

十四日,今日僅整理即將捐獻的古物,並爲之作目録而已。

十五日,學習哲學惟物論時,閱讀《反杜林論》關於辯證法一部分,下午開始答復歷史博物館前日詢問問題。晚歸時到書鋪買劉少奇所著的《論黨》《論黨員的修養》《國際主義和民族主義》。

十六日,上午在所中開會討論如何結束學習哲學惟物論的辦法。因已決定明日續講上次未完部分,下午預備明日講稿。

十七日,上午續講上次未完部分。下午繼續討論總路線第二部分的第四、第五二題。晚歸時到書鋪買得列寧著的《俄國資本主義的發展》,途中翻閱幾頁。

十八日,上午學習哲學惟物論時,第二次閱《反杜林論》中的關於辯證法的前一部分。後再閱讀辯證惟物論與歷史惟物論。下午到所中開總鑒定總結會。晚繼續學習總路線。

十九日,學習哲學惟物論時,續閱《反杜林論》內關於辯證法的後一部分,及羅遜塔爾的《馬克思主義辯證方法》第二章數頁。工會中一王同志來訪問學習總路線及作總鑒定時的經過情形。下午繼續答復歷史博物館詢問問題。

二十日,上午聽子衡講殷周考古。下午僅寫1953年總鑒定的初稿。

二十一日,上午寫給社管局捐獻書物的信,並清寫目録。下午休息後,從西北豁子出城外一游。

二十二日,學習時,討論辯證法和哲學惟物論。散後開互助小組,互觀總鑒定初稿,並討論、改正和補充。下午謄寫改正稿。寫稿時,忽憶起下午有總路線報告,而時間已過,無法補救。近一二年記憶力衰退,極以爲苦,當找出一種方法補救此缺點,以免多次誤事，並將此點加進總鑒定稿中。

二十三日，學習時，繼續討論辯證法和哲學惟物論。下午繼續答復歷史博物館詢問問題。

二十四日，上午繼續考慮和答復歷史博物館問題。下午學習總路綫，熱烈討論。昨日早因天氣較暖，早出時未穿外套，覺寒，胃消化力受影響。昨午減食，晚大便不好。今早大便一次，午仍減食，晚大便很痛快，遂愈。

二十五日，上午學習時，繼續討論辯證法和哲學惟物論。此後及下午繼續答復歷史博物館問題。晚院中在北京劇院包場，命院中同志往觀《非這樣生活不可》，遂往觀。

二十六日，上午及下午繼續答復歷史博物館問題。上午十點開總鑒定總結會。

二十七日，夜間微雪。上午聽子衡講殷周考古。下午仍繼續答復歷史博物館問題，完畢。

二十八日，雨雪，終日未出門，少翻閱俄文。

三 月

一日，開始學習歷史惟物論，下午繼續開總鑒定總結會，很快即完。再把答復歷史博物館問題補充一節，並寫給韓壽萱信。

二日，雨雪。學習歷史惟物論時，閱《當作科學看的歷史惟物論》，開圖書委員會。下午翻閱俄文，看金學山的翻譯。晚寢時，仍雨雪，頗大。

三日，晴。上午仍翻閱俄文，看金學山的翻譯，同他談應撿擇比較容易的材料翻譯。下午,學習總路綫,並舉行測驗。我因爲夜間失眠,精神不佳,未參加測驗。

四日,學習歷史惟物論時,繼續閱《當作科學看的歷史惟物論》,下午看《馬克思主義辯證方法》。晚開學習總路綫會,發表昨日測驗結果。

五日,學習歷史惟物論時,繼續昨日讀書,此本完畢。閱《馬克思主義與語言學問題》,並對照俄文原本。下午仍繼續看《馬克思主義的辯證方法》,晚工會開會。八點半以後,大家又應該往首都看《斯大林永遠活在我們心中》的電影,但是我因爲時候過晚,没有去。

六日,昨日早晨外間温度零下九度,今日因夜間有風,早晨已降至零下十度,接近冬天的最低温度。上午聽裴文中講歐洲的舊石器時代。下午僅閱《光明日報》所載的《論奴隸制社會中的自然經濟和商品生產》(譯蘇聯《古史通報》社論)。

七日,到漱溟家一談。

八日,學習歷史惟物論時,閱《社會物質生活的條件》。閱後,開始回憶,但尚未加以分析。此後當對於後者多加努力。下午繼續閱《馬克思主義辯證方法》。

九日,學習歷史惟物論時,繼續閱《社會物質生活條件》,閱畢,未回憶。所中送來《歷史研究》第一號,翻閱,下午繼續翻閱。後又閱讀俄文一小時。

十日,夜間微雪。上午聽立庵講古文字學。下午仍學習總路綫。

十一日,學習歷史惟物論時,再閱《社會物質生活條件》。下午繼續閱《馬克思主義辯證方法》。

十二日，學習歷史惟物論時，閱《生產的三個特點》。下午同王伯洪、馬得志往人民醫院慰問思永及作銘的病（受所中同人委托）。晚在所中開工會，仍閱念總路綫學習文件。

十三日，上午聽夢家講銅器。下午甚困倦，未能午睡，精神不佳。臨照來信，擬向所中圖書室借書，復信，告以應遵手續。接壽萱信一封。由所中交來荆三林稿（《中國生產工具史》），略一翻閱。接錫昌信一封。

十四日，王新吾之子祁楷來談。下午從北豁子出城，走出土城之小西門。

十五日，學習歷史惟物論時，繼續閱《生產的三個特點》，完畢。閱《從原始公社到資本主義社會生產力與生產關係的發展》（後簡稱《生產力與生產關係的發展》）。下午臨照來談。翻閱俄文的《考古學的材料和研究》，以便指導譯書。

十六日，學習歷史惟物論時，繼續閱《生產力與生產關係的發展》。又少翻閱《考古學的材料和研究》。下午繼續閱《馬克思主義辯證方法》。

十七日，上午閱外國文書目，並簽注其應購者。閱石興邦譯稿。下午在所中學習並討論總路綫與所中工作聯繫問題。

十八日，學習歷史惟物論時，繼續閱《生產力與生產關係的發展》。又翻閱《社會意識及其形態》。下午繼續翻閱。晚學習總路綫。

十九日，學習歷史惟物論時，閱《社會主義社會的生產力與生產關係》。十點在所內開會討論同志到洛陽和西安的工作計

劃。下午繼續開會。晚工會開會,因昨晚睡不佳,精神困乏,
請假。

二十日,院中組織一部分同志到石景山鋼鐵廠參觀。因爲傳
話舛錯,我與全隊失去聯絡,到的特別晚,沒有聽到報告情況。參
觀鐵汁出爐及煉焦出爐。下午參觀鑄造部。

二十一日,下午出城一游。接到郭峙三信,知六姊已於陰曆
二月八日去世。

二十二日,學習歷史惟物論時,繼續閱《社會主義社會的生
產力與生產關係》。下午繼續閱《馬克思主義辯證方法》。

二十三日,學習歷史惟物論時,繼續閱《社會主義社會的生
產力與生產關係》,完畢。下午看俄文。

二十四日,上午聽秉琦講秦漢考古。下午討論總路綫。

二十五日,學習歷史惟物論時,閱《馬克思列寧主義的階級
和階級鬥爭理論》(後簡單稱《階級和階級鬥爭的理論》)。後討
論……①下午到所,閱西安工場交來考古文件,提意見。往北海
看北京出土文物展覽。遇錫予、芝生、元胎、永士等。

二十六日,學習歷史惟物論時,繼續閱《階級和階級鬥爭的
理論》,今日子衡談及昨日所閱文件內數目字問題,感覺到我閱
時太潦草,不够負責,後當力戒。開會討論工作隊出發到洛陽及
長安的各種問題。下午繼續討論,約四點畢。後稍閱《馬克思主
義辯證方法》。晚工會開成立會。後有電影可看,我因爲天晚,
沒有去。

---

①編者注:原於"討論"後空闕數字。

二十七日,因昨日下午有風,温度降低。今早來所途中,想起今日上午是否有講演的問題,擬到後一問,但到時忘却。十點前後才知道今天是仲良講演,已經失去聽講機會! 前言將補救健忘的辦法,已擬出極簡單的計劃,但至今日尚未實行! 現決定自下星期一,一定實行。上午閲改石興邦譯稿。午間回家吃飯。下午往聽張稼夫《關於本院的基本情況和今後工作任務的報告》在政務院通過時情況的報告。

二十八日,上午同季芳到紫竹院新開湖地一游。下午寫郭崎三及李瑞芝信一封。

二十九日,學習歷史惟物論時,繼續閲《階級和階級鬥爭的理論》。整理俄文報,找出來一封湯仲林來的信,看郵戳是上月二十八日已來到北京,然則此信壓在報紙底下,已經一個月了!他有詢問事件,因几案凌亂,以致稽延答復,殊爲恨恨。下午看荆三林所著的《中國生產工具發展史稿》的下篇。

三十日,學習歷史惟物論時,繼續閲《階級和階級鬥爭的理論》,完畢。下午稍閲俄文,後寫對荆三林書意見。

三十一日,上午稍閲俄文。往聽仲良講新疆考古最後一部分。後開會對此次講演提意見。下午開會談本季度及下季度工作問題。子衡及洛陽隊明日出發,談將來如何集體領導及幫所長工作問題(聞夏所長明日可出院,但仍應在家休息廿天或一月)。

四—五月

四月一日,學習歷史惟物論時,閲《國家和法律》,並參考《資本論》第一卷的《農民土地的剥奪》段。下午繼續寫對荆三林書審查意見。

二日，學習歷史惟物論時，繼續閲《國家和法律》。但因夜眠不足，精神不佳。下午看趙萬里著之《漢魏六朝冢墓遺文圖録》。下班至弓弦胡同，遇趙銓，聽説思永已去世。

三日，上午與所中同人八，往手帕胡同，吊梁夫人。下午仍看趙著《圖録》。晚同季芳看電影《列寧在十月》。

四日，下午出城一游，走到土城西北隅。

五日，上午至所中略議思永喪事，後往嘉興寺吊喪。下午起靈向東郊火葬，再往送之。靈車去後，遂歸。餘時看俄文。

六日，雨，氣候轉寒。上午稍看俄文。繼續閲《國家和法律》少許。十點至所中開研究組會。下午再至所中，開圖書會。後小眠。醒後隨便翻一點書，未工作。

七日，上午繼續閲趙著《圖録》。十點到所中開研究組會（繼續昨日會）。下午到所中學習總路綫，談寫各人心得問題，後成漫談。翻閲俄文《百科全書》“東方學”條譯本。晚接河南省府來電，言及開省府委員會暨省協商委員會聯席會議，催往開會，但日子尚未檢出。

八日，上午繼續閲《國家和法律》，參閲《家族、私有財産與國家之起源》中“希臘人的氏族”與“雅典國家的發生”兩節。下午請趙斐雲來，與談改正錯誤事。問電報局知河南的聯席會議日期爲十二日。

以下係五月十日補記。

九日，只記下午往醫院看夏作銘病，並告以將往河南開會，會後到鄭州、洛陽、西安各處看本所同人的考古工作。此外向各同事辭行。**十日**,早晨上車,遇仲魯。晚將夜半到鄭州,住一小旅館中。**十一日**上午十時後,乘車往開封。**十二日**開會,至**十五日**上午閉會。**十七日**,同仲魯到鄭州。我隨他參觀一棉紡織廠,一機器製造廠(造紡織機器①),一電力廠。電力廠係自動化者。他隨我參觀二里崗考古工地。**二十日**,仲魯回北京,我上午到洛陽。先到城內丁家街洛陽文管會問,知所中同人在小屯村工作。下午到小屯村。**二十一、二、三三日**,隨子衡到各處看同人探尋王城工作,並考察所發現的唐城夯土,外看穀水兩岸修公路時所發現的墓葬及遺址。**二十四日**,往白馬寺及金墉城(實東漢都城)一游。洛水北城址大致顯著,水南已多不可見。**二十五日**,到西安。往臥龍寺側文物清理隊中。除見友朋晤談外,僅到舊豐都北一游(與望雲、興邦等同往),又到白家口子,觀吳汝祚等工作。望雲等並強我作兩次講演,聽眾不同,我所談大致不異,皆關於西周在推進我國向前,有何種貢獻事。**五一節**,被邀觀禮,擬三日啟程返京,但因購票耽誤一日。**四日**返京,**五日**晚八點餘到東車站。此次旅行,除在開封一日稍熱,餘均凉爽,間有寒意。豫西,在火車上見,有一二十里(英豪附近),因霜成灾。五日始較暖。**六日**在家休息,未上班。**七日**上班。見夏作銘,與談一切。下午靳主任來談。**八日**,下午聽劉崇洛報告參加慰問團事。**九日**,訪漱溟,不遇。訪廣相,彼尚未全愈。訪丙辰,不遇,見其夫人,知彼被管制事,已完全取消。訪侍峰。下午愛松、簡齋來訪。稚岐歸言被批

---

①編者注:"器",原誤作"品"。

准爲候補黨員,並聞桂忱已允許轉正。十日,看《考古學報》稿件,整理旅行中賬目,未完。季芳自天津返。

十一日,今日温度較高。再看《考古學報》稿件。整理完旅行賬目,並整理《河南日報》。

十二日,上午清理旅行中的賬目;到所開編輯會議。下午看陳公柔稿件。閲《河南日報》。

十三日,再整理舊報紙及雜誌。下午往北京圖書館參觀馬列主義經典著作在中國的傳播展覽。閲畢,即歸。

十四日,上午閲《德國農民戰爭》。下午仲良、夢家、斐雲來,談漢隋間墓誌集釋出板事。給河南日報館一信,請其查明寄重份報事。

十五日,續閲《德國農民戰爭》。下午斐雲來,説鄭所長要他在著作删去羅振玉名字,希望我們發表意見支持他。與夢家商議後,提出對於古人,一律只引書名,不提名字,外附引用書目表,名字止一見的辦法。給鄭所長寫信一紙。晚同季芳赴院中晚會,觀電影《尤拉也夫》。

十六日,同季芳觀電影《印度》,下午秔岐自哈爾濱歸。

十七日,今日精神不佳,且因上班時,忘帶鑰匙,僅能稍看俄文。晚歸時到書店購全本《真正的人》等書。

十八日,看《真正的人》,草草看完。上午看見西北來的考古工作者三人,一陳姓,一馬姓,他一不知姓。

十九日,續閲《德國農民戰爭》。下午閲五號的《科學通報》。

二十日,上午繼續看《德國農民戰爭》。下午看斯大林的《共產國際執行委員會第七次擴大全會的報告》。

二十一日,上午繼續看《共產國際執行委員會第七次擴大全會的報告》及《斯大林全集》第九卷中他篇。下午往文化宮觀鞍鋼技術改新展覽。因全不懂技術,不能得多大益處。觀畢,到中央公園游,即歸。

二十二日,繼續看《斯大林集》九卷。接《河南日報》回信。

二十三日,上午雨,室外溫度降至十一度。家中請春書、碧書姊妹及其子女。下午雨止,偶見太陽。

二十四日,晴。繼續閱《德國農民戰爭》,因查地圖,故進行殊慢。

二十五日,繼續閱《德國農民戰爭》。

二十六日,繼續閱《德國農民戰爭》,完畢。

二十七日,看俄文。上午十點到所開研究會。

二十八日,稍看俄文,上午十點半到所開圖書委員會。下午到院本部聽尹達及裴文中關於到蘇聯開考古學及民俗學(即從前所稱之民族學)會議的報告。

二十九日,上午九點到所開座談會,主持者仍係尹達、裴文中二同志,補充昨日的報告。下午看《費爾巴哈與德國古典哲學的終結》。也看第二號的《歷史研究》。

三十日,上午同季芳乘公共汽車,出西直門到新市區一游,乘他車自復興門返。

三十一日,繼續閱《費爾巴哈與德國古典哲學的終結》,完畢。閱羅申達里所著論上書的小册子。把《西游日記》十部寄與吳芝圃。

六　月

一日,繼續閱羅申達里的小册子,完畢。再把《費爾巴哈論》翻閱一遍。

二日,看人民大學出版的《辯證惟物論》。

三日,繼續看《辯證惟物論》,並翻閱《近代史教程》中關於《共産黨宣言》發表部分及第一國際發生和進展部分。看夢家所著關於夏殷年代問題論文的一部分,並提意見。

四日,繼續看《辯證惟物論》。晚開工會。將晚大雨。

五日,上午十點到所中開會,報告去年在陝縣、靈寶調查結果。下午爲樂夫寫一證明書。整理《叢書集成》並開始爲其寫目錄。終日雨,下午將七時始止。

六日,晴。在上午十點左右,到西郊公園購買北京風景照片四套,寄給洛陽曾幫忙的同志們。

七日,上午晴,下午又陰。上午再繼續翻譯羅馬史中關於奴隸社會的材料。下午繼續閱《辯證惟物論》。

八日,夜間雨,終日雨,至下午五點半後才漸停。上午仍繼續翻譯關於奴隸社會的材料,下午仍閱《辯證惟物論》。接西北文物清理委員會信,寄來我在西安的講稿,請改正錯誤。

九日,上午到歷史博物館,看建設工程中出土文物展覽。下午未上班,在家看點俄文。

十日,晴。上午仍繼續翻譯,下午改西安講稿。

十一日,上午仍繼續翻譯。下午看《河南報》,因下午晚將往大華看電影,早歸。

十二日,因昨晚看《走向生活》電影,就寢時已過十二點,今精神不佳。閱《斯大林時代的人》,殊能令人興奮。

十三日,晴。同季芳到西郊公園一游,將晚又同出購物。

十四日,上午十點到所中開會。下午繼續看《辯證惟物論》。初閱《憲法草案》。

十五日,上午繼續翻譯。下午繼續看《辯證惟物論》。

十六日,上午九點到所中開會,研究西安工作隊的辦法。下午繼續看《辯證惟物論》,並翻閱《共產黨宣言》的前二章。

十七日,上午仍翻譯。下午繼續看《辯證惟物論》。晚工會提前一日開會。

十八日,夜及上午雨,十點許始晴。仍翻譯。餘時讀報而已。至下午五點半,早下班,歸。晚,同季芳往青年宮觀話劇《法西斯細菌》。

十九日,因昨晚到十二點餘才就寢,上午精神不好,僅看報及《科學通報》。下午雲甫同王新吾來談。去後繼續看《辯證惟物論》。

二十日,未出門,寫寄璋信一封。

二十一日,上午僅看報及新收到的《河南政報》。下午看夢家所著關於夏殷年代問題論文的後一部分。

二十二日,上午繼續看夢家論文,完畢。下午繼續看《辯證惟物論》。

二十三日,上午九點餘在所中開會。(我開始又忘掉!)借到《黑格爾〈邏輯學〉一書摘要》及《蘇聯哲學問題》。下午看前書中

B. 亞多拉特斯基所寫的《關於列寧的哲學著作》，又看後書日丹諾夫的發言。晚雨，寢時頗大。

二十四日，終夜大雨，晨未已，至將午始止，仍陰。接續看《蘇聯哲學問題》，完畢。

二十五日，寫《對於考古事業的一個很迫切的希望》一文。

二十六日，繼續寫前文。上午作銘來，交來《歷史學譯叢》送來一譯稿，他校閱後，囑我也校閱一次。下午五點後金學山來談。

二十七日，同季芳到東安市場，購物及書數本。後同到朝陽門大街她的娘家，晤雷門，談。下午二三點時，獨歸，途中大雨一陣，幸在公共汽車中，沒有挨淋。

二十八日，閱《歷史譯叢》交來譯稿。仲良來談。

二十九日，閱前日所購的《保衛延安》。

三十日，上午精神困頓，閱報而已。下午繼續閱譯稿。

七—十月

七月一日，夜中雨不小，晨起時停。把《對於考古事業的一個很迫切的希望》一文寫完，並把《歷史學譯叢》交來的譯稿閱完。上午仲良來談。歷史研究編輯委員會聘我爲《史學譯叢》的特約編譯。

二日，上午十點所中開會。下午兩點開圖書委員會。此後雷門來談。

三日，上午約金學山來，請他找人民出版社所托所中翻譯書原本，並約王仲殊、王伯洪下午同來商議翻譯事項。寫復何沁信。

下午他們三人同來,商定。後作銘來,談後日出席學習蘇聯先進科學經驗交流座談會事。同仲良往回報穆濟波,不遇。

四日,往國際書店,購烏沙歌夫俄文字典一部,《惟物論及經驗批判論》俄文本一部。

五日、六日、七日、八日、十日,開學習蘇聯先進科學經驗交流座談會。九日休會一日,到所中看報,整理舊報而已。

十一日,上午同季芳往訪侍峰,後又到北海公園一游。下午同季芳往看電影《宇宙》,晚飯後又一人到青年宮看《鋼鐵運輸兵》話劇,甚受感動。

十二日,精神不振,閱報而已。下午接河南省政府信説我被泌陽縣人民代表大會選爲省人民代表大會代表,省人民代表大會①將於本月二十二日開會,命我往開會云云。此事甚出我意外,但才知道很喜。但仔細想後,覺困難甚大,即欲辭,又躊躇不決,乃寫信與省政府,沒寫完。早出,到侍峰寓,問對上事意見,彼亦未能找出辦法。晚聽艾思奇作報告。歸寢時,已十二點。

十三日,上午作銘來談。對代表事,決定不辭。昨日信不再續。下午寫峙三信一封,爲子怡遺稿事,致所中信一封。

十四日,上午十點所中開會歡迎尹達同志。下午雷門來談。後改《對於考古事業一個很迫切的希望》一文。寫錫昌信一封。

十五日,擬一代捐玄伯及大壯書物底稿,並寫一信給西諦,並將底稿寄與,請其修改後,即命繕抄,請森玉、覺明等簽字後辦理。希淵、仲良來談寫西北科學考察團經過簡史事。下午繼續改西安

①編者注:原於"會"後衍"大會"二字。

的講稿,仍未完。

十六日,因患喉□①,未大工作,僅翻閱《後漢書》,找郎署一條材料,未得。

十七日,上午到所中,仍找昨日材料,仍未得。下午改西安講稿,大致完畢。接臨照一文稿,囑提意見。

十八日,上午仲魯、達三、丙辰陸續到寓談。下午同季芳到她的娘家,晤雷門,談。

十九日,看臨照稿,並復信提意見。再把西安講稿看一遍,有小改動。下午子衡來談。五點許,大雨一陣。

二十日,夜又大雨。上午八點許又大雨,下午三點許始暫住。今日閱俄文。將臨照復信發出,並將《對於考古事業一個很迫切的希望》送往《光明日報》。

二十一日,上午到第一門診部醫治咯嗽。餘時再翻閱《保衛延安》。下午到所商議組織小組學習辯證惟物論事。稍看俄文。

二十二日,上午又雨,下午漸晴。上午翻閱《學習聯共黨史第九章至第十二章參考文件》。金學山來談。到所中與靳主任談請求入黨問題。下午繼續看《辯證惟物論》。

二十三日,繼續看《辯證惟物論》。

二十四日,上午在所開會,由洛陽及西安兩工作隊報告經過並討論。下午學習並討論《憲法草案》。

二十五日,上午同季芳出購往開封應用衣物。

二十六日,今日精神困乏,不集中。上午僅看俄文。到所中

①編者注:原於"喉"後空闕一字。

請人去買車票。下午看《列寧印象記》。

以爲前一天買票，次日就能走，二十七日到所後，才知道不行。所中工友廿七日下午即往，待至廿八日上午才買上票。二十九日晚十點餘自北京開車。卅日下午三點許至鄭州。到省政府交際處小休息。十點許又上車往開封，至已卅一日上午，未及一點。省人民代表大會開會自八月一日至七日，共七天。八日中南區專門師校在開封開歷史教學座談會，我又留下旁聽。至十五日（會尚未完）早五點餘上車到鄭州，因立時有車，未出站，就又上北京車。至十六日早五點餘，已到北京。下半月在家休假。至九月一日始開始上班。下午往聽艾思奇講辯證惟物論。二日上午至第一門診部檢查身體。下午到院内開收復臺灣座談會，三日下午繼續開。四日，再到第一門診部，取得轉防癆站介紹信。下午再聽艾思奇講辯證惟物論。因爭取入黨事開始寫自傳。

五日，未出門，晚同季芳送小牛至托兒所。

六日，全日均閱阿歷山大羅夫主編的《辯證惟物主義》的“運動和發展”章。接湯仲林信一封，寄來他所著的俄文著作兩件，囑我看罷，送到高等教育部人事處審查。

七日，上午翻閱《科學通報》，閱《辯證惟物論》“運動和發展”章。下午補寫往河南後日記。翻閱湯仲林的俄文著作。

八日，上午少看俄文，續閱《辯證惟物論》“運動和發展”章。下午到所中開會，爲研究憲法作總結事。

九日，上午看《歷史研究第三所集刊》中的關於辛亥年四川保路運動的論文及范文瀾《關於中國歷史上之一些問題》一部分。續看《辯證惟物論》“運動和發展”章，完畢。下午閱《史學譯叢》。又接湯仲林信一封。

十日，上午又接續閱《史學譯叢》。《史學譯叢》社趙同志來訪。下午兩點所中圖書委員會開會。三點《史學譯叢》社開會。此次接到《史學譯叢》的第一號（新出版），延遲未看，直至昨日及今日上午才趕着翻閱，直到開會時也沒有翻完，實在很不對，下次必須趕早細看。

十一日，上午寫復湯仲林信一封。下午將信及他的稿件兩次送至郵局。四點半後（誤記過早）即出到全聚德，同芝生、靖華、仲魯公宴河南省全國人民代表中曾在河南多次招請諸人。

十二日，上午院中公葬思永於八寶山公墓，與同人共往送。下午將五點與家人同往游西郊公園。

十三日，上午寫楊人梗、袁希淵信各一封。看《史學譯叢·論封建社會形態的基本經濟法則》篇，未完。下午繼續寫自傳。

十四日，繼續寫自傳。上午王明來，送來其所著《蔡倫與中國造紙術的發明》，請爲檢閱。披閱一過，覺其所主張，甚近情理。

十五日，繼續寫自傳一小段，即到所中開會，商議幫助本年新到所人員所應閱讀書籍事（爲期三年）。下午閱第四號《歷史研究》。

十六日，續寫自傳。上午黃仲良來談本星期日約丁仲良、袁希淵、李達三共談寫西北科學考察團史事，囑我給達三寫信。下午寫達三信。雷門來談。

十七日，續寫自傳。晚往小銅井看演《萬水千山》話劇，共六幕，演紅軍二萬五千里長征事，編寫真實有力，使先烈艱苦的經過形象化，甚受感動。歸至寓將十二點。

十八日,精神甚倦(因夜中入眠不及四點)。續寫自傳一小段。翻閱《歷史第三所集刊》。又閱屬鼎煃所著的《義州新出契丹文墓誌銘考釋》,匆匆一過,尚不能提任何意見。接湯仲林信一封,彼還沒有接到我的信。

十九日,上午同季芳帶小牛到中山公園玩耍。十一點到來今雨軒,晤丁仲良和黃仲良,希淵、達三未來。午餐後又同到仲良寓談。出到中國圖書公司,購《法德農民問題》(恩格斯)一本,《馬克思主義與民族、殖民地問題》(斯大林)一本,《近衛軍人》一本。晚大便出血。

二十日,上午……①下午檢查身體,後即回寓。仍便血。

二十一日,請假,找盧克捷大夫請診治。下午看《世界知識》。

二十二日,上午看《法德農民問題》。再看屬君所作關於契丹文考釋。下午王明來談。

二十三日,上午上班。下午開始請假,在家中休息。二十四、二十五日,便血似已較少,但二十六日下午同糜岐、璋(二十五日,同晉昌自家中來保定看錫昌,因來京)、小牛等到西郊公園游,並有時抱小牛,是晚,出血又較多。二十七日,上午,往新寺胡同,看檢查身體結果。據言比前大好,但仍未痊癒云云。下午,因小牛把我的注射肛門藥水瓶打破,到盧大夫寓求再給藥,大夫夫婦均不在家,其助手配出給我帶回。二十九,因維他命 K 已經吃完,而便血尚未止,再找盧大夫,他命購複方蘆汀片服用。十一國慶,接到觀禮券,也不敢前往,在家中聽廣播。是晚出血較少,二

①編者注:原於"上午"後空闕數字。

日止。三日,僅出門購公共汽車月票。璋同晉昌於九月廿九日回保定。

十月三日,下午建功夫婦及王世泰夫婦到寓一談。

十月四日,上午上班。昨日再閱《蘇聯的實事和美國的童話》,未完,今日閱完。閱第十期《學習》。下午續閱《論封建社會形態的基本經濟法則》,完。

十月五日,雨。請假一日。冒雨同季芳往蘇聯展覽館參觀。僅參觀文化館一部分。下午看新到的《世界知識》。

六日,陰。上午繼續寫自傳。下午到所開下組討論會。

七日,仍陰。上午寫一小段自傳,看一點俄文。下午到人大聽蘇聯科學院副院長奧斯特洛維疆諾夫講演。彼係一政治經濟學家,講消費與生產中間關係的問題。接到《文物參考資料》編輯委員會送來稿費四十萬元。上午黃仲良來談。

八日,晴。上午繼續寫自傳。午後到國際書店購《斯大林全集》一部(十三本),阿歷山大羅夫的《辯證惟物主義》一本,《法俄小字典》一本。歸後少爲翻閱。再寫自傳。中華書局的一位姚同志來訪,談該書局將再印連雅堂先生《臺灣通史》事。

九日,看斯大林的《論列寧主義的幾個問題》,有一小部分是對着俄文看的。

十日,到黃仲良寓,同他及丁仲良再談寫西北科學考察團史事,在他家吃午飯。下午到中國圖書公司,購得《周族的氏族制與拓跋族的前封建制》《中國歷史綱要》《毛澤東的故事及傳說》《張明山與反圍盤》《平原烈火》《三千里江山》及其他各書。晚閱《毛澤東的故事及傳說》《張明山與反圍盤》。又閱《三千里江山》,未完。

十一日,續閱《三千里江山》,完畢。閱蘇聯科學院向本院所提關於我國歷史分期研究的概述,彼蓋爲與本院合作研究的預備(稿由黃仲良處借來)。下午雷門來談,翻閱《中國歷史綱要》。

十二日,上午寫西北科學團史的提綱,以便先與同人交換意見。下午再看《辯證惟物主義》的第四章。

十三日,上午看俄文的《辯證惟物主義》四章,下午聽艾思奇的報告。

十四日,上午看俄文的《辯證惟物主義》,下午再看荆三林的《中國生産工具發達史》。上下午均看《戰鬥在滹沱河上》。

十五日,上午看荆三林稿,下午聽智利列布許次教授關於南美洲極南部分的印地安人的報告。

十六日,上午仍看荆三林稿,下午聽列布許次教授關於馬牙的古文化的報告。

十七日,同季芳、糜岐夫婦、小牛到中山公園,糜岐夫婦先去,我們直玩到下午三四點鐘,始歸,精神頗倦。

十八日,陰。上午把荆三林稿看畢,將與作銘一談,可是他已往西安幾天了。下午有四新分配到所人員來談學習俄文事。將斯大林的《關於蘇聯經濟狀況及黨的政策》中俄文對讀數頁。

十九日,把斯大林的《論我們黨内的社會民主主義傾向》中俄文對讀一部分,單讀中文一部分。下午校 A. П. 奧柯拉德尼科夫對馬利格爾《對蒙古上古史的貢獻》所作的書評。此文生字頗多,殊不易讀。閱作銘所作對荆三林他部分稿的意見。

廿日,寫對荆三林稿的意見。

廿一日,繼續奧柯拉德尼科夫的書評。

廿二日,仍繼續校奧氏書評。晚到院中看《不,我們要活下去》電影,因無坐,且少凉,未終場,即歸。

廿三日,上午學習劉少奇關於《憲法》報告,下午到所中開會討論。接北京圖書館信一封,爲討論《山海經》事。

廿四日,上午因聞雷門傷足,往視之。

廿五日,翻閲《山海經》,摘録其關於礦物的材料。

廿六日,仍繼續昨日工作,未完。下午到北大大禮堂,聽蘇聯科學院院士潘克拉托娃夫人報告1909年俄國革命的意義。

廿七日,上午到北京圖書館開會,有頡剛、斐雲、以中、汝霖、天木、昌群、侯德榜、稼軒及館中數位,討論《山海經》中關於礦物的材料以幫助一蘇聯礦業專家事。下午到所,但因忘帶鑰匙,重要書未能取出,且精神亦不佳,僅隨便翻閲各書。晚聽尹達同志報告國代開大會事感想及最近國際發展形勢。

廿八日,上午到原華北行政委員會禮堂,聽潘克拉托娃院士報告蘇聯工農聯盟的作用。下午未上班,寫秔岐夫婦信一封。

廿九日,上午少校奧柯拉德尼科夫書評。人壽保險公司來人談停止保險事,我嚴厲駁擊其謬論,但事後想並没有説完全。下午續閲斯大林的《論我們黨内的社會民主主義傾向》,畢之。又閲他的《〈論我們黨内的社會民主主義的傾向〉報告的傾向》,未完。

卅日,上午續校奧柯拉德尼科夫書評。下午往茅屋胡同聽英人貝爾納《科學對歷史的意義》(題目或不全合)的報告。

卅一日,同季芳、糜岐母子到十刹海划船,後又到北海一游。

十一月

一日，今日辦公室內涮漿，故未能工作，僅照顧移動書架等事而已。

二日，因小書架多日未清理，塵埃甚多，擬以半點鐘或一點鐘的工夫，涮洗清理，乃清理完，竟須三小時之久。下午到所討論《憲法》。

三日，上午看雲甫所著《用戰國時地理證明〈竹書紀年〉的真實》一文，提供一些意見。下午因昨日聽子衡說今日下午有關於辯證惟物主義的討論，如時往，則並無有，遂返。續校奧柯拉德尼科夫的書評。

四日，上午續校奧柯拉德尼科夫的書評，完畢。下午續寫自傳。靳尚謙同志來談換房事。

五日，上午續寫自傳完畢。送交靳尚謙同志。下午再閱范文瀾同志的《關於中國歷史的一些問題》。晚到院中參加慶祝蘇聯社會主義革命三十七周年紀念與歡迎院中所聘蘇聯高等顧問戈夫達同志夫婦晚會。八點半後結束，尚有電影，因尚未晚餐，遂先歸，寢時已將十二點。

六日，上午習俄文，看周總理報告。下午討論周總理報告。與尹達所長談移居及工作事。

七日，終日未出門，亦未事事。

八日，閱愛斐民科的《原始社會》。

九日，上午請假，同季芳往䕫園看菊，又同往盧克捷大夫處，

商議對痔瘡動手術預備工作。下午仍看愛斐民科的《原始社
會》。下午邢同志來商酌搬家事，決定十一日搬。

十日，仍看《原始社會》，下午到所中與靳尚謙同志商酌換屋
子事，因前時昨日所定的屋子，陽光仍嫌不足，而與雲甫隔壁的屋
子，陽光較好，或可騰出。

十一日，上午仍看《原始社會》，下午看《辯證惟物主義》第五
章。接林宰平一片。

十二日，搬屋子。十三日，上午整理書籍。愛松來談。雲甫
因新吾將搬家，請他及伯陶到翠華樓吃飯，拉我與愛松同去，但歸
結新吾未來。下午開會結束此一段《憲法》學習。十四日，上午
往訪介眉，未遇。十五日，終日整理書籍。十六日，仍整理書籍。
十七日，上午整理書籍，大致完畢。九點開會，討論所中明年工作
計劃。下午往聽艾思奇講演《辯證惟物主義》。

十八日，上午看俄文；續看《辯證惟物主義》的第五章。下午
往北京政法學院，聽侯外廬報告《第二次國內戰爭時期白區的
"文化圍剿"與反"圍剿"之鬥爭》（社會科學領域）。

十九日，上午習俄文，續看《辯證惟物主義》第五章，完畢。
又看人民大學出版的《辯證惟物論》的第六章。下午復宰平一
片。再將自傳看一遍，填空白字後，交與靳尚謙同志，請轉交院黨
支部。整理抽屜中亂信。

廿日，看第五號的《史學研究》。看俄文。上午開圖書委
員會。

廿一日，上午往訪孟和及廣相。下午看擴充本的《把一切獻
給黨》。

廿二日，看俄文。看王伯洪的《青銅時代》的譯稿。聽説錫予中風。

廿三日，接郭院長信一封，詢問石鼓山事，即時答復。上午開第二組小組會，討論明年工作。下午作銘作討論《紅樓夢》報告，並開坐談會。

廿四日，繼續看王伯洪譯稿。

廿五日，仍看王伯洪譯稿，完畢。下午看第二期《史學譯叢》二篇。

廿六日，上午看《山東博物館歷史部陳列説明》。下午繼續看《歷史學譯叢》一篇。午餐後到中國圖書公司想買一本列寧的《論托爾斯泰》，但已售完，買得《時間呀前進》《獄中十六年》各一本。

廿七日，續看《史學譯叢》，完畢。王崇武來談。下午仍開關於《紅樓夢》批評的坐談會。

廿八日，上午訪漱溟。雨雪。

廿九日，終夜雪，日間漸晴，但温度不低。上午召集俄文小組討論將來工作計劃。下午與山東博物館同人開坐談會，提出商討意見。

卅日，有風，但未晴。上午習俄文，寫明年工作計劃。下午寫給柱子信，未完。三點半後，二組開會，談工作計劃。

十二月

一日，昨夜起風，頗大，早晨外面温度降至零下八度餘。終日風不住。上午看俄文。寫完給柱子信。下午仍看俄文。

　　二日，風止。早晨零下十度。上午看《獄中十六年》。下午兩點秉琦報告洛陽此季度工作情形。

　　三日，上午看俄文，到圖書館看俄文《百科全書》中有關考古文章。早吃午飯，下午參觀蘇聯展覽館。

　　四日，上午看俄文，從圖書館借來外專校所出三本《俄語語法》，大致翻閱。下午仍開關於《紅樓夢》批評坐談會。

　　五日，夜眠不佳。上午未出門，下午三點四十分同韓里、何犖、糜岐到電影院，看《春風吹到諾敏河》。

　　六日，上午看俄文，開俄文小組會。下午閱覽批評胡、俞《紅樓夢》批評的各種文件。晚又雪。

　　七日，看俄文，看《斯大林全集》第八卷。審查《考古通訊》一稿件。

　　八日，看《惟物論與經驗批判論》。

　　九日，仍看《惟物論與經驗批判論》，上午參加俄文小組的閱讀分組的會。

　　十日，看俄文《考古學報》社論，爲樓宇棟解決疑問。下午想爲黑板報寫一關於《紅樓夢》研究的文章，但尚未開始。

　　十一日，爲黑板報寫文章，但尚未完。

　　十二日，上午到國際書店及新華書店購得俄文《外文字典》一本，歌瓦列夫著《世界古代史》一本，哈爾濱外專出《俄語語法》一本及明年日曆①等物。

－－－－－－－－

①編者注：原於“曆”後衍一“曆”字。

十三日，上午繼續完成爲黑板報所寫文章。下午閱俄文《歷史問題》關於《日本資本主義的形成》一書的批評。

十四日，看《惟物論與經驗論》的第二、三兩章。接到《史學譯叢》第三號，尹達著《論安特生在中國新石期時代分期問題上的錯誤》，《地理知識》編輯來信一封。尹達文閱過，《史學譯叢》閱兩短篇書評。

十五日，看《惟物論與經驗批判論》的四章一節。十點後開會傳達院中此次調整薪金的經過及進行辦法。下午哲學學習小組開討論會。接到《歷史研究》編輯部送來俄文新出的《歷史研究》及《古代史通報》目錄一份，又接到第三號《史學譯叢》（三號）一份，尹達作《論我國新石器時代的考古研究工作》（初稿）一份。人民教育出版社請作銘爲其擬訂的初級中學一年級的《中國通史》古代史部分教學大綱提意見，作銘請我也提一點意見。

十六日，看完《惟物論與經驗批判論》第四章，也把昨天所未看完尤金的《列寧的〈惟物論與經驗批判論〉——黨的鬥爭底文件》看完。

十七日，看《惟物論與經驗批判論》第四章前五節，上午十點後開會討論同志定級事。接《歷史研究》編輯部信一封，又接它的電話，説下星期五下午開《史學譯叢》編輯會。看《論我國新石器時代的考古研究工作》，才知道我國東南還有硬陶文化系統，但内容還毫無所知。

十八日，看完《惟物論與經驗批評論》的第四章和第五章第一節。下午仍開關於《紅樓夢》批評的坐談會。

十九日，上午訪介眉，談。下午本意往看美國偵探罪行展覽，但後又忘去。

二十日，看《辯證惟物主義》六章，《辯證惟物論》中《發展是對立的鬥爭》的前四節。接《史學譯叢》社來信一封，《譯叢》社中黃、何二同志來訪。接《考古學報》第七册，翻閱思永遺著的《龍山文化——中國文明史前期之一》短文。

二十一日，上午看完《辯證惟物論》中《發展是對立的鬥爭》全章。下午林宰平來談。聽他説孫伏園也中風，現在馬市大街醫院中療治，因同往看他。回看《史學譯叢》譯稿第一篇，未完。收到《斯大林全集》第十卷。

二十二日，看《史學譯叢》稿。晚又微雪。

二十三日，微雪，後晴。上午開始仍看《譯叢》稿，後看人民教育出版社初中《中國通史》大綱的初稿，並提意見。

二十四日，上午仍看《譯叢》稿。下午工會開會有報告，並對時事學習，我因將赴《譯叢》會，兩點半退席，到東四頭條開《譯叢》特約編輯會。接河南寄來《河南政報》四卷十一期一份。院中送來"中國猿人第一頭蓋骨發現二十五周年紀念會"出席券一份。

二十五日，上午續看《惟物論與經驗批判論》第五章第二節，第三節未完。十點後開俄文小組會。下午聽潘梓年批判胡適思想的報告。

二十六日，上午訪侍峰，談。晚到天橋大劇園，看蘇聯歌劇團演《葉夫根尼·奧尼金》，歸到家，將十二點。

二十七日，今日院中開中國猿人發現第一頭骨二十五周年紀念會，上午開會，下午聽報告。晚尚有關於周口店發掘的幻燈片，未往。

二十八日，夜風，覺寒。晨外間零下十三度，風全日不止。八點半到古脊椎動物研究室參觀。到所後，僅看些段俄文。下午有鍾懷瓊同志來，持高等教育出版社函，聘我爲編審，該社社長爲武劍西。

二十九日，晨風未全定，外間零下十五度。上午續看《惟物論與經驗批判論》五章的三節，四、五、六各節。下午看《光明日報》所載孫定國《胡適哲學思想反動實質的批判》的《關於方法論的批判》。復侯佩蒼信一封，給小斧寫信一封。

三十日，上午續看《惟物論與經驗批判論》五章後兩節。《史學譯叢》社請代譯拉丁文一小段，但我文法幾已全忘，還未能完全解決。下午聽艾思奇講辯證惟物論第四特徵。

三十一日，將《惟物論與經驗批判論》看完。下午三點半後開同人同樂會，晚聚餐。

一九五五年

一——二月

一月一日,上午,獨出北豁口外一游(出外一里餘)。魯葆重來談。所中青年團員及黎晨、黃石林諸同志來談。下午同糜岐、韓力出西直門,又走到北豁口歸。

二日,下午同何犖到國際書店購俄文《毛澤東選集》第二、三、四三本;又到新華書店,購去年十一月份《解放軍文藝》一本。

三日,上班,第一天就忘帶鑰匙,致不能作計劃中的工作!全日僅看大半本《鋼與渣》。收到高等教育出版社贈何幹之主編的《中國現代革命史講義》一本,趙萬選信一封。接義詮信一封。

四日,全日風。仍研究此小段拉丁文,字義文法全查出,但意義尚欠明了。改樓宇棟的譯稿。午飯後曾到朝陽門大街看三嫂病。

五日,風仍未息。仍改樓宇棟譯稿。上午黎晨同志來談,才知道昨晚郁文同志傳達周總理報告,我因爲未看通報,遂未能往!此外本所研究員無一人往聽,也很不幸。昨晚及早看完《鋼與渣》,此書對我很有啟發,將繼《收穫》與《遠離莫斯科的地方》之後,爲我在蘇聯文藝作品中最愛看的一種。

六日,仍改樓宇棟譯稿。下午開會作 1954 總結動員報告,後又開小組會,仍漫談總結事。今早來,談次始知今日爲星期四,我還以爲是星期三,致昨日艾思奇對《辯證惟物論》的報告亦未往聽!侯佩蒼信今日才發出去。

七日,上午改完樓宇棟譯稿,下午改金學山譯稿。王伯洪亦將譯稿送來。接《地理知識》編輯委員會信一封,催促答復前信。尹達同志把我的《中國古史的傳說時代》送還,並提一點意見。

八日,接到斐文中贈他所著的《第二次大戰前後世界各地對於人類化石的新研究》一本。復《地理知識》編輯部信一封。閱周外長《關於美蔣〈共同防禦條約〉的聲明》及其相關《人民日報》中的三篇社論。又看《蘇、波、捷、德、匈、羅、保、阿八國政府宣言》,但因這兩天夜眠不好,精神疲倦,未看完。黃石林來問亞洲生產形式何意,我對此問題無所知,不能答復,然談頗久。下午工會開會,即坐談收復臺灣及其有關的問題。

九日,仍有風。在家翻閱《中國現代革命史講義》。將晚達三到寓小談。

十日,仍改金學山譯稿。上下午工間操後鐘點,第二組開會討論五四年工作總結問題。晚看艾思奇的《批判胡適的實用主義》的上半篇。

十一日，上午看《批判胡適的實用主義》下半篇及五五年《學習》第一期的其他篇幅。下午仍改金學山譯稿。

十二日，上午翻閱《科學通報》十二期上幾篇文字。工間操鐘點後再開第二組會。下午往聽艾思奇報告辯證惟物論的第四特徵的最後一講。晚翻閱《捷爾任斯基》的小册子（從俄文譯出）。

十三日，上午續開第二組會。改完金學山譯稿。開始改王伯洪譯稿。

十四日，仍改王伯洪譯稿。上午工間操鐘點後，開俄文小組會。接到沅君寄來其所著《中國文學史稿》第七部分。

十五日，有風。上午仍改王伯洪譯稿，頗有困難，因翻閱百科全書字典。下午開會討論解放臺灣及最近國際局勢各問題。接河南召開人民代表大會第二次會議信一封，會議定於二十九日開。接院中信一封，定二十日開會，討論芝生在“胡適的中國哲學史觀點批判討論會”所提出的《哲學史和政治》的報告。

十六日，上午又到所中，訪周太玄談。出到中國圖書公司，又購《把一切獻給黨》三本，購《農村散記》一本，《活人塘》一本，《李鳳九重新入社》一本。下午在家，翻《農村散記》及《活人塘》。同季芳往尋黃振泰大夫，要爲我的肺部作透視，但未遇。

十七日，上午請假，再尋黃大夫給我作透視。下午上班。金學山及石興邦昨日自陝西返來小談，並給金學山檢查他的譯稿。仍改王伯洪譯稿。晚七點開工會。

十八日，上午工間操鐘點前改完王伯洪譯稿。後掃除。下午再掃除。開始改石興邦譯稿。

　　十九日，上午仍改石興邦譯稿。下午，開會討論亞非會議及
第三次世界大戰是否要發生二問題。接到《蘇聯科學期刊論文
索引》第六册。所中將子怡遺稿暫交於我。晚閱侯外廬所著《論
胡適四十年來一貫反動的政治思想》。

　　二十日，上午繼續看侯著，畢後再看芝生所著《哲學史與政
治》。後又閱郭院長所著本院工作任務的報告。下午到院中開
"胡適的《中國哲學史》觀點批判討論會"。

　　二十一日，上午仍改石興邦譯稿。下午到院中開"胡適的中
國政治思想批判討論會"。今日大寒節，氣候却甚暖。晚到國務
院法制局大禮堂看院中同人所開春節晚會，但後因天晚，未終場
遂歸。

　　二十二日，接河南省政府一電，言開人代會事。上午九點前，
召集陳、黃、李三同志，談俄文學習事。九點後，因石興邦、張雲鵬
二同志在西安鬧氣，情形嚴重，開會檢討，一直到晚，但尚未能結
束，擬於廿七日繼續開。下午工間操後，開舊曆除夕（前一日）同
樂會。

　　二十三至二十六，前一日爲星期日，後三日春節放假。二十
五日到所中與石興邦、張雲鵬二人懇談。二十六日晚十一點半許
火車開往河南，我同芝生、靖華同路往鄭州，二十七日下午三點餘
到鄭。二十八日下午開預備會，二十九日省人代正式開會，原定
開會六日，後展期一日，至二月四日下午閉會。五日上午參觀治
淮及基建工程展覽會。下午本擬與芝生同往參觀趙黑孩農業合
作社，但出郊外不遠，汽車發生故障，恐不能到，遂歸。與趙黑孩
談，知其社爲河南合作社中先進社，現已用拖拉機耕，今年即可轉

爲集體農莊。到市中看牛蛟甥。晚省政府招宴。十點半到車站上車,北歸。六日下午三時半許到北京。

七日,因前二日眠不佳,今日甚倦,上、下午睡二次,疲勞才恢復。出至新華書店,購新版《青年近衛軍》一本,新印《西廂記》一本。

八日,上班。上午九點開會,爲北大來所實習學生開去年下半年實習工作總結會。下午精神仍困倦,睡眠一時,金學山來小談。去後再翻閱王伯洪譯稿。接馮沅君寄來她所著的《中國文學史稿》之八,又接到《史學譯叢》社的兩次會議記錄。

九日,上午看《馬恩列斯論文藝》四段。擬填寫1955年年度研究題目計劃,因其"題目的來源或根據,國内外已有的研究結果及發展趨勢,本單位在這方面已有的成就或經驗"欄内所應填簡明扼要的説明,頗不容易,故雖思索,尚未開始。下午開辯證惟物主義學習會,青年同志定系統複習辯證惟物主義部分,於下月十六日考驗。自副研究員以上亦系統複習,但不考驗,以坐談會代替。閲讀亞歷山大羅夫書。

十日,上午到院中聽德國胡保德大學教授、漢學家貝希法對於東德研究近代史的動態所作報告。畢後,到西四浴堂洗澡。歸家午餐。到所開始寫《1955年年度研究題目計劃》,未完。接《地理知識》信一封,《史學譯叢》本年第一期一本。晚同家人往新街口電影院,看《渡江偵察記》的電影。

十一日,今日繼續寫《研究題目計劃》,仍未完。

十二日,上午續寫《研究題目計劃》完畢。下午往内部大禮堂聽張稼夫作傳達周總理講演的報告。晚給杭岐寫信。

十三日,上午往協和醫院看錫予的病。出到中國圖書公司,想得一關於工間操的小冊子,但不能得。到醫藥公司,購維他命片。到中國集郵公司,購紀念郵票十六張。下午訪漱溟,談。

十四日,學習辯證惟物主義。

十五日,學習辯證惟物主義。續改石興邦譯稿。下午四點半即吃晚飯,五點半到北京劇場,開慶祝中蘇友好同盟互助簽字五周年紀念大會。發言者有張稼夫副院長、郭沫若院長及蘇聯專家科夫達。後觀話劇《明朗的天》。

十六日,改完石興邦譯稿。下午開會討論辯證惟物主義複習的前二題。寫漱溟信一封。

十七日,上午與石興邦談,與黃石林、李遇春談。再閱尤金所著《斯大林關於語言學問題的著作對於社會科學發展的意義》一文,並閱漱溟對於此文所作的讀書筆記。給人民出版社寫信一封,指明《辯證惟物主義》第九頁中希臘文的錯誤。晚八點到蘇聯展覽館電影館開"科學工作者反對使用原子武器簽名大會"。簽名後,看電影,名《粉末》,係蘇聯描寫美國資本家利用科學家研究殺人武器及美國人民努力和平的電影。但其細情,不甚了了。歸至家,已十二點,上床時已近一點。

十八日,上午精神不佳。看昨日及今日報,又預備開始爲《地理知識》社寫《〈山海經〉的地理意義》一文。下午開會,石興邦報告半坡村所發現的仰韶遺址,報告後,大家批評討論。接人民教育出版社信一封。

十九日,終日大風。上午閱《山海經》。十點後開會談尹達同志著文駁斥安德生錯誤理論事。下午開會討論張稼夫所傳達周總理的報告,今日止談到前一部分解放臺灣問題。接漱溟片一,言明早將來談。

二十日,八點餘,漱溟來談。漱溟近日對於政治方面從前看法的錯誤,已完全明白,而對於哲學方面,從前思想並無改變。我的思想在加緊研討辯證惟物主義(研討尚未明了部分,對於它自身絕無一點懷疑),肅清自己思想中惟心主義殘餘階段,而漱溟仍力圖以惟心派看法解釋斯大林的《論語言學問題》,故議論極爲鑿枘。給郭崝三寫信一封。

二十一日,看《世界知識》(本年四號)。十點後開會討論編輯報告事。下午仍繼續開會。三點後我因爲眼發紅,告假往第一門診部診治。歸,邵達成自武漢來京開會,來談。同到西安食堂晚餐。

二十二日,看《新觀察》(本年四號)。改樓宇東翻譯一小段。下午二點半開第二組會。

二十三日,開始寫《論〈山海經〉的地理意義》,僅開一頭。後縮寫本年度的研究題目計劃。下午續寫,但又將今日下午應討論辯證惟物主義的學習忘掉!工友來叫,才想起急往,然因未曾準備,討論時信心甚差。接到沙英、童書業、嵇文甫、周一良關於批判胡適歷史觀點的文章。

二十四日,上午續縮寫本年度的研究題目計劃,完。下午雷門來談。接到《科學通報》第二號,翻閱幾篇。

二十五日,續寫《論〈山海經〉的地理意義》。

二十六日,續寫《論〈山海經〉的地理意義》,完畢,送出。今天我覺得要到院本部開胡適思想批評討論會,樓宇東說是下星期

六,不是此星期六,再看通知,方才明白。下午接到前訂的改譯的
《自然辯證法》。閱《導言》一篇。晚起風。

二十七日,終日風。上午訪侍峰,談。回時到護國寺內一轉。
下午同季芳、糜岐、稚岐、何犖到新街口電影院看《格林卡》電影。
汪集生夫婦來談。看《人民日報》載……①

二十八日,給桂愉寫信。張廣立的弟弟翻譯亞爾齊霍夫斯基
的《考古學原理》,有十二字來問,替他查閱字典,注出五字,餘五
字,請樓宇東將俄文百科全典中的解釋譯出答復。餘二字未能
查出。

三　月

一日,上午寫對《漢字簡化方案草案》的意見。下午續寫完。
再學習《辯證惟物主義》第五章。接到所方轉來院方所收秦家駒
信一封,詢問指南車事,命我解答。

二日,上午學習《辯證惟物主義》第四章,下午臨時學習第五
章,並討論。感覺學習不夠,討論也不夠。

三日,上午往受眼底檢查。翻閱天木關於指南車一文,擬答
復秦家駒信底子。人民出版社向所中來信,詢問俄文中各種古代
文化名字的譯文廿二字是否正確,所中命我查核。我只能解決少
數,與作銘商議,他又解釋多條,僅三條未解決。

四日,將中午雪,至下午五點許,漸住。實在九點許始住。上

---

①編者注:原於"載"後空闕一行餘。

午看馬特批評胡適思想論文,再翻閲沙英等四人論文。下午看王若水批評胡適思想論文。翻閲法文及俄文的希臘傳説時代材料。

五日,上午搜集"民族"一詞的多種資料。下午到院開胡適思想批判會。

六日,時降微雪。上午理髮。

七日,上午看《河南日報》的黄河水利委員會主任王化雲所作的《九年來人民治黄工作的偉大勝利》。開始寫《何謂傳説時代? 我們怎麽樣來治傳説時代的歷史?》。接馮沅君寄來《中國文學史稿》第九節。接高等教育出版社圖書簡介①第二號。

八日,上午看《資本論》二十頁。下午到院中開"胡適思想批判討論會",討論馬特、王若水二同志文。今日發言的預備比較充分,討論比較集中,比五日所開會的討論散漫、幾乎毫無歸宿好多了。

九日,上午看黎澍作的《胡適派所説的民主思想的真實性質》。翻閲夏曾佑的《中國古代史》。下午續寫《治傳説時代歷史方法問題》文。將三點半,夢家來叫,才知道今天已經星期三,我還以爲星期二呢! 往討論辯證惟物主義第四原則。因今日並未預備,多所遺忘,所以不能討論中肯。

十日,上午補看《辯證惟物主義》的第六章。下午翻閲《古史辨》。接《歷史研究》編輯部送來《史學譯叢》的目録一封。

十一日,陰,午間雨雪,但不久即化。續寫《治傳説時代歷史方法問題》文。

---

①編者注:"介",原誤作"界"。

十二日，下午大風。昨夜眠不佳。把舊報和舊雜誌整理一番。翻閱《古史辨》。接到《考古通訊》第二期。

十三日，下午同韓里、何犖、稚岐同到新街口電影院，看《六億人民的意志》。晚翻閱《萊孟托夫詩選·叙言》。

十四日，續寫《治傳説時代歷史方法問題》文。上午十點後，開會討論同人考驗辯證惟物主義學習的閲卷問題。下午閲看《聯共黨史》的《歷史惟物主義》部分，並看《政治經濟學批判》序言。到中國圖書公司，購《地下堡壘》一本。

十五日，夜睡不佳。陰。續寫《治傳説時代歷史方法問題》文。少翻閱第二期《考古通訊》。

十六日，接到《歷史研究》本年第一號，翻閱數篇。昨晚及前晚和今日，看《地下堡壘》。下午三點半後，開會討論學習問題，但不久總是變成聊天會！今日才想到昨日有"胡適思想批判討論會"，忘去，並忘所討論題目！下午開會時聽仲良説，才想起！這樣健忘，必須趕緊找出法子補救才行。

十七日，續寫《治傳説時代歷史方法問題》文。閲同人學習考驗卷。

十八日，續寫《治傳説時代歷史方法問題》文。下午看《政治經濟學批判》。晚開工會，討論新會員入會事。已決定接收的有黃展岳、黃石林、陳作良三人。還有二人等下星期討論。

十九日，夜間微雪。續寫《治傳説時代歷史方法問題》文。看本所中擬辦的古物展覽。開始打針。接到《科學通報》第三號，略爲翻閱。

二十日，陰。上午出城，過高梁橋，向北繞到火車站西，歸。

中午糜岐有一同學同事陳同志同來。晚建功夫婦及乃同來。常保來。

二十一日，早起時，禎祥的長子進德來，他在朝鮮志願軍中服務，告假回家省親，回朝鮮，路過此地。上下午續寫《治傳説時代歷史方法》文。吳汝祚來借陳子怡所著《長安水道變遷考》。

二十二日，陰，時微雪，下午四五點晴。整理抽屜，未完。上午工間操後及下午開會評定學習試卷等次。

二十三日，上午續寫《治傳説時代歷史方法問題》文。完畢，覆改一遍。因近數日牙疼，請人打電話掛號診治，將午張孝光來，並送一條，言明下午一點卅五分往診，但我誤聽爲今日，也没有看條子！下午往則無醫生，覆查，才知道錯誤。歸，看西安同人學習考驗卷。

二十四日，上午覆看《治傳説時代歷史方法問題》文，並將行文加注，未完。下午往第四醫院門診部（即原第一門診部）治牙。歸往午門看太平天國文物展覽。畢，到中山公園一游。

二十五日，上午九點到捨飯寺街，看教育電影製片廠所邀觀蘇聯教育電影數種。下午請假，在家，看《人怎樣變成巨人》。

二十六日，上午再看沙英等四人所著之討論資料，預備下午發言。下午往府右街 25 號開“胡適思想批評討論會”，但亦未發言，後約下次開會發言。

二十七日，上午微雨，將午漸晴。看《人怎樣變成巨人》。下午將四點，同稚岐、何擧往蘇聯展覽館觀第二次中國藝術展覽。

二十八日，上午將《治傳説時代歷史方法問題》文的注補足，並《諡字同源説》送給尹達所長。看《人怎樣變成巨人》。樓宇東來談其所譯俄文。下午雷門來談。接桂珍信一封。

二十九日,改樓宇東的譯文。上午十點後到嘉應寺公祭馬叔平。返,在東安市場附近小館中午餐。

卅日,繼續改樓宇東的譯文。下午開學習現階段的總結會。散後,仍續改譯文。接歷史研究編輯部寄來《歷史問題譯叢目錄》一份。

卅一日,上午到盧大夫處,開始打葡萄糖針。仍繼續改譯文。閱張雲鵬學習試卷。

四—五月

四月一日,繼續改樓宇棟譯文,完畢。

二日,往盧大夫處打第二針。與樓宇棟談譯文。給小斧、鳳山各寫信一紙。下午到北京飯店聽艾思奇報告。

三日,上午同季芳、糜岐、韓力、何犖、小牛、小波①同往紫竹院公園一游。下午往訪漱溟,因他往上海,未遇。

四日,上午往盧大夫處,但彼今日休息,遂上班,看俄文。下午到院中開“胡適思想批判討論會”,繼續討論馬特及王若水二文件,才知道王若水文內有原則性的錯誤,因爲他把惟物主義者一部分的偏狹的經驗論和主觀惟心論的實用主義者的經驗論鬧混了。

五日,上午往盧大夫處打第三針。因忘帶鑰匙,又回家去取。

---

①編者注:“小波”,原誤作“小坡”,據之後多處日記改。

看《河南報》。下午打掃屋子。三點到院中聽潘梓年同志關於成立學部的報告。回家後看《世界知識》。接永生及峙三信各一封。

六日，上午繼續看《世界知識》及《學習》。下午，自學《辯證惟物主義》第七章。

七日，上午到盧大夫處打第四針，與約定下星期四下午三點動手術。繼續自學《辯證惟物主義》第七章。下午仍翻閱關於第七章的材料。想寫筆記而精神不振，開一頭就又停止。接馮沅君寄來其《中國文學史稿》第十節。

八日，今日精神仍不振。再翻閱《人怎樣變成巨①人》第一册及葉菲民科的《原始社會史》。下午雷門來談。

九日，到盧大夫處打第五針。上午學習艾思奇批判胡適思想二文，下午開會討論。接桂璋信一封，談及鄉下春荒情形嚴重。

十日，出城到北大，訪芝生，不遇。往訪達三，在他家吃午飯。再訪芝生，與商議鄉間春荒事，決定一方面寫信與中共河南省委統戰工作部，請其設法，一方面由他寫信詢問唐河縣周縣長，並請其注意。

十一日，上午寫信一封與峙三，一封與中共河南省委會統戰工作部。下午寫信與所方，告假二十天。把前借書大部分還圖書館。

自十二日請假，在家休息，十三日下午請盧克捷大夫到家行打針療治，無大痛苦。不過有兩次大便乾結，四五天後，才能痛快

①編者注：“巨”，原誤作“原”，據本年三月二十五、二十七、二十八日日記改。

出恭。另外恢復異常緩慢，大約由於年歲的緣故。直到**五月廿三日**，才開始上班。但因出恭前用水洗腸尚未完全停止，所以在第一星期中還只能半天上班。閱俄文。接到本年第五期《科學通報》，少翻閱一些。又接到范文瀾同志所著《中國通史簡編》修訂本第一編。寫請半天假信。下午回寓，翻閱《俄語語法》第一冊。

二十四日，上午到朝陽門大街，從雷門處取來宋版（或元版）《揚子法言》四本，抄本楊儒在庚子年的函電稿六本，將送與院及歷史第三所兩圖書館，品評價值。翻閱《中國通史簡編》修訂本。也少翻閱《法言》及楊儒函電稿。仲良、夢家陸續來談。下午仍少翻閱《俄語語法》第一冊。

二十五日，上午仍閱《俄語語法》第一冊，把楊儒函電稿本送至歷史第三所，請他們校閱是否曾出板。訪賀昌群，想請他鑒定古本《法言》，但聞彼因臂受傷，將有一月不能來。吳汝祚交還《長安水道變遷考》。

二十六日，早晨微雨，天寒。上午少看《俄語語法》。小眠。看近日的《河南日報》。接到俄文《馬恩全集》第二本出版通知，又接到圖書簡介一冊。下午時有微雨。西直門大街一帶，路旁聚集多人，為歡迎印尼總理沙斯特羅阿米佐約，我也參加，直到三點半左右，他由周總理陪立汽車上，經過宿舍門前。

二十七日，夜雨，上午雨頗大，直到傍晚，才漸晴。未上班，在家翻閱《俄語語法》第二冊。接到院中通知，說明日下午在院中開會，討論賀子昭及馮芝生批評梁漱溟二文。隨將二文找出，細閱一遍。接桂璋信一封。

二十八日，上午仍未上班，同季芳到盧大夫處檢查，傷口還沒有完全長老,恢復的慢,頗使人焦急。開始向肛門内打藥水,據大夫言,十數日後,即可復元。□□□□□□①。下午到院開會,漱溟也到。發言的有千家駒、孫定國及一未記姓名三人。漱溟後也發言,但大家認爲漱溟發言,尚嫌過早。

二十九日,晴。上午風不小,下午止。下午到國際書店,取到俄文《馬恩全集》第一本。

三十日,上午翻閲《俄語語法》第三册。略閲四月内的《河南日報》。接到《胡適、胡風思想批判材料》五册,外學習資料二册。接到院中通知學部成立大會舉行時間表等信一封。下午到北京飯店新禮堂聽胡繩關於批評胡適思想報告。接到《歷史研究》第二號。

三十一日,上午翻閲四五月内的《河南日報》。仲良來談。雷門來談。雷門下午約兩點後始去。翻閲本年《歷史研究》第二號。接到學部成立大會秘書處送來飯票。王明來説明日下午開學部成立會事,改於上午八點半開會。晚同季芳到新街口電影院看短篇電影《我們一定要解放臺灣》。

六　月

一日,上午到北京飯店,開科學院學部成立大會,我是列席人。除郭院長致開幕詞外,發言者有陳毅副總理,代表全國人代大會的李濟琛,代表全國政協的董必武,中共宣傳部副部長陸定

---

① 編者注:原稿此處約六字無法辨識。

一，蘇聯科學院副院長巴爾金，波蘭科學院副院長……①，休息後，發言者有鮑爾漢、秉志、陳垣、陳建功、侯德榜。散會後，照像，午餐。下午無會，回所。翻閱王力所著的《關於漢語有無詞類的問題》，翦伯贊所著《紅樓夢的時代背景》（均大會所發內部文件）。接到本年第三號《史學譯叢》。接到故宮博物院信一封。

二日後繼續開會，原定九日下午閉幕，但因事件擁擠，展期一日，至十日下午才行閉幕典禮。

十一日，上午看人民出版社對金學山譯稿改正的部分同它對譯稿所提出的意見，才感覺到我同翻譯諸同志從前對譯稿全抱有此譯稿將來還要有出版社方面最後的修改，因而有些地方可以不必太認真的態度，實在是對讀者不負責任的，因而是絕對要不得的態度。寫信給金學山信四紙，說明此義，我先自行檢討，也希望他們檢討，竭力改正此缺點。下午翻閱本年第三號的《史學譯叢》，並參考《聯共黨史簡明教程》的第三章。吳汝祚將陳子怡所著《漢長安街道考》一冊借去。

十二日，下午同糜岐、稚岐及糜岐的小孩同到北京動物園一游。寫星甫及咸亮信各一封。上午曾到盧大夫處，作最後的檢查。並將賬單取回，但盧大夫僅將手術費及處理費列入，外出診費及藥費均未列入，故僅廿五元，殊嫌太克己，當另設法酬謝。

十三日，上午查"民族""部族"二詞定義的各文獻。下午開始改王伯洪所譯《考古學原理》部分譯稿。

十四日，陰，上午落雨數次，皆微。下午大雨一陣。上午開始

---

① 編者注：原於此處空闕數字。

寫《我國古代部族三集團考》。下午看《蘇聯大百科全書》中"人民解放軍"一條。

十五日,晴。上午看楊獻珍所著《共產主義世界觀與主觀惟心主義世界觀的鬥爭》。下午集體閱讀關於胡風集團的材料。

十六日,早晨大雨,後漸停,將晚,始見日光。繼續寫《我國古代部族三集團考》。

十七日,晴。繼續寫《我國古代部族三集團考》。下午雷門來談。將晚鬧肚子。晚餐後開工會傳達院中關於學習胡風事件材料的布署。

十八日,繼續寫《我國部族三集團考》。下午集體閱讀關於胡風集團的材料。吳汝祚把《漢長安街道考》送回。王仲殊來請我爲黑版報寫一關於胡風事件的文章,以後他又同樓宇棟來,樓請我爲《考古通訊》寫一同性質的文章,我説那只好合成一事,因爲下星期一就要稿,時間來不及。他倆説也只好那樣。

十九日,上午同季芳、小牛到動物園一游。下午開始寫關於胡風事件的文章。晚飯後同稚岐走到豁子外一游。

二十日,雷門來,把他所買到而擬售出的許景澄甲午乙未年的文電稿送來。去後,繼續寫關於胡風事件文。下午工間操後開會討論,作此文的尚有作銘一篇。因事前不知,致注意點多重複,並且也有些不合適的地方需要改寫。

二十一日,上午改寫前文。下午翻閱《科學通報》第六期。工間操後,仍開會討論,改去不適宜的字句多處。接雷門信一封。

二十二日,早方信芳來所,借去洛陽鑄作模型,會鐵匠試作。因昨日的《人民日報》在家未看,上午補看,又看前多日的《河南日報》。下午開會，討論胡風事件，晚繼續開會。

二十三日，上午繼續寫《我國古代部族三集團考》。下午隨閱《中國古史的傳說時代》，看它的應改正的地方而已。才把胡風自行檢討的文章看一遍。他本有錯誤一面和罪惡一面，檢討對於錯誤一面，因爲大家已經檢討的很多，不能不承認，大約全接觸到。至於罪惡一方面，則因此時第一批材料還沒有公布，他自然是一句不提。

二十四日，全日繼續寫《我國古代部族三集團考》。接《史學譯叢》社信一封。

二十五日，上午繼續寫《我國古代部族三集團考》。下午集體閱胡風事件文件。

二十六日，上午同糜岐、小牛到北海公園一游。下午開始復白玉璽信，未完。

二十七日，上午搜集《我國古代部族三集團考》的材料，下午繼續，又改王伯洪譯文。

二十八日，全日續改王伯洪譯文。上午雷門來談。

二十九日，上午續改王伯洪譯文。下午集體閱讀胡風事件文件，並討論。

三十日，全日續改王伯洪譯文。下午榮孟源來談，後黃石林、吳汝祚來談。

七—十一月

七月一日，夜間大雨，早晨出時還有微雨，後晴。終日續改王伯洪譯文。

二日，上午續改王伯洪譯文。下午集體閱讀胡風事件文件並討論。

三日，在家寫完復白玉璽信。又寫給小斧信。

四日，上午續改王伯洪譯文。下午到復興門外政法□□①聽張稼夫關於胡風報告。晤李樂知。上午雷門來。

五日，全日改王伯洪譯文。收到石興邦譯文一件並信。下午大風倒木，幸不久即止，驟雨一陣。上午訪榮孟源，想談雷門托賣許景澄電稿事，未遇。晚看《世界知識》。

六日，昨晚因季芳往觀劇，回家晚，我睡眠不足。今日上午看《河南日報》《世界知識》而已。又接石興邦信一紙，囑早改他的譯稿。榮孟源來談。下午集體閱胡風事件文件，工間操後討論。晚繼續討論，回到家時已十點半。接沅君寄來其《中國文學史稿》第十三部分。

七日，上午改王伯洪譯文，未完。下午因爲石興邦譯文與半坡村的發掘方法有關，迫切需要改出，遂暫停改王伯洪譯文，開始改石興邦譯文。接金學山信一封。

八日，全日改石興邦譯文。看秉琦所記北大考古組同人開會討論作銘所著《在考古工作中的胡適思想》一文的記錄，提幾條意見。接雷門信一封。晚開會布置對於胡風事件的學習。

九日，夜微雨。上午雨，下午漸晴。上午改石興邦譯文。下午集體討論胡風事件，開始聯繫自己的警惕性及其他問題來討論。

---

①編者注：原於"法"約空闕約二字。

　　十日，補看八日《人民日報》所載李富春在全國人代大會中關於第一個五年計劃的報告。下午同糜岐夫婦及小孩到北京動物園一游。季芳先往蘇聯展覽館看電影，全齊後同游。下午時有雨意，晚八點許始雨。上午靳尚謙主任約我及夢家到所中談開會布置事，並擬"趁熱打鐵"，明日繼續開會。

　　十一日，上午雨頗大。預備會中發言。續改石興邦譯文。下午開會，我發言，外發言的還有幾人。

　　十二日，上午看《河南日報》，續改石興邦譯文。下午到故宮博物院，聽德國二專家作報告。一爲考古學家海敦來時教授，報告題爲《中國與歐洲早期的關係》，大約從希臘和羅馬的文獻和中國文獻中考訂中世紀以前的關係。一爲博物館專家（名忘一部分，前半爲費爾德）報告柏林國家博物院內十四部分的大略情形，並對中國博物館事業提供幾條意見。

　　十三日，上午先到大興縣胡同檢查肺部。返所後寫給雷門信一封。又開圖書委員會。下午開會討論胡風事件，晚仍繼續開會。

　　十四日，終日改石興邦譯文。接到科學出版社寄來本院出版物簡目一本，並請提意見。接到第四期《考古通訊》。

　　十五日，改石興邦譯文。接到本年第三號的《科學研究》。翻閱數篇。晚開工會。

　　十六日，上午找譯文中的一字，遍搜幾種俄文字典，不得。遇尚愛松，小談。看《科學研究》中尚鉞所著《中國資本①主義生產

_____

①編者注："本"，原誤作"產"，據《歷史研究》1955年第3期所載該文改。

因素的萌芽及其增長》。下午開會繼續討論胡風事件。

十七日，上午往看侍峰，他不大能走路，因終日兀坐，勸他早晚涼爽時在院中計數作幾轉，覺累即休息，持之以恒，緩慢增加，時久或能痊愈。下午五點許同季芳、糜岐母子到動物園一游。接雷門信一封。

此後日記暫斷。七月廿日，往看檢查肺部結果，醫生說我的肺病又有發展，囑休息三月後再檢查。心中很不痛快，因爲我今年根治痔瘡，本爲愈後可增加工作效率。可是上月稍行增加，而身體又出毛病，是增加工作無大希望了！入八月，即停止上班。在家曾改石興邦及王伯洪譯文，看《俄語語法》第三本，大致一過。也參加所中及院中集會。十月國慶後上班，但隨便看書，工作很少。二十二日再檢查身體，二十九日看結果。醫生說："好轉，但仍應全日休息三月再檢查。"後經商酌和再研究，允許半日工作。自十一月起，每月上午上班，吃午飯後即回家休息。十月三十日，找中醫侯書增診視。侯醫七十六歲，以肺癆科著名。據胡步曾說，服彼藥治愈後，不見結疤，頗爲神奇云云。他使我吃丸藥，每日四次。三月檢查後再看。他也很重視西醫檢查結果。近日夜眠不很好，入十一月，即每日晚飯後出外走四五里，睡眠較好。

十一月五日，看《地理知識》，看《馬克思恩格斯論中國》兩篇。今晚有晚會（爲慶祝十月革命，院方開，地點在人民劇場），但因昨晚睡仍不很好，希望早睡，故未往。接馮沅君《中國文學史稿》十七節。接《歷史研究》編輯部信一封。今日丟一懷錶，頗不痛快。

六日，早飯後，出取修理的錶。到所中，因爲每日中午吃的藥,忘在所中,故往取一丸。到東安市場,買薄荷糖及牙糕。到侯書增家續購藥,他又給我診視一次。下午到院中,聽二蘇聯專家報告,但係古生物學範圍,得益很少。

七日,早晨室外零下一度。上午補記前日記。把人民教育出版社送來高級中學歷史課本稿本(已披閱簽注意見)加信一紙送還。訪賀昌群,談。下午看最近一期的《世界知識》。接河南省人民委員會信一封,爲省人民代表大會代表視察工作事。續完給秔岐信。

八日,晨室外零下二度。接人民教育出版社送來初中中國歷史教學參考書稿本第一册第三分册,請提出批評和意見。披閱提意見完畢,後覺室中小寒,因未繼續工作。下午僅看報(也看《河南日報》三份),仍覺寒,未作工作。今年冬天特别怕冷,我真衰老了! 寫雷門信一封。

九日,今日嗓子不好,有點風乏,肚子也洩一次,故未工作。上午雷門來談。把初中中國歷史課本一本、教學參考書稿本三本(提意見後),送還人民教育出版社。

十日,肚子痊愈。嗓子及風乏仍不好,上午較好,下午仍舊。雖上班並未工作。雷門來。所中接哲社部信,請代生物地學部譯《蘇聯大百科全書》中"小屯"條,命我翻譯,暫置屉中,未開始。

十一日,今天有點咯嗽。上午翻譯"小屯"條一小段。下午又往侯書增寓一診視。訪簡齋,未遇。接雷門信一封。

十二日,仍咯嗽。把"小屯"條譯畢交出。未多工作。

十三日,昨晚盥洗時又受一點凉,今日咯嗽更甚。上午同小牛、小江及其保姆到中山公園,會縻岐及小波,同看菊花,人極多,排隊不易,只看兩處(大約有五六處)。

十四日,今日全日微雨,咯嗽少愈,幾未工作。午間伙上臨時不開飯,似有嚴重事故。

十五日,咯嗽更輕。看《河南日報》數張及《辯證惟物主義》數頁而已。晚有柱子的同學王永瑜君到寓問柱子住址。

十六日,上午十點後開圖書委員會。下午上班後先到語言所,聽兵役法傳達報告。我同去以後,有人來説三十五歲以上人可以不聽,我遂先退返室内,少休息。三點半後,開會布置學習農業合作化文件。又作預防中梅毒報告,關於定糧票報告。最後報告前日未開飯原因,内有反革命破壞分子,似在我們内部,仍甚猖狂,真當提高警惕!上午雷門來,把他買的明版《揚子法言》賣給院圖書館。

十七日,上午上班時,訪靳主任,未遇。閱讀《辯證惟物主義》。

十八日,上午閱讀《辯證惟物主義》。再訪靳主任,仍未遇。

十九日,上午閱讀《辯證惟物主義》及其參考。接到“胡適思想批判討論會”寄來孫定國所著《批判梁漱溟的反動世界觀》,並定於下星期四開會討論。下午到郵局取杭岐匯來錢六十元。往侯書增寓購藥。

二十日,未出門。僅在家中找安爐子人收拾未妥烟筒及買蜂蜜而已。

二十一日,陰。上午看孫定國的文章《再讀毛主席的〈關於農業合作化問題〉》,未完。下午再到侯書增寓,問藥矽應服量。接到河南財政廳信一封,河南省政府寄來第二次人代大會主席團照片一張。

二十二日,上午接到本年《歷史研究》第五號,閲讀數篇。

廿三日,上午續讀《關於農業合作化問題》及中共中央七屆六中全會《關於農業合作化問題的決議》,陳伯達的《決議草案的説明》。接《史學譯叢》社信一封。

廿四日,今日所中同人往東郊參觀農業合作社,我因下午要開對梁漱溟的思想檢討會,所以雖很想去,却未能去,可是在十點鐘的光景,李漢臣來,説下午停開,心中頗不自在;下午回家出門時,劉玉對我説,昨天下午已經有通知,因爲我下午不在,所以到今天才通知我,心中更不自在。上午閲讀《辯證惟物主義》。

廿五日,上午陰,閲讀《辯證惟物主義》。下午雨。午飯後與林壽晋小談昨日他們參觀農業合作社事,驚於他對於合作化運動知識的貧乏。

廿六日,晴,但不冷。上午閲讀《辯證惟物主義》。接柱子信一封,下午往接小牛。

廿七日,有風。上午金華鎮興橐及興富來京。因今日爲季芳生日,三嫂及建功夫婦均來。下午看《和平的保證》。

廿八日,風止,早晨外邊零下六度。看《和平的保證》,看完,又看雷門所寫的《憂患餘生》。上午雷門來,托賣二書,但一書爲失群的書,一書爲明季葉印的書。但無大用處。

廿九日,上午覆看《和平的保證》;續看《憂患餘生》。閲讀《辯證惟物主義》。下午給柱子寫信,未完。

三十日,上午少閲讀《辯證惟物主義》。翻閱新出版的《譚嗣同》。下午開會討論農業合作化問題。

十二月

一日，上午把《譚嗣同》翻閱完。閱讀《辯證惟物主義》。下午往看電影《天羅地網》。

二日，上午看《學習》十二月份數則；閱讀《辯證惟物主義》，大致完畢。下午再看《學習》數則。

三日，上午閱讀《歷史惟物主義》，收到《史學譯叢》第六號。也閱讀其所參考的《資本論》中《所謂原始積纍》章的前兩節。下午到法制局大禮堂，聽局長傳達廖魯言部長關於農業合作化報告。興橐、興富回家。

四日，上午同家屬往游動物園。下午碧書及吉如的夫人到寓。

五日，上午把《所謂原始積纍》章閱讀完。再少閱讀《歷史惟物主義》數頁。收到河南省人民委員會信一封並寄來《河南人代會第一次會議會刊》一本。下午到法制局禮堂聽范若愚關於俄國 1905—09 年革命的報告。

六日，上午閱讀《歷史惟物主義》，雷門來談。下午翻閱蘇聯衛國戰爭時的戰史。

七日，上午閱讀《歷史惟物主義》。下午仍少翻閱蘇聯衛國戰爭時戰史。寫完給柱子信。

八日，上午看《河南日報》，閱讀《歷史惟物主義》。下午翻閱點俄文書。

九日，上午閱讀《歷史惟物主義》。下午仍少翻閱點蘇聯衛國戰爭時的戰史。

十日，工作與昨日全同。填寫明年工作計劃，並交出。

十一日，上午往訪漱溟，他往甘肅考查，不遇。遇見他的夫人，小談。出豁子，到城外，順河沿，進西直門返。

十二日，昨日午間未睡，早已想睡，但仍不早，並且小牛隨他的母親到天津，還未返，睡着未久，他們回來，醒後即不想睡，兩點後睡着，仍甚不佳。上午閱讀《歷史惟物主義》。下午隨便翻閱點俄文書。

十三日，工作同昨日。無他事。

十四日，昨夜睡不佳。上午僅少預備農業合作化運動材料；下午開會討論。接秔岐信一封。

十五日，上午仍閱讀《歷史惟物主義》。接沅君寄來《中國文學史》最末一次稿。接興橐信一封。

十六日，昨夜睡不佳。上午所中開會討論明年工作計劃，下午看《拖拉機站長及總農藝師》翻譯小說。此小說寫簡單的新人物及腐朽的舊人物的矛盾，甚佳。

十七日，上午閱讀《歷史惟物主義》。寫給河南省人民委員會信一封；寫給李樂知信一封，把雷門送給我的《推月食法細草》轉送給他。接到胡適思想批判討論會送來湯錫予、任繼愈所作《批判梁漱溟的生命主義哲學》及王若水著的《梁漱溟所謂的理性是什麼?》各一份，並定於下星期四開會討論。下午看《河南日報》。

十八日，夜間霏雪一薄層。終日陰，未出門。晚將睡時又雪。

十九日，夜雪不及一寸，下午漸晴。上午閱讀《歷史惟物主義》，下午同季芳往看《猛河的黎明》電影。

二十日，上午閱王崇武所編的《中國歷史圖集》。閱仲良把西北科學考察團的書籍交還所中的書目清單。閲 Н. И. 郭立克所著的《科學研究計劃的制訂與執行及寫論文的方法》。下午到侯書增家買藥。

二十一日，上午閲今年最後一期的《世界知識》。

二十二日，晨起時院中零下十二度。上午閲王若水及湯錫予、任繼愈所作批判梁漱溟思想文字。下午在總院開會討論。

二十三日，上午再閲《中國歷史圖集》。閱讀《歷史惟物主義》。下午開會爲《中國歷史圖集》提意見。

二十四日，上午閱讀《歷史惟物主義》。

二十五日，上午同季芳往看黃河水利圖片展覽。

二十六日，終日陰，晚晴。上午閱讀《歷史惟物主義》。王崇武來談。李遇春來，請改其所譯《評〈第一次國内革命戰爭時期農民運動〉》。接到人民出版社寄來《高級中學中國歷史教學大綱說明》稿本，請審讀提供意見。

二十七日，上午閱讀《歷史惟物主義》。十點後，小組開會討論子衡明年工作計劃。

二十八日，上午到故宮聽王冶秋作到蘇聯考查博物館報告。

二十九日，上午開會研究培養新到所幹部事，下午繼續開會。

三十日，上午開圖書委員會。與李遇春、金學山談。下午寫秔岐夫婦及小斧信各一紙。

三十一日，上午開會討論研究實習員應習書單事。上午①開除夕同樂會。

———————

①編者注：“上午”，疑爲“下午”之誤。

一九五六年

一　月

一日，上午同季芳、糜岐到①天橋大劇園觀蒙古歌舞團演奏。因係内蒙人，故所演節目也有用漢語的。出到小館午餐。後又同到龍潭公園一游。

二日，上午十點半後同季芳、波、江及其二保姆同游北海公園。

三日，上午閲讀《歷史惟物主義》。下午往看電影《平原游擊隊》。

四日，上下午均閲讀《歷史惟物主義》。

五日，終日風。上午閲讀《歷史惟物主義》。金學山來談。

---

①編者注："到"，原誤作"同"。

下午再開始集體閱讀《辯證惟物論》第七章。

六日，早晨外間零下十二度，風尚怒吼。上午洪填增、蘇垂昌、鄭乃武、許景元來談學習俄文事。金學山來談學習事。下午無所事事。風終日不止。晚據氣象臺報告風明後日還未必止。今日交糧票，前欠飯團糧票五張。

七日，早晨零下十三度，風仍未止。上午夏作銘報告《三門峽水庫地址考古報告》。接到《歷史研究》第□①號，下午翻閱兩三篇。

八日，早晨溫度在十三度下，風仍未止。上午訪侍峰談。

九日，上午閱讀《歷史惟物主義》。下午看近日的《河南日報》。

十日，上午閱讀《歷史惟物主義》。下午看《學習》數篇。

十一日，上午閱讀《歷史惟物主義》，完畢。金學山來談。下午僅再看《勇敢》數節而已。

十二日，上午改李遇春譯稿。下午看俄文的《新時代》雜誌。

十三日，工作完全同昨日。

十四日，上午改李遇春譯稿一小段，九點後聽仲良所作對於新疆考古的報告。下午仍看《新時代》雜誌。接柱子信一封。

十五日，上午同季芳到托兒所看小牛，也遇見糜岐，看罷，同歸。下午聽說天安門前有十萬人的慶祝北京工商業界及近郊農民社會主義改造成功大會，同季芳、糜岐、小波、小江及小江的保姆往觀，但已嫌晚，人已經開始散。仍過西長安街，至西交民巷，

①編者注：原於"第"後空闕一字。

乘公共汽車歸。接小斧信一封。

十六日,上午又改譯稿一小段,後給哲學及歷史科學二部爲近十二年遠景所作計劃提意見,寫了一段。下午翻閱《第一次國內戰爭時期的農民運動》。

十七日,陰,時飄微雪。上午皆改李遇春譯稿,初次畢。填寫介紹翻譯及今譯書籍。晚七點在所中聽吳副市長關於本年建設公債的號召。

十八日,上午金學山來談。又將李遇春譯稿看一遍,但覺仍不够細密。因翻譯小說《勇敢》對我的思想很有啟發,所以我又細閱一部分。下午也翻閱點《新時代》。

十九日,上午爲《高級中學中國歷史教學大綱說明》提意見,下午仍翻閱《新時代》。

二十日,上午到政治協商會議大禮堂聽關於十二年中農業改進計劃草案的報告。下午在院中郭院長辦公室內分組討論草案,並提意見。

二十一日,上下午仍繼續討論草案,原計劃明日上午討論完畢,但今日下午即已完畢。到侯書增家中購藥。

二十二日,下午獨到紫竹院一游。

二十三日,上午看報以外,趙學謙來談,同夏作銘、靳尚謙二同志談找一人來幫我寫卡片而已。下午到天橋劇場,聽郭沫若、茅以昇、薛愚、翦伯贊報告訪日代表團的訪日情況。晚又同季芳辯論,最後我的急性又起。就寢時十二點已過。

二十四日,上午同趙銓及王其騰談。規定王其騰的抄卡片的工作。金學山來談。下午因近日胃不好,故未工作,僅看報而已。

二十五日，上午王崇武來，請爲其所編的《中國歷史圖集》春秋戰國部分提意見。金學山來問業。王其騰開始寫傳說時代史料卡片。因胃仍不佳，從今日起，午飯暫回家中吃。

二十六日，上午標點傳說時代史料。爲尹達所草《歷史科學十二年計劃》提意見。雷門來談。接到考古工作會議報告稿若干份。接到《史學譯叢》1956年第二期目錄一份。聽說昨天下午景莘農曾來訪，未遇。下午復金化鎮文富信。

二十七日，大風。上午仍標點史料。接到明日上午開學術委員會成立會通知，並文件三份，少翻閱一次。午間到新橋飯店還拜景莘農，未遇。聽說森玉也在那裏住，往訪，亦未遇。下午改寫文富信。

二十八日，上下午所中開學術委員會。中午因近日胃中不適，特別餓一頓，希望得顯著的效果，覺餓，但仍不能得。

二十九日，上午同小江及其保姆到動物園一游。

三十日，上午仍標點史料。看報費一兩點鐘。下午寫給柱子信，未完。晚聽廣播中周總理在政治協商會議中的報告。

三十一日，上午仍標點史料。下午僅把給柱子信寫完。晚聽廣播中郭院長及陳其通、董必武在政治協商會議中的報告。

二　月

一日，上午仍標點史料，下午到北京體育館聽羅副市長關於北京工商業改造報告。

二日，上午仍標點史料。下午未工作。

三日，上午仍標點史料，爲院圖書館所提的十二年遠景計劃草案提意見。因下午還要開傳達關於公債報告會，在飯團午餐。後到新華書店，想買《中國農村的社會主義高潮》及《馬恩文選》兩册本的下册，但均缺書，只好作缺書登記以待後來。買《近代史教程》後兩本，《海鷗》一本。又回家服藥，在家休息後又來所開會。全下午翻閲《近代史教程》第五分册，爲關於第一次世界大戰部分。

四日，上午到歷史一、二所聽尹達同志關於訪日本的報告。下午看《梁山伯與祝英臺》電影，晚又看一場《深山虎影》。

五日，將午到新街口買牙膏，又買《考驗》一本。下午同糜岐、秕岐及她們的二女及其保姆到動物園一游。今日雖無風有日，但頗寒，故儘早回。

六日，上午對於春藻歷史提一注意，交靳主任。洪晴玉來談。仍標點史料。下午看《世界知識》與《海鷗》。

七日，上午仍標點史料。下午聽關於作社會科學十二年遠景計劃的報告。接胥平信一封。

八日，仍標點史料。晚到懷仁堂觀京劇，回家上床時已將近九日兩點。五點半後醒。今日應往檢查身體，但忘却鐘點，昨日想問劉玉，也没有找到他，遂於今日上午八點後到大興縣胡同結核病診療所，到後很費不少的事，才知道是下午一點。回所，參加所中所開作十二年遠景計劃的小組會。下午一點，再到診療所檢查身體，回家已三點。錫昌由石家莊來。

十日，上下午均繼續開會，餘時僅看《海鷗》和報而已。晚歸見義詮自天津回來,談至十點。

十一日,上下午均繼續開會。

十二日,今日陰曆元旦。上午團拜,看同寓諸公。下午同小孩們到動物園一游。

十三日,上午到國際書店,想替胥平購一本地理書,但未開門。到東安市場,商店商攤也大半未開門。歸時步行過前譯學館門前,知其現爲第一機械工業部。步行到景山公園一游。

十四日,上午到所中繼續開會。在子衡寓見董育德及其母妹。

十五日,上午繼續開會。下午同作銘、子衡、夢家、尚謙諸同志到北京醫院問尹達所長病。出趁劉大年車歸寓。樂夫夫婦、何舉及樂夫二外孫來,後王世泰夫婦及其小女天蘭也來,談甚暢,後克琪來。今日上午,錫昌回石家莊,下午杭岐回東北。

十六日,上午繼續開會,下午開殷周小組會。

十七日,上下午均繼續開會。

十八日,上午到北京飯店,開考古工作會議的預備會。下午在所內繼續前開的十二年遠景計劃的小組會。

十九日,同考古工作會議的同人同到周口店參觀。上午九時動身,路上走不到兩點鐘。歸時將四點。四點半,鄭所長及王冶秋局長對會務作報告。

二十日,今早老王對我說,昨晚十一點所中打來電話說今日坐談會緩開,心中疑惑,以爲今日並無坐談會,何由緩開,到北京飯店考古會議中一問即知。及往,同志說會議因郭院長電話,遲開一天,明天才能開幕,才知道坐談會爲老王誤會。返所中,看報,少標點史料而已。

　　二十一至廿七日每日到北京飯店開會。廿七日下午閉幕式。因會期曾順延一天,北京飯店前已將此日下午會場租與別人,乃移於文化部禮堂舉行。晚七點郭院長及鄭所長在萃華樓招筵。廿七日收到河南鄭州來的電報一封。電很長,譯出一部分,知爲省人代會將於下月十一日開會。

　　二十八日,上班,將我的《西游日記》一部送與張聖奘。給郭院長寫信二紙,並將《諡字同源說》送與他。餘時僅看報。下午未工作。僅把昨日所接電報譯完。

　　二十九日,上午開學術委員會,討論前所擬定全國考古工作十二年遠景計劃。下午到前門外中和劇場聽艾思奇關於惟物主義的報告。

三　月

　　一日,上午繼續開學術委員會。下午看近日《河南日報》,檢點舊報,學習周總理關於知識分子問題的報告,未完。

　　二日,九十點鐘時又雪,直到晚間。繼續學習周總理關於知識分子問題的報告。王伯洪來談。周永珍、洪晴玉來談。看報。下午少標點一點史料。看《學習》數頁。

　　三日,收到人民出版社送來初級中學課本中國歷史第二册,請提意見,翻閱一大部分,學習郭沫若關於知識分子的報告、周總理在政協會上的政治報告。下午開會討論。

　　四日,仍時霏雪。全家去看糜岐的新居。歸時季芳因小牛不肯放,遂未歸。今日下午牙疼頗甚。

五日,上午又霏雪。上午小組開會討論胡謙盈對子衡及林壽晉所著洛陽墓葬發掘報告的意見書。下午,開會繼續上星期六下午的討論。

六日,晴。上午給初中課本中國歷史第二冊提意見;給王崇武所交來的《中國歷史圖集》春秋戰國部分提意見;改正□□□①交來的俄文關於考古材料的幾條譯稿。畢,已至下午四點。出到朝陽門大街,與雷門一談。

七日,續寫前在考古會議發言稿,未全完。同子衡、仲良到王府井大街十二號(□□照相社②)照像。出到新華書店,購《馬恩選集》下冊一本,《國內少數民族語言的概況》一本。下午到肉市廣和劇園聽艾思奇關於惟物主義的報告。

八日,完發言稿,交出,並且未完各事,略加清理。再到雷門寓一談,也見樂夫夫婦。到醫藥公司買維他命 B、C 片各一瓶。下午開會討論十二年遠景計劃稿。

九日,上午即請假,下午一點上火車到河南去。十日,上午六點餘在鄭州下車,到河南飯店省人代會秘書處報到。同室住者爲王珙璧老友。十一日未開會。十二日正式開會。共開會七天,十八日下午閉會。本意到泌陽及鄰近三兩縣中考察並學習,但吳芝圃省長勸我先到幾個新建水庫區參觀一下後,再到泌陽。二十日,坐一小吉普車往白沙水庫。同行者治淮總部職員黃石奇、司機劉發堂,外有王秀鸞(女)代表則爲白沙本地一

①編者注:原於"正"後空闕數字。
②編者注:原於"照相社"前空闕約二字。

農業合作社社長,趁車回社。下午兩三點鐘到白沙。參觀。二十一日早八點許出發往石漫灘。途中訪問閆寨西地及谷水河北崗上二遺址。是晚宿葉縣人民委員會中。二十二日過舞陽到石漫灘。未至舞陽,已微雨,過舞陽路更難走,車打着數次。二十三、四兩日,因天雨,不能前行。廿四日晚接省人民委員會轉來所中電報催速回所,遂中止泌陽之行。二十五日,仍由舞陽、葉縣、襄城回至許昌。汽車到時五點餘,北上車在站,尚未開走,但已趕不及上。聞八點許有車,但票很難買,終未能走,遂宿於人民委員會。二十六日早五點上車,八點餘到鄭,清理手續後,於晚十一點鐘許上車。二十七日下午到家,已將六點。二十八日早上班,始知電爲靳尚謙同志所發,爲討論入黨事,所以催我還所。下午洗澡。二十九日,上午所中開會討論給獎事。三十日,上班仍不過看報看雜誌。

三十一日,補前多日日記。王伯洪、金學山來談。黎晨同志來談。接到人民教育出版社送來高中歷史教課書稿本二份,初中歷史教課書一份,請審閱。人民出版社送來《中國歷史圖集》(改名圖說)秦漢部分稿本,請審閱(王崇武亦爲此事來一次)。高教部送來《高級中學中國歷史教學大綱草案》意見綜合材料和座談提綱各一份,請提意見。故宮博物院送來閻文儒所著《中國雕塑藝術綱要》一本,請提意見。收到《史學譯叢》(本年第一號)兩本,《歷史研究》(本年第二號)一本。填寫請求入黨志願書未完。到東安市場買《中國共產黨黨章》一本,《學習黨章資料》一本。下午讀劉少奇《論黨》一小部分。

四　月

　　一日，終日雨雪，時落時止，至地即化，故地上多泥。下午五點後往蘇聯展覽館電影院看《南島風雲》電影。此片比此前同類電影水平皆較高。我看後，深感想作一個好共產黨員，真非容易。不怕吃苦，不怕犧牲，全是要而不足的條件，此外不對任何艱難困苦低頭，盡全力去完成任務，却是更困難得多的事情。

　　二日，晴。收到《歷史研究》編輯部送來關於組織翻譯蘇聯的十卷《世界通史》的初步意見，請提意見。接到兩請帖：一爲"世界科學工作者協會成立十周年紀念大會"於明日三點在政協禮堂舉行事，一爲慶祝該會成立十周年於明日下午七點半舉行晚會事。接到國際書店通知第四卷《馬恩全集》已到，請備價往取。看報後，想繼續填寫請求入黨志願書，而遍尋書包，仍不見，疑忘在家中，遂出到國際書店，擬取書，而因未帶購書證未能取出。遂歸家，遍尋申請書，仍未見，細思，才想起早晨還王伯洪單字稿時，夾在中間。午睡後再到所，問伯洪，他果然看見，而他已交林澤敏讓她轉交給我，她現在不在所內，仍未能得到。到朝陽門大街，與雷門及三嫂談。歸時，遇靳尚謙同志，言申請書已派人送至家中。晚餐後填寫一節。

　　三日，夜睡不佳。上午看地理所所作工作計劃。填寫志願書，大致完畢。接圖書簡介一本。接郵政局來信一，並附人民幣二角，係因《河南日報》減價而還錢，不知此報係河南省人民委員會贈閱，還錢應該還它。我接此款，頗覺難處理。下午三點開

"世界科學工作者協會成立十周年紀念大會",至七點餘。

四日,上午繼填志願書完畢。靳尚謙同志來談,命寫《社會經歷中數重要問題的說明》,開始寫。下午到廣和劇場聽艾思奇對於《物質和意識》的報告。

五日,夜眠因小江咯嗽服藥驚醒,即未再睡着。上午寫完《社會經歷中數重要問題的說明》。寫一信與所長爲改名備案。下午交給林澤敏同志,請轉交靳同志。因昨日不眠時對於我國歷史分期問題有新體會,與子衡談至六點餘,始歸。今日有一劉大壯同志自河南師範學院來,想瞭解楊震華前在女師大與師大任課時經過,與他略談,因在記憶中多模糊不清,寫一信片介紹他見侍峰,看他當年同事何人在京,以便更清楚瞭解。

六日,上午少看一點俄文。想整理一下史料卡片,整理不多,即感覺到原訂工作計劃不夠實際,遂停下,隨便看點書。王明來催去年工作執行情況表,才想到又被忘掉。下午計算去年前三月中工作日分配比率,又將此後工作小記閱看一下。填表未完,時間將到,遂整理物件,未完,已鳴鐘,遂回。接到人民教育出版社送來高中中國歷史課第九至十八七章(內缺十二至十四三章)稿本。

七日,上午將表填完,交出。把《孔子世家》和《仲尼弟子列傳》細看一遍。下午閱初中歷史課本參考書,並提意見。

八日,天氣很好。上午到侯書增處,把我的病情經過詳細告訴他以備參考。同季芳、小江同她的保姆往游動物園。天氣暖。但太陽落處,溫度比前日還差不多。開始閱《考驗》。

九日,上午看報外,參考地理研究所高級研究人員學習計劃,想本所高級研究人員學習計劃問題。閱高中歷史教科書參考書稿本,並提意見。下午雷門來談。三點去後,仍繼上午閱高中教科書稿本工作。

　　十日,上下午均繼續閱高中教科書稿本工作。

　　十一日,上下午均繼續閱高中教科書稿本工作。上午林壽晉來問我對於本所高級研究人員學習計劃的意見,我説一些,他擇要記録。下午往取本月薪水時,聽夢家説,才知道今日我又把聽艾思奇哲學課事忘掉!

　　十二日,上午仍繼續閱高中教科書稿本工作,完畢。工間操後,工會開會選出席院工會代表,很快就投過票,但必須西安洛陽兩處票寄回來後才可開票。午餐後到國際書店,把俄文《馬恩全集》第四本取出。下午翻閱閻文儒所著《中國雕塑藝術綱要》。今日天開始暖。

　　十三日,上午仍翻閱《中國雕塑藝術綱要》,完畢。故宮博物院信,希望我對於雕塑館的建立能貢獻意見,但我對於此方面可以説完全外行,很難貢獻什麼意見。閱《中國歷史圖集》,並提意見。晚碧書來寓,希望我能找着朱廣相,替她娘買房幫忙。

　　十四日,上午有東北方面有同志來瞭解王敦義的行動,我知道的不多,就所知者寫去。續閱《中國歷史圖集》,對於司南問題,找王天木文參考,遍尋不得。下午學習(自習)《關於無產階級專政的歷史經驗》《爲什麼個人崇拜是違反馬克思列寧主義精神的》《蘇聯共產黨第二十次代表大會關於蘇聯共產黨中央委員會總結報告的決議》。訪廣相未遇。

　　十五日,九點餘訪廣相與談。下午未出門,也未工作。

　　十六日,上午續閱《中國歷史圖集》,並提意見,完畢。下午僅爲院人事處寫關於丙辰的意見。晚到中國人民解放軍總後方勤務部禮堂看話劇《同樣是敵人》。

十七日,因爲昨日睡晚,昨晚回宿舍時,就告訴老白,叫他給我請上半天的假。可是今早又睡不着,九點後仍上班,但不過看看報。下午看《史記·秦本紀》及《始皇本紀》。五點許,雷門來談。接峙三信一封。

十八日,上午接到《歷史研究》本年第三期,翻閱兩三短篇。開始改《我國古代部族三集團考》的注子。下午到對門首都劇場聽丁瓚講巴夫洛夫學説綱要。

十九日,今日忘帶鑰匙,妨礙工作。上午看報後,給峙三回信一張,季芳詳復。看《歷史研究》各篇。下午大致看完此期《歷史研究》各文,翻閱《辯證惟物主義》若干節。將五點即回家,晚飯後同季芳往看電影《台爾曼》上集。

二十日,上午借得《周書集訓校釋》,翻閱一些。下午繼續寫《我國古代部族三集團考》一小段,但此段寫完以後才看出來我對此小段已經寫過,並且比現在所寫者較愜意,遂又把新寫的棄去。又檢查一些材料,並未再寫。

二十一日,上午到所,從所乘院裏汽車到北大,聽埃及人埃及古代史專家阿·費克里講《埃及古代史大綱》。他很會談,談的頗有趣。是時靳主任派人專送一信,説下午在内政部大禮堂,開本院接收黨員大會,送一入場券。下午三點往開會。被接收入黨者三十五人,熟人中有張肇騫、楊鍾健。黨中□同志①對我説,院

①編者注:原於"同志"前空闕一字。

中各同志均贊成我的請求，願介紹我入黨，但材料送至□□□□會①後，會中對於某幾點希望我再寫清楚一點，入黨手續可待至第二次，如何寫，可再與靳同志一商。歸家後季芳說峙三到底來京，還帶一個，我心中頗不痛快。晚峙三來見，我問家中好後，就把他申斥一頓。下午雷、雨一兩陣，兼有電子。

二十二日，上午到漱溟寓，他要到北戴河療病，就要上車，匆匆談一刻鐘話，即歸。峙三同其族孫來，他們早飯後，我同他們及小牛到動物園。入門後，他兩個隨便看，我同小牛找到他母親及小波玩至將午，歸。晚季芳向我說我對峙三看法，不夠正確，那樣申斥也不解決問題，她的話大致近是。下午小雨一陣。

二十三日，天氣微寒。上午看報。接胡步曾信一封，爲其女願來所工作事，把信交作銘，請他斟酌，或由所，或由我個人答復。下午本定一點半乘班車到北大，聽費克里的兩點半報告《埃及最近考古學上的新發現》，可是等到兩點十分車還沒有來，遂還上班。續寫《我國古代部族三集團考》。接歷史博物館信一封，送四月廿六日"中國近代史陳列"預展票。

二十四日，上午續寫《我國古代部族三集團考》。下午掃除屋子。接到人民教育出版社送來初中課本中國歷史參考書第二册（第三部分油印本）一本，請提意見。所中交來人民出版社所譯出的《中國》一本（阿瓦林等著），囑對内《考古學概要》一部分提意見。

二十五日，上午預備討論《關於無產階級專政的歷史經驗》

①編者注：原於"會"前空闕數字。

的材料。下午開會討論。接到《科學通報》第四期。

二十六日，同東南區諸同志及季芳到官廳水庫參觀。前日嗓子小覺不適，但晚洗及早洗時仍未注意。昨日上午覺喉中有痰，時思一嗽，下午覺嗓子小啞，今日啞頗甚。

二十七日，上午僅看報（昨日及今日的《人民報》、《光明報》的"史學"、《河南日報》），下午看一點《考古通訊》，四點後即歸。接北大請柬一份，請出席五月四日至五月十二日所召開①的北京大學55—56學年科學討論會。

二十八日，上下午僅翻閱《近代史教程》。

二十九日，因下星期二爲國際勞動節次日，須放假，今日仍上班，上下午僅翻閱《近代史教程》，並將《共產黨宣言》的第一、二部分再看一遍。接到本年《考古學報》第一期。

三十日，八點到乾麪胡同第四醫院門診部看嗓子。上午僅詳細看報，商量明日觀禮事宜：開始我因嗓子不好，想不去，但因本所僅有我一人有觀禮券（作銘有，但他不在京），不去不合適，乃決定去。下午四時許，天微雨，即歸。歸後嗽頗甚。

五　月

一日，今日國際勞動節，到天安門觀禮。歸時將四時，稍休息，又因未蓋好，仍咯嗽。

二日，上午同季芳往看電影《董存瑞》。劇本、演出均很成

---

① 編者注："開"，原誤作"到"。

功,感人頗深。今日休息。接柱子信,知道他最近接受入黨,我同季芳均很歡喜。

三日,咯嗽還不很好。上午看《中國》内考古部分,略提幾條意見,但未知由何機關委托審查,以何目的審查,故所提意見也未必中肯。雷門來談,説他本月九日要往南京去。回家吃午飯,因爲這樣才可以吃藥方便。下午費克里講《埃及古代史》第一講,我疑惑去不去的問題,久不能決定,歸結没有去,決定休息三兩天,使咯嗽早好,可早日工作。

四日,上午雨頗不小,下午止。上午看報後,有吴□□①及章韞胎二同志來訪。吴先去。章留談。章言原在北研生物部内工作,認識我,我却不能記憶。他對於古史興趣殊高,但有故意將我國歷史拉長的傾向。下午三點,再到第四醫院門診部復診,並購藥。遂歸。接故宫博物院請柬,説明日上午八點至十二點審查"五省出土重要文物展覽"。

五日,晴。上午到故宫保和殿看"五省出土重要文獻展覽"。畢,順路到太和殿中一轉。到所,看報以後,即歸。接陸侃如寄來其所著《迦黎陀娑②——印度古代最偉大的詩人》。接李靖信一封,李靖爲玄伯的第三子,現在遼陽輕工業部一機關中工作。看《世界知識》第八期。

六日,上午陰,下午晴。下午到紫竹院一游。樹木已長起不少,風景佳甚。和風拂拂,更使人神爽。

七日,上午看報而已。接到編輯出版委員會寄來《語言學論

---

① 編者注:原於"吴"後空闕約二字。
② 編者注:"娑",原誤作"婆",據《文史哲》1956年第5期所載陸侃如此文改。

文選譯》一本,科學出版社寄來《論火星是否有生命》一本。午刻即歸。下午到東安市場購蘋果五斤,到朝大街,送與雷門,因爲他不久到南京去。

八日,上午想找靳尚謙同志一談入黨問題,問後才知道他已到陝西去,必須再遲半月或一月才能回來,因與林澤敏同志談此問題頗長。從圖書室借到《世界史教程》封建社會史部分一本,《中古世界史》一本,略爲翻閱。因喉頭部分仍大敏感,再向醫院耳鼻喉科掛號,約定明日早八點往診視。下午三點即歸,寫給柱子信一封。

九日,上午往第四醫院門診部,作耳鼻喉診視。林壽晉來告下午討論《辯證惟物主義》的第九章,因再翻閱一下,但很疲倦,預備很差。下午開會討論。歸,見胥平來,晚與之談論,至快十一點,才預備睡覺。

十日,夜雨,早晴,下午有雲有風。上午所中送來《古埃及史》講稿,翻閱若干張。下午往北大聽費克里教授講授。

十一日,晴,有風,氣候仍寒。上下午均檢查《史記》中關於古史材料。

十二日,上午到院內聽比國一教授講《古人類與現在人類》。講的平常,無甚精彩,但主席裴文中同志於講後竟忘致謝辭,亦嫌失禮。下午到西郊賓館,聽周總理的錄音傳達報告,係傳達毛主席所講的十項關係及矛盾,並指出應如何解決矛盾。

十三日,夜睡不好。上午同糜岐、小牛、小江游陶然亭。現已正式闢爲公園,聽說不久要賣票。幾年不到這裏,現完全改觀,變成北海型的公園了。今日天氣很熱,兩小孩又頗費事,我也覺得疲乏。睡覺不適,試温度却無有。

十四日,仍覺不適,未上班,在家僅再翻閲小説《勇敢》而已。

十五日,上班。出門時聽鄭志卿説,美國侵入我國領空展覽會今日已爲最末一日,可是我還没有看到。到所後請工會設法,曾與子衡一談。工會特派人往交涉,得票二張,十一點遂歸。午飯後同季芳往觀。排隊,需時多半點鐘。看後,到來今雨軒喝茶。出時,見一老人爲人作按摩,據他説他在此按摩,每日人全不少。他説話頗有江湖氣。接到郭沫若、聞一多、許維遹合著的《管子集校》兩本。閲郭所著的《序録》。接到人民教育出版社信一封。

十六日,夜睡不佳,因而情緒異常低落。上午看報外,僅少看何景韓所著的《論沂南出土的山海圖石刻》,精神亦未能集中。下午聽艾思奇講《認識過程的規律性》。

十七日,上午預備問費克里教授的三道題,看《古埃及史講義》一部分。下午往北京聽《古埃及史》課。接《史學譯叢》社信一封,漪園信一封,秔岐信一封。

十八日,上下午皆繼續寫《我國古代部族三集團考》,但寫出來却没有很多。早晨下班車後,因上星期六受徐捷同志之托,往訪楊丙辰,但他的街門已被封杜,他搬往何處,也無從知道。想知會徐捷,但打電話數次,均未能找着他。下午曾往國際書店,想續訂《新時代》,可是他們説續訂期截四月底,現在已過。以後又打電話給專辦訂外國報的郵局,回答説等到二十一日,再去電話問是否尚有辦法。借到《古史甄微》,翻閲一部分。此書我在昆明看過多次,但現在我覺得當日對於著者的主要論點,並未能捉着。

十九日,上下午均寫復李靖信,但尚未完。

二十日，上午同季芳及韓里、胥平和他們的三個孩子同游紫竹院，有雲，不熱，很痛快。下午因壽□□①的長公子結婚，往賀。晚他請賀客到莫斯科餐廳吃晚飯。

廿一日，上下午均答復李靖信，寫完，發出。接人民出版社送來《出版消息》、圖書目録等。

廿二日，上下午均翻閲《古史甄微》。

廿三日，陰。上午接到《歷史研究》第四號，翻閲數篇。下午聽艾思奇講《認識過程的規律性》。晚所中派汽車到家，説郭院長在北京飯店請費克里教授，教我去陪。本所研究員皆在，外歷史三所及北大有數人。回家時十點半已過。

廿四日，陰，上午微雨。上午再閲《歷史研究》一篇（未完）。下午到北大，聽費克里教授講課，並得到他對於我上次所提出三問題的答復。

廿五日，晴。上午再閲《歷史研究》，下午先看完魏明經所寫的《論民族的定義及民族的實質》。他言多而空，糾纏着斯大林的幾句話，發展他自己的説法。他所根據的是斯大林並未放在定義裏面的話，而他却恃爲重要的根據。但此種看法，現在也並非他一個人如此，大約想弄清楚此問題尚需時日呢。下午一點餘到音樂堂聽郁文同志傳達政府處理反革命分子及壞分子的方針。天氣很熱。四點許畢。回所，看完上述魏同志的文章。

廿六日，上午看報外，僅整理舊報紙。下午往懷仁堂聽陸定一關於“百花齊放，百家爭鳴”的報告。他報告畢，周總理對於科

①編者注：原於“壽”後空闕約二字。

學規劃不能百廢具舉，只能重點進行一點有所指示。收費克里教
授請柬一件。

廿七日，上午同季芳、韓里父子、小江出至景山公園，除韓里
父子先往百貨大樓購物外，餘均下游園。後韓里父子亦來，登山
游覽後，即歸。

廿八日，上下午少寫一點《我國古代部族三集團考》。下午
到工商聯禮堂聽夏作銘及何仲仁關於先進生産者會議的報告。

廿九日，上午再少寫一點《我國古代部族三集團考》。下午
兩點半費克里教授在本院報告《埃及最近的考古發掘成績》。午
睡未久，聞鐘聲，以爲時已兩點，即乘公共汽車往。至院看錶，則
半點已過，趕緊進去，則各處無人，開會地方門尚未開，問人，人言
鐘點未到，再細看錶才曉得不過一點半多一些！原因誤聽別處鐘
聲爲所中鐘聲。聽報告後又開坐談會。我因爲坐的遠，作銘翻譯
聲音低，聽不清楚。今日下午四五點鐘時驟雨一陣。

三十日，上午看周國亭自傳。改《何謂傳說時代》打印稿。
下午聽艾思奇講《認識過程的規律性》。費克里教授在北京飯店
請吃晚餐。

卅一日，上午再改《何謂傳說時代》的打印稿。下午寫《我國
古代部族三集團説》。

六　月

一日，上午到北大，聽費克里教授最後一次講《中國文化與
埃及文化的比較》。聽後，參加北大師生的歡迎會。下午到車站

送費克里教授往中國各處游歷。今日上午有陣雨，下午雨止。

二日，陰，有陣雨。上午仍改《何謂傳說時代》的打印稿。下午開會討論郁文同志所傳達政府處理反革命分子及壞分子的方針。

三日，仍陰雨。上午往澡堂洗澡，出又理髮。

四日，晴。下午四五點鐘時，雷聲殷殷，烏雲蔽天，但雲尚高，故終不雨。晚又轉晴。上午忘帶鑰匙，僅看二日《人民日報》及數日《河南日報》。子衡來爲《何謂傳說時代》文提意見四條。下午開小組會，繼續討論政府處理反革命分子及壞分子的方針問題，至四點完畢。看本月份《學習》數篇。

五日，晴。上午仍改《何謂傳說時代》的打印稿。前已給子衡、夢家、作銘、王明、仲良、秉琦，請提意見，今日又給王仲殊、陳公柔、許道陵諸同志，並請其提意見後，轉給林壽晉、饒惠元等，也請他們提意見。下午閱何景韓的《論沂南出土的山海圖石刻》。

六日，晴，熱。下午七點後雷聲殷殷，但不雨。上午再看《論沂南出土的山海圖石刻》，並寫一審查意見。下午寫畢，少預備知識起源問題的討論題目。

七日，晴，下午，多雲，有雨數陣。上午再閱《中國歷史圖說》，並提意見。接到《歷史研究》本年第五期，翻閱，下午繼續翻閱。

八日，上午因昨日黎晨同志來要我的友人的名單，以便黨中可以從他們那裏明了我的經過，因按年排列，指出可以訪問的友人，名單列成交給他。晤森玉。又接到《中國歷史圖說》一卷，翻閱，並提意見，直到下午四點後。交出後，檢點舊雜誌，缺號不少。

晚開工會討論作銘及何仲仁所傳達的關於先進生產者會議的報告。

九日，院中送來《1956—1967 哲學社會科學規劃草案（初稿)》《考古學研究工作十二年遠景規劃草案（初稿)》各一份，定十日至十二日開會討論。上下午均看此草案。

十日，陰。上午同季芳、糜岐及其子女、江游動物園。下午到郵政局，把近數期的《中國青年》寄與郭峙三，定半年的《少年報》，寄與白兆惠。

十一日，上午到所，即同往西苑大旅社開會，討論二草案。晚有戲票，可到天橋劇場看戲。我因恐怕妨礙睡覺，未往。家中墻刷漿。

十二日，晴。下午將六點時雷聲殷殷，微雨。後又晴。上午上班。因我的《中國古史的傳說時代》裏面，曾說東夷集團國，內有費，但未注來源。我前已找各書未見。今日再翻《左傳注疏》，記在隱公時有關於費的記載，但翻閱完隱、桓、莊三公，並未找到。後查《引得》，始知即在隱一二年傳中，但並無關於古費國的注釋。下午再到西苑大旅社開會討論百家爭鳴問題，夢家發言，有再建立清規戒律的嫌疑，秉琦發言反對，我聲援秉琦，鄭所長發言偏向夢家，爭論頗熱烈。家中墻繼續刷漿。接科學出版社信一封，致送審查《考古學報》審查費四十元，我受之頗爲有愧。

十三日，上午續寫《我國古代部族三集團考》。下午自學知識起源問題。

十四日，上午精神疲倦，想續寫《我國古代部族三集團考》，但未幾行，即止。下午仍自學知識起源問題。

十五日,夜睡不好,上午疲倦。看《先秦天道觀之進展》。下午午睡後,精神較好,續寫《我國古代部族三集團考》。下午四點後大雨,至晚未停。

十六日,夜睡仍不好,早雨小,但未止,後又較大,上午未上班,再睡,十一點起時,雨已止。下午上班。隨便看俄文。

十七日,終日陰,也下幾點(下午一點許)。上午同季芳往大羊宜賓胡同,看三嫂新居。遇何犖、魏至、魏重、顯廷諸人。同何犖、繆金源的兩個孩子出總布胡同豁子,到郊外,見麥將熟。下午又見吉如的幼女及其愛人。一點許回寓。

十八日,終日陰。上午再看楊向奎所寫的《有關中國古史分期的若干問題》。中午因伙食團要換新爐竈①,未開伙,遂歸。下午看童書業所寫的《從租佃制度與隸農民的身份探討古巴庇倫社會的性質》。四女的女兒其俊自瀋陽實習回太原,過京,同一同學來寓,我開始把她忘掉,談一會兒以後才想起是她。

十九日,下半天晴。上午對於《有關中國古史分期問題的若干問題》再流覽一遍。下午續寫《我國古代部族三集團考》。曹聯璞來學法文一點鐘。

二十日,晴。上午翻譯一俄文信(是伊爾庫茨克大學語言學教授寫寄作銘的);與靳尚謙同志談入黨事;見森玉,告訴他說,到尹默那裏找,或可得大壯的詩一二十首。下午開會,討論知識的起源問題。

二十一日,陰雨。上午寫上半月工作報告。下午開圖書委員

---

①編者注:"竈",原誤作"皀"。

會。上下午餘時,均續寫《我國古代部族三集團考》。

二十二日,晴。上午往蘇聯展覽館,看和平利用原子能展覽會。回家吃午飯。休息後,再上班。續寫《我國古代部族三集團考》一段。曹同志來學法文。晚飯後開工會,討論三同志入會事。但今晚大約只能辦理兩個。第二人許景元自述後,我因已將九點半,即先歸。接章韞胎寄來他所著的《麒麟考》(提綱)一份。翻閱一過,他主張麒麟即現在的羚羊,言之成理。

二十三日,晴。上午許景元、洪填增來談。周國亭來,少談即去。續寫《我國部族三集團考》。下午到音樂堂聽關於國際局勢報告。畢,在公園游一周,歸。

二十四日,上午間有雲。下午陰,晚有陣雨。早飯後出豁子,沿河岸柳陰中一走。歸途中,看四人練擲接石鎖,又看文化用品公司人員競賽自行車。歸後顯廷、春書及其三外孫來。糜岐及其子女來。

二十五日,陰雨,將午雨止。上午僅看報。下午也僅到八面槽郵局取出審稿費四十元。到國際書店,購俄文《蒙古史》一本,俄文兒童識字書一本。到東安市場,購《政治經濟學教科書》一本,《沙恭達羅》一本,《痛史》一本。歸所後翻閱《沙恭達羅》,晚繼續閱畢。接稚岐信一封。

二十六日,上午陰,微雨。上午續寫《我國古代部族三集團考》。接到《歷史研究》編輯部送來兩篇越南民主共和國史學界討論越南奴隸制社會是否存在的文章,請予審查,考慮是否適於在《史學譯叢》上發表。大略看一過。下午又續寫前文一段。曹同志來學法文多半點鐘。

二十七日,晴。上午續寫《我國古代部族三集團考》。下午續寫一小段,後即未大工作,隨便掀書而已。

二十八日,又陰。上午二組開會,討論我國歷史奴隸社會及封建社會分期問題。下午看《文史哲》內所載楊向奎、童書業二人所作關於歷史分期的文章。因尋找他們所引《資本論》中文字的上下文,遂連帶看《資本論》數十頁。周國亭來,要一個給芝生的介紹片。

二十九日,陰,有陣雨。上午續寫《我國古代部族三集團考》。下午仍繼寫。曹同志來學法文一小時。接郭院長請柬一,說在星期日在北京飯店中七樓商談關於編寫《中國歷史》及《中國哲學史》教科書問題。

三十日,上午續寫《我國古代部族三集團考》一段,後洪填增來談。下午搜《史記》中史料,尋檢《山海經》中的《山經》。許景元來談。

七　月

一日,上午同縻岐及其子女、小江及其保姆游北海公園,天氣很熱。下午五點到北京飯店開會,商談關於編寫《中國歷史》及《中國哲學史》教科書問題。到會的約四十人。會後晚飯,歸至寓十點已過。

二日,陰,間見日。上午看保加利亞、匈牙利培養研究生辦法的文件。寫給小斧信一封。餘時看報而已。下午看雲甫辯譚城所在地文章。他說城子崖古城,並非譚城,却是北魏平陵城,說難成立。接方信芳信一封,囑我見夢家代約一時間談談。

三日,陰。上班,但昨日上午就覺得肚子不很好,不過還無大重要。今日肚子疼,出一次恭,也不很稀,但肚子繼續陣疼,因此僅看報,到十一點許即回家。下午吃硝鹽片。又出恭一次,不少,也仍不很稀。上午找夢家,想給信芳約時,他因開會不在所,把方信交夢家助手,囑他先給方打一電話,知會他近兩天沒時候,等後有時,再訂期會見。上午寫小斧信一封。

四日,仍陰,有微雨。全日在家休息,今日肚子已經不疼,大約要好了。稚岐自陝西出差歸。

五日,晴,上班。周永珍來談到北戴河休假事,下午又找他談。周國亭來。接到《歷史研究》第六號,上下午皆翻閱,又因參考看馬克思《答維拉·查蘇里奇的信和草稿》,看過第一和第三稿,第二稿未看。接《歷史教學》編輯部信一封,立時回復它。

六日,上午繼續看完昨日所未看完的朱本源所著的《論殷代生產資料的所有制形式》。看報,因今日公布《蘇共中央關於反對個人崇拜及其後果的議決案》,看的時間頗長。下午寫上月下半月工作報告。夢家建議把我的《何謂傳說時代》文送到《新建設》登出,以與大家商榷,我也贊成,因又把原稿細看一遍,改正一些。

七日,上午寫我入國民黨時的詳細經過,交與靳尚謙同志讓我寫的[①]。下午搜集傳說時代的史料。從圖書室方面買到蘇聯科學院所出十冊本《世界史》的第一本,翻閱一下。上午金學山

---

①編者注:原稿如此。

曾來談。

八日,晴,有風,晚陰,落雨數點。未出門,在家把《國家與革命》重讀,剩一小部分,未讀完。

九日,晴。下午陰。早起看完《國家與革命》。上下午均搜集史料。收到傳閱的《中國歷史圖說》的三國部分。收到《哲學研究》第二號,翻閱一篇。

十日,晴。下午四五點時,大雨一陣。上午在所中開學術會議。下午整理定期刊物,遺失者設法補齊。少看一點巴黎公社的歷史。曹同志來學法文。

十一日,晴。將晚有陣雨。上午工間操後開一小會,談論爭取在各國留學生回國事,組織一小團體,推動此事,並命我召集人。所包括人爲靳主任、陳夢家、王明、黎晨諸人。下午翻閱俄文《世界史》。

十二日,晴。上下午均搜集史料。上午十一點開會向全體同人說明國家爭取在資本主義國家留學生回國事。下午仲舒來談,此別已經十好幾年了。

十三日,晴。下午六點有陣雨。鄭乃武及□□①來談,說他們就要到西安去。下午開會,談上半年工作報告各事。

十四日,晴。上午梁午峰來談。去後搜尋史料。下午繼續寫《我國古代部族三集團考》。接荆三林寄來他所著的《考古學通論》一本。

十五日,上午訪聖章、弼剛等談。下午天熱未出門。晚趙學

---

①編者注:原於"及"後空闕二三字。

謙和黃現璠來寓談。黃係舊師大學生,現在廣西大學教書,僮族。他現在正在寫僮族歷史。

十六日,上午續寫《我國古代部族三集團考》。下午有二智利人士來所參觀,所長不在,讓子衡、夢家同我招待。他們去後,所中研究員及靳主任、王明同志合開一會,討論助理研究員及研究實習員升級事。錫昌的女人及小孩、錫昌的妹同來京。

十七日,下午大雨數陣。上下午均續寫《我國古代部族三集團考》。看《史學譯叢》所載的《西班牙人民反對意德武裝干涉者和法西斯叛亂者的民族革命戰爭》。

十八日,上午續寫《我國古代部族三集團考》。下午本意溫習或對辯證惟物主義寫點東西,但未能堅持,翻閱俄文《世界史》中國部分,覺得寫的不够好,這是我們中國歷史工作人的責任。

十九日,上下午均續寫《我國古代部族三集團考》。接到《史學譯叢》社來信一封。

廿日,上下午均續寫《我國古代部族三集團考》。曹同志來學法文。

廿一日,上下午均續寫《我國古代部族三集團考》。容希白來談。

廿二日,很熱。上午到新華書店及西單①圖書商場,爲興惜買《教育學》一本,爲鎮玉買《學文化》小字典一本。自買《强盗》一本,《雲使》一本。下午在家看席勒的《强盗》,完畢。翻譯人爲楊文震、李長之。前人大約爲丙辰的改名。

---

①編者注:原於"單"後衍一"場"字。

廿三日,上午除看報外,僅寫一信與龍吟,問潤章父子通訊地址,以便争取回國。下午續寫《我國古代部族三集團考》。天熱。

廿四日,昨夜雨,今日涼爽。上下午均續寫《我國古代部族三集團考》。上午周國亭來,他的將來工作崗位,仍無眉目,允許爲他給文甫寫信。

廿五日,下午六點許有陣雨。上午寫文甫信一封。餘時及下午均續寫《我國古代部族三集團考》。

廿六日,接李靖信一封。上下午均續寫《我國古代部族三集團考》或檢查史料。

廿七日,接胥平信一封。上午金學山①來問古陶器事,我知道的不多。看報而已。下午續寫《我國古代部族三集團考》。

二十八日,上下午均續寫《我國古代部族三集團考》。

二十九日,上午到郵政局,給興惜及胥平寄書。今日奇熱。屋裏間坐,扇子不能停扇！晚八點後大雨。

三十日,仍熱,上午九十點鐘大雨一陣。上下午均續寫《我國古代部族三集團考》。接到《科學通報》第七期。

三十一日,上下午均續寫《我國古代部族三集團考》。下午開圖書委員會。接到第二期《考古學報》。

八—九月

八月一日,今日未大工作。上午接到《地理學報》一本,翻閱

---

①編者注:"山",原誤作"生"。

一兩篇。下午隨便翻書。接《歷史教學》編輯部信一封,請我在考古學與歷史科學的關係這個範圍內爲它寫文一篇。

二日,今日僅翻閱《地理學報》及《考古學報》。接三聯書店送來劉子靜所著《中國古代神話之研究》,請爲審查,翻閱一過,覺得他所參考西書不多,且所參考的多爲資本主義國家學者摻雜惟心主義的著作,而作者對於馬列主義的修養異常可憐,自然對於惟心的東西,無法别擇。又作者對於我國神話,毫無别擇,對於羅泌諸人的著作,覺得那就是古代的傳説!所以不能得到像樣的結果。

三日,夜間大雨,終日陰雨,上午頗大,下午小一點,然終不停。上下午全爲《歷史教學》寫《考古學能從哪一方面爲歷史服務?》。復《歷史教學》編輯部信一封。

四日,陰,有雨。上下午均續寫《考古學能從哪一方面爲歷史服務》。下午應自己學習"百花齊放,百家争鳴"各文件,但並未學習。上午孫海波來談。

五日,仍陰,有陣雨。颱風警報已解除,但此次颱風爲解放以來頂大的一次,所以雖有預報和警備,而江浙各省損失仍重。即北方近數日的大雨和部分水災也仍是受此次颱風的影響。上午理髮。下午周國亭來借生活費五元。出買蜂蜜。

六日,下午晴。上午看報,下午續寫《考古學能從哪一方面爲歷史服務?》。

七日,天氣很熱。上下午均續寫《考古學能從哪一方面爲歷史服務?》。

八日,早晨天氣悶熱,未上班,但後起一陣風,變凉,但在家休息一天。接柱子信一封。

　　九日,將晚,大雨。上午看報後把《考古學能從哪一方面爲歷史服務?》寫完,下午再閱改一遍。再看《中國古代神話之研究》。

　　十日,夜間雨不小,早漸晴,天氣涼爽。因爲要給《人民日報》寫一篇文章,上下午均搜集材料,但精神未能集中。

　　十一日,上午開始寫《我們應該怎麼樣處理我們傳說的史料》,僅開一頭。下午再閱陸定一的《百花齊放,百家爭鳴》,及《改造我們的學習》。四點半後,開會討論陸文。今晚看小説《在田野上,前進》。

　　十二日,上午同稚岐、小牛、小江游動物園。下午同秉琦到西苑機場參觀首航莫斯科——北京(八小時)的噴氣機,至問人才知道該機在南苑,不在西苑! 如返往南苑,則時間太晚,無法進去。不得已,遂趁便游頤和園一次。續看《在田野上,前進》,仍未完。

　　十三日,上午看報,同作銘談圖書委員會改選事。下午續寫《我們應該怎麼樣處理我們傳說的史料》。七點半後在運動場聽吳冷西關於國際形勢報告的録音,材料還豐富,歸至家,已十二點。早晨把《在田野上,前進》看完。接圖書簡介一份,並有信請提意見,復信,請他們不要繼續寄來,因爲我對自然科學及技術科學不懂。

　　十四日,上午金學山來談。下午仲良來談。續寫《我們應該怎麼樣處理我們傳說的史料》。接荆三林還錢十元。收到調整薪資 134.5 元。

　　十五日,終日陰,時有微雨。上下午均續寫《我們應該怎麼樣處理我們傳説的史料》。

十六日，晴。上下午均續寫《我們應該怎麼樣處理我們傳説的史料?》，但開始感覺到所寫的東西與題目不稱，題目大約還得改。中午雲甫請譯館幾個舊同學吃飯（在森隆），我也前往。兩點半回所，但因倦，又睡若干時，故下午工作效率不佳。

十七日，上下午均續寫《我們應該怎麼樣處理我們傳説的史料?》，完。決定仍用原題目。《人民日報》學術文化部來取，交給他們。並告訴他們此文我自己並不滿意，可以斟酌登否。明日當開始休假。

自十八日休假，至九月八日，再開始上班。未多工作。見靳主任，與談入黨問題。從圖書室借得尹達的《中國新石器時代》及蔡元培六十五歲壽文集。出訪林宰平，談至中午回家。下午看梁思永的《小屯、龍山與仰韶》，未完。

九日，再看《小屯、龍山與仰韶》，雖完，仍未精讀。往訪翁詠霓，談至中午歸。過白米斜街舊寓後，有不少人作打槍試習。下午少看《中國新石器時代》。

十日，上午看報而已。中午歸。後又想起本應到王府井大街人民銀行辦事處取審查費，並且期限止上星期六及今日一日，卻被忘掉！季芳願到紅星電影院看《公審李萬銘》，遂於午飯後同到王府井大街取審查費四十元，到紅星。《公審李萬銘》無録音，極短，無足觀，但還有他片，且每人票價僅一毛，還算公平。出到東安市場購物，買得《中國志願軍英雄傳》二集一本，《我們是斯大林時代的人》一本，《古本〈竹書紀年〉輯校訂補》一本。又到百貨大樓購物，到盛錫福購帽一頂。歸已將六點。

十一日，上午金學山來，批評其所寫關於龍山文化文，頗嚴厲，他心不服。新吾來，爲其寫介紹信一封。看報。中午將歸，忽然想起今日下午兩點有會，而午餐時已過，遂出到四牌樓附近小館吃麵一碗。下午係王仲殊報告其所訪埃及、黎巴嫩、叙里亞經過。

十二日，上午看報後翻閱《中國新石器時代》。下午有奧國一博物院長、一教授（皆研究古代建築）來所參觀，與秉琦同招待。

十三日，上午僅看報，下午再開始續寫《我國古代部族三集團考》。

十四日，上下午全續寫《我國古代部族三集團考》。四點餘，尚愛松來談。

十五日，昨晚很燥。今日雷雨不小，時晴時雨。上下午均續寫《我國古代部族三集團考》，接雷門信一封，並搜查史料。

十六日，下午同家人到動物園一游。上午到書店購《封建社會歷史□□①集》一本。

十七日，上午佩青來談，看報。下午開會談同人升級問題。

十八日，下午雨一陣。上午續寫《我國古代部族三集團考》。下午仍開會談同人升級問題。接人民教育出版社送來請審查稿件。接義詮信一封。

十九日，上下午均開會討論明年工作計劃。下午散會早，仍少寫一點《我國古代部族三集團考》。人民日報學術文化部把我

①編者注：原於"史"後空闕約二字。

的原稿寄回。

二十日，陰。上下午均續寫《我國古代部族三集團考》，晚飯後往看《爲了和平》電影。

二十一日，昨晚睡的不好，今日上午精神疲倦。上下午均續寫《我國古代部族三集團考》。下午往看子衡病。

二十二日，學習周總理關於第二個五年計劃的報告，及前幾天學習未完的劉少奇委員長向第八次全國代表大會的政治報告的末一節，及米高楊在第八次全國代表大會發言的末一段。

二十三日，上午到書店買《最後的幻想》一本。下午及晚，就翻閱此書。

二十四日，上下午續看《最後的幻想》。上午夏作銘、尹達兩副所長均初回所，並來談。看子衡，他今日將移往溫泉療養院，此時在家。終日風。

二十五日，風定。晨起外間溫度降到九度。上下午仍續看《最後的幻想》，完畢。上午佩青來談；金學山來談。

二十六日，晨起外間溫度八度。上下午均看高中歷史教科書稿本，並提意見，完交辦公處，送回人民教育出版社。

二十七日，上午看報外，復李靖信一封。下午續寫《我國古代三集團考》。

二十八日，上下午續寫《我國古代部族三集團考》，很少。因爲上午曾翻閱《科學通報》，下午三點半即出看魯迅博物館的預展。

二十九日，上下午均續寫《我國古代部族三集團考》。

三十日，今日星期日，但同宿舍的別所的同事全又上班，據說

是今日上班,明日國慶,後日放假,大後日繼續放假,我因不知本
所是否如此,因未上班。上午同縻岐母子女、小江及其保姆共游
動物園。出時沿路人滿,爲歡迎印尼總統蘇加諾的到來。下午看
《古代的東方》(昨晚及今晨也看了)。

十 月

一日,今日國慶,開會時雨不小,參加人均被淋濕。仍看《古
代的東方》。

二日,晴。有風(昨晚已有風)。仍看《古代的東方》,並參考
費克里的《埃及古代史》。晚到北京劇場看越劇演《桃花扇》。早
晨到所,取回外套時,看布告,才知道上月卅日上班,明日補假,與
別所同。

三日,晴,風止。早晨外邊溫度六度半。柱子因假期回來。
九點後同季芳、柱子、小江往游陶然亭公園。到窰臺飲茶,稚岐也
來到。同游陶然亭、香冢等地。回到家,三點多鐘。

四日,上班,上午繼續看完《古代的東方》未完部分。科學出
版社送來《封建農奴時期俄國商人資本》一本。閱報。下午續寫
《我國古代部族三集團考》一小段。翻閱傅斯年的《夷夏東西
說》。

五日,上午開會討論明年工作計劃。餘時續寫《我國古代部
族三集團考》。上午佩青曾來談;下午許景元①來言今晚即將出

①編者注:"元",原誤作"山"。

發到西安調查和發掘漢長安城,囑以在附近調查秦宮遺址。接到人民教育出版社送來歷史教科書稿子一份。

六日,上午看歷史教科書稿,並提意見。下午續寫《我國古代部族三集團考》。

七日,陰,微雨。投基層選舉票。晚飯後,出到書店購《志願軍英雄傳》三集。歸,看《黃繼光》一節,完時十二點已過。柱子回防地。

八日,夜眠不足。上午看報而已。下午續寫《我國古代部族三集團考》,僅一小段。有一《北京日報》文化生活版的李同志(女)來問魯迅辦《國民新報副刊》經過。又接人民教育出版社送來歷史教科書稿本一份,翻閱一節。晚瑾軒來寓,談。

九日,上午看完歷史教科書稿本,並提意見。餘時及下午均續寫《我國古代部族三集團考》。

十日,今日日中頗寒。上下午均續寫《我國古代部族三集團考》。

十一日,仍續寫《我國古代部族三集團考》。

十二日,上午集體往蘇聯展覽館看日本展覽會。下午續寫《我國古代部族三集團考》。

十三日,仍續寫《我國古代部族三集團考》。

十四日,同趙銓、林壽晋、子衡的女公子同坐所中汽車往溫泉看子衡病。因溫泉村無吃飯處,到北安河吃飯。後往游大覺寺,返溫泉,再同子衡小談,回寓五點左右。頗倦,早寢。

十五日,仍續寫《我國古代部族三集團考》。

十六日,仍續寫《我國古代部族三集團考》。接程枕霞信一封。

十七日，上午看歷史教科書稿本，並提意見後，發出。下午看《歷史研究》九號文一二篇而已。今日忘帶鑰匙。

十八日，上午再看《歷史研究》九號文及閱報。下午因牙疼往第四醫院診治，大約將來須拔掉，現在先治腫疼。回續寫《我國古代部族三集團考》。

十九日，早又忘帶鑰匙！學習毛主席黨八代大會開幕詞及劉委員長向黨八代大會的政治報告，未完。午後到東安市場一次，買蘋果及他物。三點往看雲甫病。

二十日，全日討論八大文件。接到杭岐信。

二十一日，同所中同志往游香山，在雙清遇朱副主席。午後游八大處。今日全未上到山頂。

二十二日，上午續寫《我國古代部族三集團考》。張伯英同其夫人來談。下午佩青來談。爲周國亭寫給尹達同志信一紙。

二十三日，看金學山所寫關於半坡村仰韶遺址文。看畢後，翻《船山遺書》中的《周易》各書。

二十四日，看兩件各所關於培養新幹部辦法的文件。畢後，開始看丁山遺著。

二十五日，今早外間温度初降至零度。仍看丁山遺著。上午鴻庵來談。接到《地理學報》一本，丁山遺著《甲骨文所見氏族及其制度》一本，《自然辯證法研究通訊》一本，許良玉信一紙。

二十六日，續看丁山遺著。將晚，有莫斯科大學人類學教授同民族學院來參觀，我也往陪。

二十七日，續看丁山遺著。

二十八日，上午出西直門過高梁橋，順河沿，到白石橋，返到動物園門口,坐公共汽車,返寓。

二十九日,續看丁山遺著。

三十日,續看丁山遺著,寫出意見,送出。又將《歐洲哲學史》一本,送給許良英。餘時翻閲丁山所著《甲骨文所見的氏族及其制度》。

三十一日,上午搜集史料。下午開始寫《洪水解》。

十一月

一日,上午孫□□①來還書;下午佩青來談。餘時仍搜檢史料。英法侵略埃及的戰爭已開始。

二日,上午續寫《洪水解》。下午搜檢史料。晚九點許,起大風。

三日,上午續寫《洪水解》。下午看報,搜檢史料。今日報載匈牙利納吉政府宣布退出華沙條約,反動黨在那裏似已得勢。

四日,有風。僅出刮臉洗頭而已。

五日,上午搜索史料。下午因爲上星期六下午班車不到時間開走,寫信與幹部局請其檢查經過,並調整鐘點。匈牙利卡達爾組織工農政府,請蘇聯軍隊幫助恢復秩序,已能掌握形勢。

六日,上午續寫《洪水解》。下午看報,搜索史料。三點許佩青來談。三點半到三所聽時事報告的傳達。主要是波蘭及匈牙利事件。接許良英復信一封。

―――――――――――

① 編者注:原於"孫"後空闕二字。

七日,續寫《洪水解》。今日報載蘇聯已通知英法,決以武力恢復東方和平。仲良來談,他總疑惑有人阻止他再到新疆去,對所中領導也有誤會,向他解釋,但未知能生效否。

八日,續寫《洪水解》。報載英法侵略軍宣布在埃及停火。

九日,上午續寫《洪水解》。下午往故宮,聽唐立庵、李文信關於芬蘭、瑞典博物院及中國研究的報告(我沒看清票上所注地方,先跑到午門,以致遲到)。進德來。

十日,續寫《洪水解》。

十一日,上午同季芳、進德到魯迅紀念館參觀。

十二日,搜集史料。下午與鄧同志漫談一點多鐘。

十三日,搜索史料,並續寫《洪水解》。接河南省人民委員會電報説省人代大會於本月廿日開會。

十四日,續寫《洪水解》。

十五日,續寫《洪水解》。

十六日,續寫《洪水解》。

十七日,雪,下午止。續寫《洪水解》。填寫明年工作計劃。已購火車票,明日下午五點二十分將上車到鄭州開會。

十八日,下午五點上車往河南,次日上午九點多到。二十日,因人數到的不夠多,並且籌備未周,延至二十一日才正式開會。二十八日閉會。二十九日下午九點餘同農山一同回京。三十日五點許到京。接陳才梁信一封。

十二月

一日,在家休息一天。

二日,下午到動物園一游(同家人)。

三日,上班,看本日及前些天的《人民日報》,未完。

四日,仍看本日及前些天的《人民日報》,完畢。

五日,上午續寫《洪水解》。下午改金學山譯文。

六日,全天翻閱《禹貢錐指》,搜集關於古黃河史料。

七日,上午續寫《洪水解》。下午翻閱唐甄《潛書》而已。

八日,全日續寫《洪水解》。

九日,上午訪侍峰,談。下午周國亭來,借給他舊衣一件並五元。

十日,全日續寫《洪水解》。

十一日,全日續寫《洪水解》。將晚愛松來談。晚瑾軒、進德來寓。還有方城一位魏同志(女)與進德同來。

十二日,看石泉所著主張郢都及古江陵在宜城境內一文;看研究生考卷。少寫一點《洪水解》。接編譯出版委員會信一封。接《史學譯叢》信一封。

十三日,續寫《洪水解》。

十四日,續寫《洪水解》。下午兩點開會研究高級人員薪水事。接金學山信一封。

十五日,寫《洪水解》,完畢。上午九點鐘所中所辦的見習生訓練班行開業典禮。下午隨便翻閱《船山遺書》。

十六日,上午往訪許子猷。

十七日,上午看兩文件及報,檢點書籍,下午及晚看李亞農所著的《周族的氏族制與拓跋族的前封建制》(買到很久却總未看),完前編。

十八日,看《周族的氏族制與拓跋族的前封建制》完畢。許景元來問《漢官儀》一書内數目字何解,不能答,許爲代查。

十九日,查《平津館叢書》内《漢官儀》一書,才知道昨日許景元所拿來的《叢書集成》本(翻《十萬卷樓叢書》本)的《漢官儀》當爲一游戲作品,像升官圖一類的東西,與本書無干。寫桂璋信一封。再開始改金學山譯稿。

二十日,改金學山譯稿。晚看第十號的《史學研究》。

二十一日,上午有農村青年社的陳開臻、張學敏來談古史的宣傳問題。下午改雲甫指出《洪水解》中所引孫星衍的話内有脱①節處,並指出應該補足的材料,因補添一節。

二十二日,續改金學山譯稿,完畢,仍多未愜意處。下午開圖書委員會。開始寫《徐偃王及徐楚在淮南勢力的消長》,僅開一頭。

二十三日,上午到紫竹院公園一游。

二十四日,續寫《徐偃王及徐楚在淮南勢力的消長》。接佩青信一封。

二十五日,續寫《徐偃王及徐楚在淮南勢力的消長》。

二十六日,續寫《徐偃王及徐楚在淮南勢力的消長》。下午佩青來談,不久即去。

二十七日,續寫《徐偃王及徐楚在淮南勢力的消長》。將午李子魁來談。中午雲甫約譯館舊同學多人在森隆午餐,我也在坐,晤周伯符,不見已經數十年了。往郵局,取匯款,我未帶證件,

---

①編者注:"脱",原誤作"托"。

它也暫時無款,遂止。下午開會報告本年各隊工作情況,並討論。

二十八日,續寫《徐偃王及徐楚在淮南勢力的消長》。下午到郵局取款。到東安市場,買到《荀子簡釋》《鄭和下西洋考》《歷史人物》各一本。晚翻閱《歷史人物》。

二十九日,夜睡不佳。上午檢查史料。下午開會討論所中工作情況,及報告室內工作情況。右耳上部脉管部分時霍霍作痛。

三十日,陰。上午翻閱《宗教迷信及其危害》。下午室中作掃除,工友工作,我遂先出,到新華書店購《李時珍》一册,《志願軍一日》上一册。遂歸。翻閱《李時珍》完畢。接王實甫夫婦信一封,約明午到他們家午餐。

三十一日,上午十點後,實甫來寓談,後同到他家,在坐的有張伯英、劉盼遂及實甫族弟一人。談至三點許,出步行歸。他們三位也步行,到西直門外上公共汽車。歸家後,翻閱《志願軍一日》。

一九五七年

元　月

一日，上午李子魁來談。下午理髮。餘時翻閱《志願軍一日》。

二日，上午李子魁來，待鄭所長約會，但待至中午，鄭未來。他約我到東來順吃羊肉，返後有一歷史教學社的徐君來談。餘時看近三天的《人民日報》而已。

三日，檢查史料。晚士林從瀋陽來京，來談。

四日，續寫《徐偃王及徐楚在淮南勢力的消長》。接桂璋信一封。

五日，續寫《徐偃王及徐楚在淮南勢力的消長》。晚到新街口，買一錶鏈。到北魏胡同本院招待所，訪士林，則剛往上車。訪李子魁，告以所中對於彼事經過。

六日,夜眠不佳。上午同麋岐、稚岐、小牛往紫竹院游,她們滑冰,我同小牛到冰上走走。

七日,續寫《徐偃王及徐楚在淮南勢力的消長》。接故宮博物院信一封。

八日,微雪。續寫《徐偃王及徐楚在淮南勢力的消長》。

九日,續寫《徐偃王及徐楚在淮南勢力的消長》。上午李子魁來。

十日,續寫《徐偃王及徐楚在淮南勢力的消長》。

十一日,復陳諸巖信一封,寫包爾漢信一封。下午看尹達同志所著的《河南安陽侯家莊西北崗的殷代墓地》。

十二日,上班後因昨日復陳信還未發出,再看陳信,想找出他的名字,及一看,才注意來信的是陳才梁(材良)非陳諸巖,幸信尚未發出。看錶已九點,昨日學委來言今日九點聽報告,我雖聽清楚,却是心中總以爲上班後還有一點半鐘!看錶,才感覺不對,檢查通報,果已晚,遂趕緊去,到文化部大禮堂時已遲十幾分鐘。報告人聞爲田家英,報告題目爲"關於《再論無產階級專政的歷史經驗》"。歸吃飯後已將兩點。又少睡,醒後看報而已。

十三日,出城訪芝生,商談家鄉統購工作偏差事。訪錫予,則又因讀書多,致血壓過高,又臥床不能起。勸其多休養。出到芝生寓,吃午飯。出訪達三。後又同訪建功。歸過六點。

十四日,夜中雨雪。上午看報。下午對《河南安陽侯家莊西北岡的殷代墓地》提意見。到東安市場,買一卷本的《中國農村的社會主義高潮》《義和團運動史論叢》《捻軍史初探》各一本。晚翻閱《義和團運動史論叢》。今日喉頭更不快,聲音有點啞。

十五日,翻閲《捻軍史初探》。

十六日,上午續寫《徐偃王及徐楚在淮南勢力的消長》。下午兩點開會討論《再論無産階級專政的歷史經驗》的報告。

十七日,續寫《徐偃王及徐楚在淮南勢力的消長》。接到第六期《史學譯叢》。又接到北大哲學系所送來的有關中國哲學史問題的坐談會的文件,少少翻閲一下。

十八日,續寫《徐偃王及徐楚在淮南勢力的消長》。

十九日,上午填寫 1956 年寫作表,填寫後,才注意到此張表是爲子衡、仲良我們三個人的,可是我不留神一個人占去了大半!下午聽尹達一報告,餘時續寫《徐偃王及徐楚在淮南勢力的消長》。

二十日,上午洗澡。

二十一日,續寫《徐偃王及徐楚吳在淮南勢力的消長》。接傚彬信一封,内《卜居詩》一首。

二十二日,今日北大開哲學討論會,本意不去,但後有汽車來接,只好前往。去時同車者爲佩青。聽聽也得一些益處。

二十三日,今天以爲北大車或再來接,擬再往聽一天,在家静候,但未來接,遂又上班。續寫《徐偃王及徐楚吳在淮南勢力的消長》。下午四點許魏樹勳、徐錫台來談。二人皆北大考古專業畢業,魏河北唐山人,徐江蘇阜寧人。

二十四日,續寫《徐偃王及徐楚吳在淮南勢力的消長》。下午將五點尹達所長招集黄、陳、靳及我談,決定下星期一、二開會討論本所研究實習員培養計劃草案(初稿,係采擇青年同志意見擬定)。晚到中國青年藝術劇院看演老舍新編話劇《西望長安》。

二十五日,續寫《徐偃王及徐楚吳在淮南勢力的消長》,完畢。接《史學譯叢》社信一封。

二十六日，上午到西苑中央直屬機關大禮堂聽胡喬木所作時事報告。九點半後開始，至兩點半以後才完。回寓午飯後精神困倦，遂未再上班。

二十七日，上午到王府井大街新華書店買第十卷《列寧全集》譯文一本，又買《志願軍一日》一部，以備寄回家鄉農業社中。

二十八日，全日開會討論本所研究實習員培養計劃草案。徐錫台送來一文，略翻一遍，知其學力尚淺。

二十九日，全日繼續昨日討論。

三十日，上午指摘徐錫台所著文中的錯誤。仲良來談。下午寫復陳才梁信。翻閱顧頡剛的《五德終始說下政治和歷史》。

三十一日，今日爲陰曆元旦，上午在本院團拜，並到熟人家中少談。下午與季芳同到人民劇場看劇，演《打瓜園》及《打金枝》。芯芳①同其子女來賀年，安世也從蒙古的海拉爾回來。

二　月

一日，同季芳到三嫂家賀年。早晨汪集生來。

二日，雪。

三日，仍陰。上午往排隊購《上甘嶺》電影票。下午程溯洛來。

四日，上班，看前數日《人民日報》。與作銘談與蘇聯考古學

①編者注：“芯芳”，據一九五四年二月三日及一九五九年十月十日日記，疑爲“芯芬”之誤。

者合作在新疆及中亞細亞考古事。下午七點十分,往看《上甘嶺》電影。

五日,翻閱《明堂大道錄》。下午到東安市場及百貨大樓,購得《西周與東周》一本、《太平天國史料考釋集》一本及紙本、自來水筆、懷錶盒各事。回所後及晚均閱《西周及東周》。接《新建設》社信一封,《史學譯叢》社信一封。

六日,全日,閱《西周及東周》,晚始完畢。上午再與作銘少談與蘇聯學者合作考古事。接芝生信一封。

七日,全日閱《中國的奴隸制與封建制》。

八日,夜中起大風,今早(七點)外間零下廿度。上午看完《中國的奴隸制與封建制》。下午想開始寫《五帝起源説》,但有材料還未找出,忙於尋找,終未開始。

九日,今早(七時)外間零下廿一度。風未停。

十日,今早(七時半許)外間零下十九度,風未全停。上午將出,王實甫夫婦來,遂返。下午往訪張傚彬,不遇;往派出所打聽,才知道他於五三年已經搬往後海北河沿住了。往訪徐侍峰。

十一日,早晨(七時)有雲。外間零下十七度。風仍未全停。上午看報後,仲良及楊建方、□□□①來談。楊、□②二人將到北大作研究生,來辭行。下午開始寫《五帝起源説》。接到河南寄來人代會第五次會議匯刊。

十二日,早晨(七時)晴,無風,外間零下十九度。續寫《五帝起源説》。

———

① 編者注:原於"方"後空闕約二三字。
② 編者注:原於"楊"後空闕一字。

十三日,早晨(七時)晴,外間零下十五度。續寫《五帝起源說》。下午王伯洪來談。

十四日,早晨(七時)外間零下十二度,後起風,不小。續寫《五帝起源說》。

十五日,早晨(七時)外間零下十七度。續寫《五帝起源說》。接到北京大學哲學系信一封。接到人民出版社送來稿費若干,不知何故,當查明再作處理。下午李方嵐來談。晚由郭沫若院長請本院同觀其所著的《虎符》,與季芳同往。

十六日,早晨(七時)外間零下十五度。續寫《五帝起源說》。

十七日,夜間雪。早晨(七時半)外間零下十度。上午同麋岐、小牛、小波、小江及其保姆到北海一游。

十八日,早晨(七時)外間零下十七度。續寫《五帝起源說》。

十九日,早晨(七時)外間零下將十八度。無風,不冷。接金學山信一封。續寫《五帝起源說》。

二十日,早晨(七時)外間零下十度。續寫《五帝起源說》。有風。

二十一日,早晨(七時)外間零下十五度。續寫《五帝起源說》。

二十二日,早晨(七時)外間零下十二度。上午將《五帝起源說》續完。接到《新華半月刊》一本,翻閱關於舊體詩爭論數篇,又見它將我在《人民日報》所發表選入,始悟前日所收人民出版社送來稿費所由來。夢家來言因我看仲良稿,人民出版社送閱稿費百二十元。我答,我並未閱稿,實不能受。夢家說:現在稿又拿回,現在可補看。我只好受下。後他隨即將稿送來。

廿三日,終日雨雪。上午往北京劇場聽歷史惟物論的報告。
下午看仲良稿件。

廿四日,上午仍雨雪,下午止。上午朱啟賢來談,他一友人有
一關於盤瓠傳説的文章,希望我能看看提點意見。下午有一郭同
志(女)來談,她是教藝術的。看關於盤瓠的文章。出訪張傲
彬,談。

廿五日,早晨(七時)外間零下十四度。有雲,後晴。下午看
仲良稿。

廿六日,早晨(七時)外間零下十五度。晴。全日看仲良稿。
上午魏樹勳來談,因將外出。下午有《新建設》社王、趙二同志
來談。

廿七日,早晨(七時)外間零下十二度強。看仲良稿,此部分
畢。下午與他一談。夢家托看歐陽凡海所著的《從商代的"兄終
弟及"談到夏啟殺益》稿。

廿八日,早晨(七時)外間零下十三度。天氣又轉陰。將收
條寄與人民出版社。交公債款。寫尹達同志信一封,把陳才梁信
附上,請他幫忙。寫對歐陽凡海文意見,交還夢家。翻閱《宗教
迷信及其危害》。

三　月

一日,夜中即微雪,終日不止,早晨外間零下十一度強。續閱
《宗教迷信及其危害》。

二日,早晨仍雨雪一陣,後即止漸晴。早晨外間零下十二度。

續閱《宗教迷信及其危害》,下午早完畢。後閱岳明同志講稿。

三日,晴。上午到新街口買牙刷。又買《保持□□①的人》小册子,翻閱完畢。午餐後李子魁來小談。午睡後,出坐公共汽車到動物園下車,步行往西,過紫竹院公園、萬壽寺村;返,沿高梁河北岸,過白石橋,仍到動物園門口,上公共汽車返。晚飯後,朱啟賢夫婦來小談。

四日,晴。上午看報。下午寫給桂璋信,未完。

五日,夜眠不足。上午看報,寫完給桂璋信。下午開始寫《所謂炎黃帝以前古史系統考》。接到今年《歷史研究》第二號,翻閱一部分。下午有科學出版社的一位同志來商議把《歐洲哲學史》再出版,我對她説:"這是一部用惟心主義觀點寫的哲學史,我覺得今日不需要再印,請社中再斟酌。"

六日,全日續寫《所謂炎黃帝以前的古史系統考》。

七日,上午大雪,但不久,下午晴。早晨(七時)外間已將升至零下七度。預報將有五六級大風,下午有風,但不過三四級。全日續寫《所謂炎黃以前的古史系統考》。因尋找資料,翻閱《真誥》。

八日,早晨(七時)外間零下八度。晴。下午轉陰,雨雪一陣。續寫《所謂炎黃以前的古史系統考》。續翻閱《真誥》。

九日,見習員訓練班結業,往參加,並發言。下午續寫一段《所謂炎黃以前的古史系統考》。到國際書店取新來的俄文《馬恩全集》第七本(六本還未來)。

---

①編者注:原於"持"後空闕約二字。

十日,上午間有太陽,却仍時飛雪花。往訪傚彬。下午顯廷自河南回,來談。

十一日,晴,有風。早晨(七時)外間零下十四度。看報外,續寫《所謂炎黃以前的古史系統考》。下午徐錫台來談,仲良來談。

十二日,晴。早晨(七時)外間又到零下十七度許。近數日睡眠不好,昨夜僅睡三點鐘。須休息數日才好。終日隨便看報與書。下午徐錫台又來談。

十三日,晴。早晨(七時)外間零下十四度許。上午開學術會議。下午周伯符來談。

十四日,晴。早晨(七時)外間零下十二度許。上午僅看報,下午把《真誥》翻閱完。

十五日,上午僅看報。助手周振華來工作。下午李方嵐來談。接劉倫信一封。

十六日,上午往北京劇場聽關於基礎與上層建築的報告。下午到中關①村□□②研究所聽傳達毛主席的録音報告。

十七日,上午到北郊漫游,約走十六七里。

十八日,睡仍不很好。上班時忘帶鑰匙,影響工作。上午許子猷及其四世兄同來談。下午黃石林來,説明日到西安漢城工作,談。借《全唐詩》中盧全詩來,尋找材料。尚愛松來談。

十九日,睡比昨晚較好。繼續寫《所謂炎黃以前的古史系統考》。閱培幹工作參考資料。

---

①編者注:"關",原誤作"观"。
②編者注:原於"村"後空闕二三字。

二十日，續寫《所謂炎黃以前的古史系統考》。上午佩青來談。

二十一日，有風，不大，下午轉寒。續寫《所謂炎黃以前的古史系統考》。將大壯所寫詩和唐寅破畫軸送給森玉看，並寫信請他鑒定畫軸及識別我所未識字。接愷琦信一封，問魏乃住址。

二十二日，陰。續寫《所謂炎黃以前的古史系統考》。下午李方嵐來談。接信一封。來信人是志願軍涂慶德，或徐慶德，看不清楚。他説他手裏有幾件古陶器，也没有説清楚，是要送給所裏，或賣給所裏，很難處理。想找作銘商議，他没來，以後才知道他的胃潰瘍又犯。

二十三日，夜間微雪。續寫《所謂炎黃以前的古史系統考》。看見作銘，與商議後，給志願軍同志打電話，他未在家。

二十四日，晴。上午往訪許子猷。出到新華書店古典書籍流通處；未能買到書。下午犖來談，説今年九月要到蘇聯留學，已經院部批准。

二十五日，上午看報。下午到北大聽范文瀾同志報告，但所報告的爲歷史工作人應有的基礎知識，未聽完，即歸。

二十六日，續寫《所謂炎黃以前的古史系統考》。接桂璋信一封。

二十七日，上午續寫《所謂炎黃以前的古史系統考》。下午到豐盛胡同中直俱樂部聽毛主席在最高國務會議的傳達報告。

二十八日，續寫《所謂炎黃以前的古史系統考》。接包爾漢復信一封。

二十九日，上午續寫《所謂炎黃以前的古史系統考》。與作

銘談後,復李方嵐信一封。下午到茅屋胡同,聽張勁夫副院長作
增產節約報告。接《史學譯叢》社信一封。接一名曾天治的人信
一封,他說他見過我兩次,張口就要借給他一百元,使我無法
應付。

卅日,續寫《所謂炎黃以前的古史系統考》。

卅一日,上午到一所,看尹達同志病。下午獨往紫竹院公
園游。

四　月

一日,到民族學院,聽關於調查景頗族及黎族的報告,並看其
所陳列少數民族的文物。

二日,上午仍到民族學院,聽康農關於調查大涼山彝族的報
告。下午在家休息,理髮。

三日,上午看報;有意大利考古學者來所參觀,參加接待。下
午續寫《所謂炎黃以前的古史系統考》。接陳景胡信一封。

四日,上午陳景胡來談。仲良來談。下午李方嵐來談。續寫
《所謂炎黃以前的古史系統考》。

五日,續寫《所謂炎黃以前的古史系統考》。

六日,上午聽關於階級及階級鬥爭的講課。下午續寫《所謂
炎黃以前的古史系統考》。接魏樹勳信一封。

七日,上午寫復大姐信一封,給她寄錢三十三元。下午四點
出到紫竹院公園一游,花開不少,游人却還寥落。

八日,上午陰,下午微雨,氣候轉冷。續寫《所謂炎黃以前古

史系統考》。下午聽說意大利學者的參觀團開招待晚會，需要參加，又嫌衣服不够暖，乃早下班回家換衣，又回所中同作銘、秉琦同往。在臺①基廠國際俱樂部。在坐者約二十餘人。散會後芝生夫婦來寓所小談。復曾天治信一封。

九日，上午有微雨，後變雪，下午雪相當地大，至晚未停。續寫《所謂炎黃以前的古史系統考》，遇有困難，遂停下參考《漢書・律曆志》等書。

十日，早六時後微雪還未止，後漸晴。續寫《所謂炎黃以前的古史系統考》。寫與吳芝圃省長信一封。

十一日，續寫《所謂炎黃以前的古史系統考》。上午安金槐來談，盧兆蔭、易漫白來談。

十二日，上午到北京圖書館，想到善本閱覽室閱書，則尚需一本機關介紹信，因返。續寫《所謂炎黃以前的古史系統考》。

十三日，上午再到北京圖書館，閱四庫書內的陳桱②《通鑑續編》，才確知宋犖所刻的《通鑑綱目前編》卷首的非金履祥書，實爲陳桱書。但陳書與《前編》卷首亦小有同異，原並無《前編》卷首後面所列之"總論""史論""音釋"諸項。此一切不知是陳仁錫刻版時增加，抑爲宋氏增加。現未見陳氏板本，未敢臆定。返。

十四日，上午，與季芳同到侍峰處一談。後又到北海一游，觀軍人表演各種文藝項目。今日因口上腔腫，頗覺不快。

十五日，續寫《所謂炎黃以前的古史系統考》。身體覺困倦，疑有感冒，晚睡前量體溫，僅三十七度四五之間。服銀翹解毒片

①編者注："臺"，原誤作"泰"。
②編者注："桱"，原誤作"桱"，後同。

二片。

十六日，未上班，在家休息而已。羅錦南來談（他自香港來）。

十七日，上午僅看報。接到《地理知識》社送來單駿風所寫的《〈山海經〉的物產》一篇，請審查，略看一過。下午開會討論增產節約問題。

十八日，陰，晚落雨數點。續寫《所謂炎黃以前的古史系統考》。接白兆惠的信一封。

十九日，陰，下午晴。續寫《所謂炎黃以前的古史系統考》。通訊編輯部送來荊三林文一篇，請審查，文爲駁我在河南省人代大會所發表的關於鄭州舊城內包有商代古城的演說而作。略看一遍，大致還好。

二十日，續寫《所謂炎黃以前的古史系統考》。

二十一日，往訪介眉，他病血壓高，已四月不上班，情緒低落，殊爲可慮。午間，周國亭到寓談。

二十二日，夜間大雨，早晨止。續寫《所謂炎黃以前的古史系統考》。

二十三日，續寫《所謂炎黃以前的古史系統考》，完畢。下午仲良來談。崇武遂已去世，彼方壯年有爲，而竟早夭，可惜已極。

二十四日，上午十時許即微雨，至下午五時許始止，天氣轉寒。上午看報，想開始寫《叙言》，但終未開始。下午在所開會，討論日考古團來所參觀應如何招待及增產節約事。

二十五日，晴。開始續寫本書《叙言》。下午有中宣部戴同志來訪各科學家問關於毛主席所號召處理人民內部矛盾辦法的意見。接《新建設》社信一封。

二十六日,上午續寫《叙言》數行,佩青來談。去後僅看報。下午到院中開會,仍談招待日考古團事。復《新建設》社一片。

二十七日,上午續寫《叙言》。下午到院本部開會,聽傳達毛主席到蘇、浙諸省檢查學習關於解決人民內部矛盾辦法的成果時所給的指示,並發言檢討本院的錯誤。

二十八日,今日照常上班,以便五一節次日可放假一日。接到岑仲勉寄來他所①的《〈堯典〉的四仲中星和〈史記·天官書〉的東宫蒼龍是怎樣錯排的》一文。翻閲一遍,他對於四仲中星有所改定,用于闡文講明它錯誤的根源,説這種測驗,不惟不在四千年以前,唐虞之際,並且不在三千年殷周之際,却在戰國時代。主張頗爲新奇。我還不能完全明白,需要再細看。續寫《叙言》。

二十九日,續寫《叙言》。

三十日,續寫《叙言》。

五　月

一日,到天安門觀禮。今年排的節目,似有意使它簡短,精彩整齊,未到下午一時,即已禮成。歸到家後,微雨數點。

二日,到頤和園聽鸝館歡迎日本考古團,宴畢又同一部分團員到湖上泛舟。

三日,上午看近幾天的報。下午參加招待來所參觀的日本考古團。

---

①編者注:此處疑脱一"著"或"作"字。

四日,續寫《叙言》。上午《新建設》社的趙同志來談。

五日,上午再訪介眉夫婦,在他們家吃午飯。下午顯廷、碧書來談,説賡虞患半身不遂症,頗劇。

六日,續寫《叙言》。

七日,續寫《叙言》。

八日,續寫《叙言》。

九日,上午看報外,續寫《叙言》一小段。下午到科學出版社禮堂聽侯外廬講中國哲學史。

十日,上午到院部與日本考古團開坐談會,我也不過聽聽。散會已過午,到小館吃飯,遇萬稼軒,同吃,彼强爲主,我未能與爭。下午仍到所,看報而已。接《地理知識》社轉來單駿風信一封。接元胎送來其所改寫的《李卓吾年譜》。

十一日,今日看報,看《李卓吾年譜》而已。上午《人民日報》曹同志來詢問關於整風的意見。

十二日,上午往看農業展覽會,僅看氣象、水利二館,林業館走馬觀花地看一下。接小斧信一封。

十三日,續寫《叙言》。下午張含清來談。他説在抗戰時國民黨政治部中相識,我已經不很記憶。《新建設》社把我的《大禹》稿子寄回,並提議專出版治水部分,且需要壓縮至萬字上下。

十四日,續寫《叙言》。下午仲良來談。接農工民主黨信一封,約參加他們所召開的談話會。

十五日,續寫《叙言》,完。改《大禹》稿子。

十六日,上午僅看報。下午到院本部開整風會。

十七日,檢查原收信件,預備復信,但還未復一信。晚到北京飯店參加農工民主黨所召開關於幫忙共產黨人整風的談話會。發言的師大人最多。我也不過聽聽，但因此知道在各學校中各種歪風相當地嚴重。回家時已十一點。

十八日，上午本所開關於幫助共產黨人整風的坐談會。下午檢點書籍，把借圖書室的書絕大部分歸還。接到哲學社會科學部哲學小組來信二封，並芝生與汪奠基論文各一篇，未看。晚糜岐母子來。

十九日，上午領小牛看農業展覽會，並游動物園。下午季芳、小江同糜岐母子往天津。出購牙刷一支，高爾基著《俄國文學史》（殘稿）一册，梨一斤餘。

二十日，接到學部送來張恒壽關於漢代社會性質論文一篇；歷史博物館送來"中國原始社會陳列"修改草稿並圖稿，請提意見。全日看報，爲修改稿提意見，翻閱三篇論文而已。

二十一日，復金學山信一封，復魏樹勳信，未完。看作銘去年所發表《考古調查的目標和方法》，及安志敏一短文。

二十二日，寫完魏樹勳的信。復單駿風信一封。寫復劉倫信，未完。靳主任來説，我的入黨請求，已被批准，我也很感愧。到這樣年紀，却得到無產階級的先鋒戰士的光榮稱號，怎麼樣工作，才能使我對於這個稱號少一點羞愧呢？

二十三日，上午本院學部開第二次全體大會，我們列席。開至十二點，未宣布散會，但散的很多，我也跟着出來，因爲關於自然科學的工作報告，我們不很懂，坐在後面，也聽不清楚；並且再不出來，我們的午飯也就很成問題，所以就跟着出來。到春元樓午餐。下午寫完復劉倫信。看報。接到學部信兩封，皆告學術討論的日期,並送入場券。

二十四日,上午寫兩點意見交與周太玄,請他交與農工民主黨今晚所召開的坐談會。下午改《大禹》稿子,已完。五點同院中同志到同和居,爲鄭所長請日本考古團員陪客。又接學部信一封,與前兩次來信內容大致相同。

二十五日,上午所中小組開整風會議。下午往中關①村哲學所,聽芝生所作《從中國哲學中的幾個主要問題看中國哲學史中的惟物主義與惟心主義的鬥爭》的報告。回時與宰平同車。

二十六日,寫與小柱、小斧、杬岐信三封,告訴我入黨被批准事。上午出買帽子及理髮。下午五點後出西直門,繞到北豁口,歸。

二十七日,看張恒壽所著《試論兩漢時代的社會性質》。接到徐錫台信一封。收到《歷史研究》的第五期,《考古學報》第一期。

二十八日,看徐中舒所著的《論西周是封建制社會》。開始改稿。

二十九日,繼續改稿。下午《新建設》趙、王二同志來談。周國亭來談;見樊粹庭,約他於星期日上午到家吃便飯;仲良來談。

三十日,終夜風,早晨微雨,未能出溜灣,後遂止。改《禹治洪水考》稿,送給《新建設》社。寫芝生信一封,約他夫婦星期日中午來寓吃便飯。

三十一日,上午開整風動員會。下午繼續改稿。

①編者注:"關",原誤作"观"。

六　月

一日，上午所中開整風會。下午看《歷史研究》五號關於印度 1856 大起義文二篇，關於李大釗同志在五四前後的思想分析文一篇。

二日，上午獨往紫竹院公園一游。中午芝生夫婦及樊粹庭來吃便飯。下午又到積水潭一游。

三日，繼續改稿。接魏樹勳信一封，河南省文化局信一封。

四日，繼續改稿。接北京大學信一封，本院信一封。終日微雨。

五日，繼續改稿。接劉倫信一封。終日雨，比昨日大，將晚止。

六日，上午少改一點稿。六點半後往院中開整風會，主持人爲潘梓年、張勁夫，但潘未到。被約的也僅六七人。將一點散會，同夏作銘、賀昌群、向覺明到東安市場和平食堂吃午飯，作銘强爲東。回所，看報。仲良來談。在所晚飯後，到吉祥劇場，看河南梆子演《女貞花》（樊粹庭送票）。接到伯平信一封，秔岐、胥平信一封。

七日，繼續改稿。

八日，繼續改稿。上午續開整風會。

九日，同所中各同志到十三陵參觀。落雨數陣，但還不至於沾濡。

十日，上午看報。下午同安志敏、石興邦兩同志到温泉看子衡病，他已經決定近幾天出院。

十一日，因徐錫台學習計劃中列有《毛詩稽古編》，可是我並沒有看過此書，因借來一翻閱。復徐錫台信，未完。

十二日，上午九點後聽安志敏所作三門峽水庫工作報告。下午寫完徐錫台信，並發出。

十三日，爲十八日的報告作預備，翻閱《政治經濟學教科書》。

十四日，上午大雨，下午止。仍翻閱《政治經濟學教科書》。

十五日，上午續開整風會。下午看報，繼續改稿。晚飯後同季芳往看電影《宋景詩》。接《新建設》社信一封。

十六日，上午同季芳、小江游北海公園。

十七日，爲明日報告搜集材料，但明日須開所務會議，鐘點衝突，乃由石興邦與歷史博物館電商把報告改爲二十日早八點。

十八日，上午開擴大所務會議。下午繼續改稿。

十九日，繼續改稿。爲報告搜集材料。

二十日，上午到歷史博物館作報告，預備不够充分。下午看報。昨日毛主席《關於正確解決人民內部的矛盾》的報告全文正式發表，但我僅看一兩段，今日才從頭到尾，大致看一遍。

二十一日，繼續改稿。

二十二日，上午續開整風會，十一點後即散。下午繼續改稿。

二十三日，上午領小江到紫竹院一游，天氣很熱。下午介眉來寓談。八點同季芳往看電影《李時珍》。

二十四日，繼續改稿。下午仲良來談。

二十五日，繼續改稿。

二十六日，上午繼續改稿。下午往聽錢寶琮關於中國古曆法進展的報告。

二十七日,繼續改稿。上午有法國埃利塞夫教授來所,所方擬請他於本星期六在所作一講演,並讓我作翻譯。

二十八日,閱報外,改稿一段。下午黎晨來談,借得作銘所著《考古學通論》講稿,一閱,以爲明日作翻譯的預備。

二十九日,上午仍翻閱《考古學通論》講稿。下午爲埃利塞夫作翻譯,未能完備。

三十日,早起,出步行,順高梁河到紫竹院公園一游,歸至動物園門口乘車,到家將八點。早飯後又出到新街口,買鞋、牙膏等物。日間溫度很高,未出。

七　月

一日,繼續改稿。上午十點半再開所務會議,討論開考古學會議事。接到日本考古學視察團謝信一封。

二日,繼續改稿。接到《新建設》社送來稿費一百七十四元。

三日,繼續改稿,將完,但近日胃消化力不好,影響工作,留一尾巴。

四日,繼續改稿。

五日,繼續改稿。接到東北大學送來講演費二十元,倒出我意料之外。

六日,繼續改稿。靳尚謙同志來說,所中就要展開反對右派運動,希望把往青島休假一事推遲。我說到下半月我就在家休假,開會我就來參加;事畢假期未滿,我也可以去幾天,否即不去也没有什麽。寫目錄。

七日，昨夜雨，今天清爽。上午同季芳、小江往體育場参觀游泳；出又到北海。歸時稍不小心，致小江摔一反跌，幸無重傷。

八日，夜中及早晨雨。後漸晴，時見日。繼續寫目錄。晚飯後到紅星看反對右派分子電影。接楊向奎信一封。

九日，上午一時微雨，後晴。繼續寫目錄和改稿。下午到茅屋胡同出席積極分子動員大會。

十日，上午九點後開一小會，商量繼續開會反對右派分子事。下午看報，續整理稿件及寫目錄。靳尚謙同志來談。

十一日，仍整理稿件。下午有吳毓江來訪，據説他在北大上過我的課，現在重慶西南師範學院教書，著有《墨子校注》，來問我是否知有《墨子》書特別版本，我愧毫無所知，勸他去問徐森玉和趙斐雲。

十二日，上午仍整理稿件，下午開反對右派會。

十三日，上午開會反對右派，下午仍繼續開會，但可自由參加，我因之未參加，繼續整理稿件。

十四日，上午往訪侍峰，因他入醫院，未遇。見他的夫人及三公子，同他們談，知入醫院，不過爲治腿疾，但他的神智有時不清楚，頗爲可慮。

十五日，把稿件整理完，交與夢家。此後只看報。

十六日，上午周國亭來談。下午續開反右派會。

十七日，隨便看報，翻閲雜誌，下午同子衡談而已。

十八日，復楊向奎信，未完。下午同仲良談。

十九日，完復楊向奎信，發出。下午三點埃米爾教授來所作埃及學的報告。

二十日，全日開反右派會。接院中信説廿二、廿三兩日在北京飯店開反右派會。

二十一日，上午訪伯符，未遇，到三嫂家，一坐。又到所中。

二十二日，到北京飯店開批判右派科學規劃會。此次孟和也犯錯誤，殊出意外。

二十三日，到北京飯店續開批判右派科學規劃會。

二十四日，到北京飯店續開批判右派科學規劃會。下午大雨，幸散會時雨幾全停。小柱回來。

二十五日，上午看報，下午在所中開反右派會。

二十六日，上午看徐錫台工作。看報。下午仍在所中開反右派會。

二十七日，院中來電話希望所內參加院內會的同志對院會寫出一點意見。與作銘談，意見大致相同，決定合寫，他事情忙，就讓我來寫。下午所中繼續開會，請假未去。寫意見書，寫與徐錫台信。

二十八日，天氣很熱，除早晨到城外走兩點多鐘以外，餘時未出。將晚到新街口買肥皂、牙刷。又買《辛棄疾》一小冊子。晚翻閲。

二十九日，夜睡眠不好。上午王世民交來他所作的《周代豐鎬位置商榷》，並將子怡遺著《豐鎬及方考》《周陵考》《新校六種三輔黃圖》《長安五靈臺考》借去。下午接到《歷史研究》第七號，翻閲一篇。

三十日，上午看《歷史研究》中的《試論商鞅變法的性質》，未完。下午續開反右派會。晚飯後，往德勝門大街南口，看紀念八一建軍節三十週年所演的《大地重光》電影。

三十一日，上午續看《商鞅變法》文，仍未完。下午仍開反右派會，我發言有失言處。

八—九月

八月一日，昨晚因季芳同柱到中山公園慶祝八一節，我也因而睡晚。上午寫與科學出版社信一封，把近兩次的《考古學報》編輯費四十元送回，並請此後勿再送。到國際書店，取俄文《馬恩全集》第六卷。下午四點半後接彭德懷元帥一請柬，說今日下午五點在北京飯店開慶祝八一建軍節酒會，因時間已促，坐所中汽車前往。晚飯後，同季芳、稚岐、成哲往音樂堂，看梅蘭芳所演的《貴妃醉酒》。

二日，翻閱侯外廬所作《方以智——中國的百科全書派的大哲學家》。又翻閱《永曆實錄》中的傳記數篇，內有《李、文、方傳》，方即以智。

自三日起，因天熱未上班，即作爲休假，在家也不過看報及雜誌而已。九日因所中開反右派會，又上班。下午兩點半開會。晚飯後，同季芳、柱子、小江到北海一游。收單駿風信一封。

十日，全日開會，繼續昨日對夢家反對社會主義路綫的批評。

十一日，上午同季芳、柱子、小江至大什刹海划船，有雲，不太熱。

十二日，繼續開對夢家反社會主義路綫的批評會。接徐錫台信一封。

十三日,繼續開對夢家反社會主義路綫的批評會。今日告一階段。當等夢家檢討作成後再開。九日即接河南電報一封,放在書包內,後遂忘却!至十二日才想起,晚譯出,知爲省人代會本月廿日開會,召集開會。次日芝生電話來約同路前往,定於十九日早出發,票由芝生代購。

十四、十五、十六三日未上班。在家看報、雜誌等而已。**十五**將晚,往看侍峰。

十七日,早上班,寫一信請假(自十九日至卅一日)。與尚謙、仲良、子衡談。接竺藕舫復信一封。午間回家。

原定十九日往河南,是因爲覺得此日秔岐可能由哈爾濱回來,但也到底未來。僅糜岐一家全來。他們也於十九日早回天津。我於**十九日**上午將九點同芝生一路出發。晚**二十日**早五點餘到鄭州。本日下午即開預備會。原定**二十**至**廿二日**開預備會,正式會自**廿三日**至**廿九日**閉會。但因事延長至**卅一日**才閉會。此次主要議程爲反右派鬥爭,開會熱烈緊張,中間星期日亦未休會。閉會後,農山同芝生約同游三門峽,**九月一日**下午三點後上車,晚將十二點到會興鎮附近工程局住宿。三門峽工地離工程局三十公里許。**二日**上午坐工程局汽車往。現人門島已炸去一半,正繼續轟炸。各島間以鐵索①架橋相通。晚回工程局,王化雲局長來談。**三日**上午參觀本所工作號太子墓出土物及車馬坑。下午兩點餘上車回京。**四日**下午五點半到京。

———————————

①編者注:"索",原誤作"鎖"。

五日，因身體困倦，在家休息。下午出購青霉素喉片一筒（因近一二日喉頭覺痛），《毛澤東同志的初期革命活動》一本，回家後翻閱一部分。

六日，喉痛稍愈，上班，看前多日的報紙而已。上午到許子猷家，交到河南省府請代交的信及二百元匯票一紙。返過市場，購桉葉糖二包。下午許敬雍來，說匯票上爲我的名字，取時須用我的圖章，因遍搜不得，覺忘在家中，囑他明日來取。

七日，上午開會談全國及本所第二個五年計劃中的考古計劃。下午看報而已。接《新建設》雜誌社信一封，囑爲審查稿件。

八日，上午同季芳往游蘆溝橋。

九日，看報。接到《人文雜誌》三本，翻閱一下。

十日，下午看夢家數萬字的檢討。看李謙所作《神話的產生》（《新建設》雜誌社送來的）。

十一日，看報外，續看《毛澤東同志的初期革命活動》。

十二日，上午王冶秋來談下星期一文物界反擊右派事。閱反擊右派的資料。下午寫對於《神話的產生》的意見。因擬復伯平信，檢查從前所寫的《西游日記》。

十三日，下午同子衡談。把《毛澤東同志的初期革命活動》看完。續檢查《西游日記》。

十四日，上午工間操後開會討論社會科學部分與蘇聯合作事，考古部分無提議。下午閱第八期《歷史研究》數篇。接文化部信一封，《新建設》雜誌社信一封，附審查費十元。

十五日，本院組織工作人員游八達嶺，我也同去。早晨的七點二二分自西直門開車，回到西直門時約下午五點半。這是我第四次游八達嶺，現在有很好的公路，汽車可以直達，中外游人很多。關城及此段長城均正在修理。

十六日，上午看報，未完，周國亭來。下午往文化部，聽文物界的反右派報告，今日發言的有郭沫若、翦伯贊、吳晗。

十七日，下午到乾麵胡同醫院肺部照像。回後休息。起復伯平信一封。看《歷史研究》第八期內數篇。

十八日，下午翻閱《船山遺書》內的《四書訓義》《四書稗疏》。

十九日，下午繼續閱《四書稗疏》及《讀〈四書大全〉說》。收到右派四人的交代材料，翻閱至晚，完畢。

廿日，下午到文化部開文物界的反右派會。

廿一日，下午仍到文化部開文物界的反右派會，我發言一段。上午王拱璧來談。

廿二日，除早起到紫竹院公園一游外，終日未出。看《世界知識》。

廿三日，上星期所中送來反右派楊肇㸌等入場券，我今日遍尋不得，問沈錦椿，他不知道，日子也忘記了。想問子衡，他又出去。下午子衡來談，始知即在今日開會，他上午往，下午沒去，送來票的爲林澤敏同志。我一切無秩序，兼以記憶力弱，遂至誤事如此！翻閱一點《考古學報》，看王世民關於豐鎬遺址的文章，未完。晚看《革命母親夏娘娘》。天氣很熱，晚雨且有風。

廿四日，今日氣溫很低。下午到九爺府，聽反右派楊肇㸌等四人的報告。晚同季芳及趙保姆到工人俱樂部看演曲劇《楊乃武小白菜》。

廿五日，到前地質學院聽反右派何犖等五人的總結報告。上午聽不很清楚,下午較好。

廿六日,下午在所内開批評陳夢家會。

廿七日,上午開會,馬得志作大明宫發掘報告,蘇秉琦作洛陽發掘報告。下午因大掃除,我兩點許即回家。看報。在家中也小作洗刷屋子工作。

廿八日,看《歷史研究》文一篇。上午周國亭來。

廿九日,上午領小江到官園公園一游。

卅日,翻閲作銘所著的《考古學基礎》。

十　月

一日,下午又領小江到官園公園一游而已。

二日,上午領小江到北海公園一游。

三日,再閲《考古學基礎》,並看阿爾茨霍夫斯基的《考古學通論》。

四日,上午同子衡、作銘同往故宫奉先殿看山西永濟永樂宫複製壁畫的展覽。上午看《考古學通論》,參看 Π.Π 葉菲敏科的《原始社會》。接北大信一封。

五日,周國亭來。下午兩點半開會歡迎新來所各大學畢業生十四人。晚間無綫電廣播説蘇聯成功地發射出第一顆的人造衛星。

六日,下午往北京劇場看《駱駝祥子》話劇。畢,到百貨大樓,買一寒暑表。

七日,下午仍看《考古學通論》。借到登封、偃師二縣志,開始搜集關於夏代的材料。晚十點四十九分,人造衛星在北京上空過。時月明如晝,我也到院中仰視,當然無所見。報告説在某處用望遠鏡探視的人很多,但均無所見。

八日,今早廣播説昨晚天文館有二人見人造衛星,光綫弱於流星,速度遲於流星。上午周國亭來。下午看俄文《世界歷史》原始社會一部分。

九日,中午提早吃飯,於十一點五十分在文化宮前集合後往看反革命分子等罪證展覽會,至三點半許才看完。很疲倦。接長陵發掘委員會信一封。院部來信一封,内貯史學界右派分子資料五份。

十日,看右派分子資料以便明日開會。

十一日,早到所,同賀昌群、子衡、作銘坐所中小汽車到西郊賓館,開歷史界反右派分子坐談會。今日全天對象爲向覺明。

十二日,仍同昨日一樣,開歷史界坐談會。今日上午對象仍爲覺明,下午爲雷海宗。接到《史學譯叢》社信一封。

十三日,上午同季芳領小江到官園公園一游。晚到新街口買牙刷一支、《紅旗飄飄》三本、《趙一曼》一本。翻閲《趙一曼》。

十四日,仍往西郊賓館開歷史界坐談會。上午對象爲榮孟源、陳夢家,下午對象爲楊人楩及范文瀾、翦伯贊的結論。

十五日,接到《捍衛馬克思列寧主義,反對資産階級“社會科學”復辟》第一輯,才看到五教授《對於有關我國科學體制問題的幾點意見》一文。細看一過,即至今日,我仍不很感覺它的反對性,再把郭沫若、潘梓年文細讀一遍,才恨自己感覺的遲鈍可驚。看《政治經濟學教科書》十幾頁。《趙一曼》看完。

十六日,看《城子崖》報告。

十七日,看《紅旗飄飄》數節。下午三點後開會討論明年工作計劃。

十八日,仍看《城子崖》。晚到天文館,觀天象表演。大略完畢。

十九日,再細看《城子崖》。周國亭來。

二十日,上午往訪尹達,未遇。又問楊向奎,也不在所,並不知其詳細住所。出到隆福寺人民市場一轉。

二十一日,因臂上患癬,下午往隆福醫院診視。因《中國古史的傳說時代》稿漏一頁,找出原稿,命周振華補抄後,送給尹達所長。看《考古學基礎》的附圖。

廿二日,再看王世民的《周都豐鎬位置商榷》及黃盛璋的《周都豐鎬與金文中的莽京》。

廿三日,上午九點到九爺府聽裴秘書長關於反右派的報告。下午看報外,僅將鄧小平《關於整風運動的報告》又翻閱關於知識分子的一部分。晚在所中看放映的蘇聯電影片《生活的一課》。

廿四日,看辛樹幟所著的《禹貢製作時代的推測》。上午與王世民談。

廿五日,看俄文《新時代》雜誌。

廿六日,仍看俄文《新時代》雜誌。

廿七日,上午到國際書店給小牛買俄文 *Mempo* 一本,到東安市場買張□①祥校注《越絕書》一本。

廿八日,上午再到隆福醫院看癬。下午看報外,僅寫雷門信

①編者注:原於"張"後空闕一字,應爲"宗"。

一封。

廿九日,再看《城子崖》報告。王世民送來所中擬發十月革命的俄文賀電稿,大約看一下。

卅日,下午往政協禮堂,聽慶祝十月革命四十周年報告會。報告人爲范文瀾、薩莫伊洛夫、吳有訓。

卅一日,下午仍往政協禮堂,聽慶祝十月革命四十周年報告會。報告人爲錢三强、錢學森、茅以昇。參加晚會,看《仇恨的旋風》。

十一月

一日,上下午均往端王府夾道禮堂聽反右派分子顧準報告會。

二日,下午到新僑飯店,聽慶祝十月革命四十周年報告會。報告人爲余元安、彭明、陳慧生、丁守和。下午落雨一陣。

三日,早起到澡堂洗澡。下午到國際書店,買俄文《遠離莫斯科的地方》一本,到百貨大樓再買寒暑表一具。訪侍峰。

四日,上午工間操後開會,宣布開除所內一幹部事(有反革命及偷盜罪行,已逮捕)。下午開會坐談此次反右派體會。

五日,上午工間操後仍開會坐談此次反右派體會。

六日,上午開會談論籌備整風第三階段工作事。下午到北大聽周總理關於慶祝十月革命的報告。

七日,今日爲紀念十月革命放假。上午領小江及其保姆到中山公園及文化宮,均因無游園票不能入。又乘公共汽車到東單公園一游。中午小江及其保姆回寓，我到三嫂家，爲她祝壽。晚領小江在街頭看烟火。

八日，上午看這兩天的報，直至下午三點，還没有完全看完。三點後仍開整改小組會。

九日，看容元胎所作的駁馬非百的關於《管子·輕重篇》著作時代的論文，看畢，少提意見，交信差送回。續看辛樹幟所著文，並提意見，未完。晚到東四工人俱樂部看《保爾·柯察金》電影，得印象很深。

十日，今日補七日所放假，仍工作。到端王府夾道禮堂聽反右派分子顧準報告會。

十一日，出大字報一張。補看前兩日報。與子衡談。

十二日，看《歷史研究》第十號論文二篇，晚到首都劇場，看演《帶槍的人》的話劇。

十三日，再出大字報一張，支持樓宇棟、杜弗運的建議並加以補充。下午再開整改小組會。

十四日，下午三點後開幹部下放動員會，我說了幾句話。晚餐後到紅星看有關於人造衛星的電影。

十五日，仍到端王府夾道禮堂，聽反右派分子顧準報告會。

十六日，看這兩天報及看大字報以外，僅看俄文數段。

十七日，早晨七時二十分左右向西出溜灣時，由街上人的指引得見人造衛星，光很弱，但很看得清楚，上午訪尹達同志，聽他對於《中國古史的傳説時代》所提的意見。下午同季芳、小江出到北海公園看菊花展覽。

十八日，上午往隆福醫院看癬。看報。下午再改《中國古史的傳説時代》稿。

十九日，上午尚愛松來談。下午開會談幹部下放事。

廿日，早晨六點三刻許外間零下三度。昨晚患便結，恭出不下。今早勉强出來，帶一點血。到所中，室内八度。不能工作，僅坐在太陽地看報。佩青來談。回家，下午請假。午後及晚又出恭兩次，都出得不少，才覺痛快。看《世界知識》數篇。晚看《末代皇帝傳奇》，係一記者訪問溥儀後所作。

二十一日，今日室内温度僅九度，不能工作（少坐一刻，脚手涼不可耐）。僅看報。下午開會仍爲幹部下放事。散會後少翻閲一些《城子崖》報告。

二十二日，上午周振華來説要下放了，同他談多時，勗勉他一番①。下午仍開會，宣布下放幹部名單。子衡同我皆發言。散會後子衡來談。

二十三日，終日雨雪。上午室内生火很旺，但未至中午已滅，致下午不太好工作。因路上泥很多，恐怕下班時候不好走，提前回家。

二十四日，上午周國亭來寓；何犖來寓。下午同何犖到青年宮看《幸福》話劇。終日陰。

二十五日，終日陰，晨起時亦未結冰。上午看報。下午再改《中國古史的傳説時代》稿。今日右腿患陣疼，下午及晚更數數。晚用酒摩擦，並用熱水袋暖。

二十六日，終日陰。上午同鄧先嫩談。她對於此次下放有意

---

①編者注："番"，原誤作"翻"。

見,勖勵她一番。下午再改《中國古史傳說時代》稿。今日腿疼未發,晚仍用酒摩擦及用熱水袋暖,想就可以痊癒了。

二十七日,夜間有風,終日風不止,晴寒。把《中國古史的傳說時代》此部分稿改完,送給尹達同志。繼續給辛樹幟文提意見。接魏樹勳信一封,半坡村博物館計劃書一份,計劃書未看。

二十八日,看計劃書。寫與辛樹幟信一封。

二十九日,今日牙疼致引起臉腫,除看報外,未大工作。下午少好一點。把辛樹幟的稿子並信寄出。下午有一從江西來的徐君想瞭解周國亭的兒子是否曾在西北科學考察團工作過,所問的 1944 至 48 年事,我已經記不清,讓他去問秉琦及道齡。

三十日,今日臉腫較好,上午請假在家休息。下午到所開會,坐談共產黨人莫斯科兩宣言。

十二月

一日,洗澡,早飯後,領小江到官園公園一游。

二日,早晨往所下班車時,與林澤敏同志談,始知本所下放人員中有陳淮、吳汝祚諸同志,陳淮且為共產黨員,然則此次下放人員的骨幹並不為弱。下午與尹達所長寫一信。

三日,上午開會歡送下放人員,我也講幾句話。上星期林澤敏同志對我說今日晚或可開會討論我入黨事,下午問她,她說這幾天為下放人員忙,還沒有空,可待下星期,日期另定。四點許出到百貨大樓、東安市場,買帽子、月份牌、扣子、《農業發展綱要》、桉葉糖等事。也想買青果,遍問無有。今日開會時感覺腳涼。下午又有點腿疼。

四日,下午翻閱《偃師縣志》。

五日,審查兩篇譯文。將五點,出到百貨大樓買物備贈周振華。

六日,下午再看《農業發展綱要》。

七日,有風。下午看一點俄文。到市場附近買一包蘋果,送給下放幹部。本意在門口送他們一下,但因風大,早回,未送。

八日,報載前日美國試放一衛星,數公尺後,即墜落燃燒,遂成全世界的笑柄。下午獨出到蘇聯展覽館門前,即歸。

九日,看《歷史研究》一篇,《考古學報》兩三篇。接辛樹幟復信一封。

十日,翻閱《偃師縣志》。

十一日,上午許子猷同敬雍來談。下午翻閱《登封縣志》。

十二日,翻閱關於晉國初封時的史料。

十三日,隨便翻閱《日知錄》。

十四日,翻閱晉南關於夏虛史料。

十五日,僅上午領小江到官園公園一游。下午三四點鐘時將再出,但覺腹痛,遂止。用熱水袋暖腹,痛亦止。中午何犖來。將晚建功、碧書夫婦,乃、天蘭母子均來。

十六日,上午魏樹勳昨日從洛陽歸,來談,子衡也來談。下午到國際書店取新到的《馬恩全集》第八卷。林澤敏同志來說晚黨支部將開會,討論我入黨事,囑準備發言提綱,全下午準備。晚六點半開會,最後,支部舉手通過我入黨,等呈報,批卜後始開始交黨費。回到家時已十一點。

十七日,翻閱關於夏都邑史料。

十八日,下午開整改將進入第三階段報告會。

十九日,下午繼續開整改會。上午也少翻閱《求古錄禮説》中關於夏都兩篇。

二十日,上午及下午工間操後均繼續開整改會。餘時看報。

二十一日,把許敬武的稿件送還子猷,並附一信,告以接洽情况。仍閱《求古錄禮説》關於夏都兩篇,並查閱有關夏都史料。

二十二日,今日僅領小江到官園公園一游。家中有王世泰夫婦及韓里來。

二十三日,上午陳公柔昨自洛陽返,同魏樹勛來談。下午開會作對於第二個五年會議的傳達報告。餘時看報而已。

二十四日,全日均繼續開整改會。

二十五日,上午洪填增自豐西返,來談。下午再閱有關夏都史料。

二十六日,上午雲甫來言劉弼仁去世。下午少閱有關夏都史料。三點半許回到家取賻儀往吊。

二十七日,下午到陳列室作認識陶片的補課。

二十八日,今日大掃除,我幫蘇垂昌掃除我的屋子。下午鄭乃武、魏樹勛來也幫助。早歸。

二十九日,上午領小江到什刹海一游,並到後門橋,看冬季衛生運動宣傳。

三十日,下午檢點抽屜。晚有迎接新年聯歡晚會。

三十一日,下午續開整改小組會。

一九五八年

元　月

一日，今日有風。僅往訪介眉。至，瑞珍見我就哭，一談起來，總是涕哭不已。我竭力勸慰，並向他説領回不是辦法，只能勸慰小龍，萬不可領回。她對於此點，思想還似未通。介眉説很少幾句話，但思想似尚清楚，不如瑞珍所説的痴顛。異日當再來勸慰，或可痊愈也。

二日，因癬終不愈，近日癢更厲害，上午告假找中醫診視，才知道近日因癢盥洗，只能加劇，此後當不再盥洗。下午上班看報。三點半後繼開整改會。尹達同志作動員鳴放報告，並自行檢討。此次外面工作人員幾乎全回到所，希望成績較好。周國亭來。

三日，有新訂的出版物稿費暫行軌則，命大家提意見，閲畢，並提意見。與子衡談，看報。下午溯洛來談。

　　四日，上午九點續開整改會，鄭所長第一次到會。下午看報外，寫一與子衡將同出的大字報稿。成後，與子衡談。接柱及晞奕信一封。

　　五日，上午僅出買胰子、牙刷二物。下午同季芳往訪介眉、瑞珍夫婦，竭力勸慰。季芳告瑞珍，經濟上有困難，我們可以設法，但要力戒埋怨介眉，因爲那樣作，只能有壞處，沒有一點好處。接斧信一封。

　　六日，再看《城子崖》報告中關於陶片、陶器部分。把前所審閱譯稿意見簡短寫出。

　　七日，上午看報後與子衡談。下午看俄文《世界史》（第三卷）數頁。

　　八日，看《政治經濟學教課書》。這兩天想找作銘或尚謙談鳴放整改事，每次不遇。今日①上午遇尚謙同志，他正忙，聽說我需要專談，他說下午來找我，但終未來。

　　九日，上午與靳尚謙同志談整改問題。下午看《政治經濟學教科書》。

　　十日，上午到政協禮堂，聽周總理及胡喬木同志的文字改革報告。下午到所不過看報及閱《政治經濟教科書》數頁。

　　十一日，上午開坐談會，討論本所與蘇聯合作事宜，及遠景規劃，1958 年的計劃草案。下午看報；看所中的大字報，未完，因今日係星期六，按時下班，電車、汽車即擁擠不堪，提前二十分鐘，歸。

---

①編者注：“日”，原誤作“午”。

十二日，陰。僅在家幫助杜耗子洞。下午到高梁橋西一游而已。

十三日，因癬疾未愈，更癢，上午到北京醫院，就診。下午到九爺府聽劉道生同志所作游蘇聯觀感報告。今日雨雪，不小。

十四日，上午工間操後，開會談認購本年公債及節約糧食問題。下午開會鳴放。

十五日，看《政治經濟教科書》。看大字報。今日風不小，甚寒。早晨七點外間零下十六度。晚風漸止。

十六日，今日風很小。看《政治經濟教科書》，看一點俄文《新時代》。檢查前數年的日記，找出未能按期完成每年計劃的經過。五點許即出，到東安市場，買桉葉糖二盒，並買契訶夫《老年集》漢譯本一本。

十七日，上午金學山來，願從我學點法文，與之訂約，每星期三次，三點鐘，皆自下午四點半至五點半。與魏樹勳談。與作銘談春季考查事。下午看報外，看《政治經濟教科書》。接謝文囿信一封，並其所著的《孟孝琚碑考撮要》一本。

十八日，翻閱《孟孝琚碑考撮要》。看《政治經濟教科書》。晚歸接錫昌信一封。又糜岐明信片一說她今晚帶小孩來京，我沒有細看署名，誤以爲杭岐！對小江說，她很高興，她對她姥姥說也很高興，直到稚岐來，才發現錯誤。七點餘糜岐帶小牛、小波同來。碧書也來，因至今日結婚，約明日往大羊宜賓胡同寓中吃喜筵。

十九日，上午王世泰同天蘭來，我同季芳、牛、波、江趁他的汽車，直往大羊宜賓胡同（糜岐往購火車票後直接往）。見新郎、新婦。建功亦於今日從陝西歸。談至四點許,仍趁世泰車,歸。同車有魏乃、天蘭、季芳、牛、江同我(縻岐與波先出,往送其下放幹部的舊同事)。晚與縻岐、稚岐、季芳談我的思想問題。停時十二點已過。

二十日,看報外,僅看《政治經濟教科書》數頁。

二十一日,看報外,僅看《政治經濟教科書》數頁。下午開整改小組會。

二十二日,看報外,僅看《政治經濟教科書》數頁。下午開會坐談農業發展綱要四十條。

二十三日,看報外,僅看《政治經濟教科書》數頁。

二十四日,上午九點開大會,布置處理右派分子事。下午開小組會,研究此事。

二十五日,上下午均開小組會,研究處理右派分子事。上午工間操後並開大會幾分鐘,宣布處理右派分子六條原則有字句上的修正。

二十六日,上午到蘇聯展覽館,參觀齊白石遺作展覽會。下午領小江到積水潭一游。

二十七日,上午看報。金學山來學法文。下午仍開研究組處理右派分子會。

二十八日,上午繼續□□①研究處理右派分子會。下午寫給本所下放幹部慰問信一封。

二十九日,看《政治經濟學教科書》兩三頁。看本年第一期

———————————

①編者注:原稿此處約二字無法辨識。

《史學研究》中的數短篇。下午仍開處理右派分子會,研究具體問題。晚介眉夫婦來寓談。

三十日,上午同尹達談本所下放幹部缺點事。下午寫星甫信一封。因爲要復雷門信,借到《聞一多全集》一翻閱。

三十一日,上午看報後,因癬未愈,往大佛寺西大街中醫院求診,但因去晚,未能掛號。下午再往診視。餘時寫復雷門信,未完。晚聞賡虞已去世。

二　月

一日,早同建功夫婦往平安醫院,送賡虞喪畢,到所時已十一點餘。餘時看報,續復雷門信,將完。

二日,上午領小江到動物園一游。下午因本宿舍已應宿舍清潔衛生運動的挑戰,幫助家人拭洗一切。

三日,上午聽捷克考古研究所秘書克塞同志報告。餘時看報而已。

四日,今日大掃除,幫助同志掃除。

五日,上午繼續掃除,下午與子衡談認識陶片事。

六日,把雷門信發出。再看《中國古史的傳說時代》稿。

七日,全日到端王府夾道,聽張聞天關於外交的錄音報告。

八日,上午九點到中醫院看癬。回後全日開整改會。接到《新建設》編輯部信一封及《女媧傳說研究》一篇,囑爲審查。接周振華信一封。接科學規劃委員會古籍整理及出版規劃小組信並計劃材料,通告明日上午開會,請參加。

九日，上午到政協禮堂開古籍整理及出版規劃小組會。下午領小江到官園公園一游。回時風不小。七點到全聚德，所中爲克塞餞行。

十日，上午仍到政協禮堂，繼續開會。下午到所看報而已。接辛樹幟信一封。

十一日，上午仍到政協禮堂，繼續開會。下午上班，看報後，到前面，才知道今天有會，進會場，知今日會爲反浪費動員。但已近散會。此後因室内無火，溫度僅有六七度，無法工作，提早多半點歸。

十二日，上午仍到政協禮堂開史部小組會。下午上班，看報外，補充《中國古史的傳説時代》的材料寫一小段。縻岐來信，説胥平因爲是右派被開除黨籍，心裏很不痛快。

十三日，上班後，看報，看反浪費的大字報。續寫《中國古史的傳説時代》的一段材料，畢。繼續看稿。周振華從農村回，來談。

十四日，上午看報外，看《中國古史的傳説時代》稿。下午吴汝祚從農村回，來談。研究小組開會，談反浪費事。

十五日，上午看報，往文化宫，看劉介梅展覽會。下午繼續昨日小組會。

十六日，今日仍上班，明日放假，以便與春節假期銜接。下午開會與下放同志歡叙。談甚暢，頗驚絶大部分同志思想進步已很顯著。

十七日，今日上午仍繼續開會。下午又開小組會。但散會較早。今早錫昌自石家莊來。下午秔岐自哈爾濱來。

十八日，今日陰曆元旦。往來拜訪歡叙而已。

十九日，同季芳到中關村。訪建功，在彼寓午餐。後往訪九章。又會到林太太。歸後，晚與季芳、錫昌、□□①同往西單劇場觀演崑曲。

廿日，仍在本宿舍往來拜訪歡叙。下午同季芳往訪侍峰。

廿一日，上班。

廿二日，上午再到中醫院看癬。看報外，看關於女媧傳説的稿件。下午開小組會，對此次同人對我所提出的意見，作初步的檢討。

廿三日，上午往澡堂洗澡。早飯後魏銘經來談。王世泰也領小孩們來談片時。下午同錫昌出北豁子，沿河邊一游。晚他回石家莊。何犖來，與秔岐談。秔岐又同我談胥平事。胥平陷溺似較淺，何犖覺悟較差，比較難辦。寢時已過十二點。

廿四日，全日開大會，對同人所提的意見，我作了檢討。

廿五日，今早秔岐北歸，我因而未出溜灣。上午僅看報，精神疲乏。下午開會談思想大躍進問題。晚黨支部開大會，討論王仲殊入黨事。散會時十點半許。本想坐電車回家，魏樹勳、徐錫台二人强給我雇一三輪車，雖有棉篷，但仍很冷。到家十一點已過。入眠時廿六日一點已過。上午開小組會。下午開大會，氣氛很熱烈。大家都提出挑戰書。青年幹部已經被農工大衆的大躍進衝動了。中年及老年幹部也紛紛應戰，我當然也只好跟着應戰。

廿七日，今日全天均到科學出版社大禮堂聽院中所長會議的録音報告。我的耳音不好，失掉的很多。接《新建設》編輯室信

①編者注：原於"昌"後空闕一二字。

一封,催要審查的稿件。晚開領導小組整改小組聯席坐談會,商談昨日的會議及今後如何進行。

廿八日,上午開小組會,決定建議廢除稿費,貼大字報聲明;響應上海十七教授及院領導方面的號召。未幾即散會。審查關於女媧的傳說,完畢,但未寫出意見。

三　月

一日,上午寫《女媧傳説研究》的意見,並給《新建設》編輯部寫信一封,請他們把審查意見告訴作者。下午石興邦、徐錫台接續來談。

二日,早起,出新街口北豁子,走到土城上一望,才回。下午想領小江到官園公園游,適劉倫來,即談,去時已晚。因説話多,嗓子有些啞。

三日,嗓啞未愈。看報外,看徐錫台所寫關於鎬京位置的文章。接古籍整理和出版規劃小組歷史分組信一封。

四日,嗓啞仍未愈。上午工間操後,開領導小組整改小組聯席坐談會,商談下午是否開大會,將如何開的問題,未能定,下午兩點續開。工間操後,開大會,對將來進行方針,有所指示。

五日,上午續開小組會,幾個領隊人思想見面有很好的開始。下午看徐錫台關於鎬京的文章。今日嗓啞仍未愈。接《新建設》社信,送來審查稿費十五元。

六日,上午看報外,出看大字報。下午與徐錫台談,讓他改寫文章應注意的各點。後仍出看大字報。但會議室内温度很低,我又嗓啞未愈,不敢久留,乃到外邊看。今日嗓啞較好,但又想咯嗽。接劉倫信一封。

七日,看報外,看單駿風的《〈山海經〉的物產》稿,並寫審查意見,送還。此稿係去年四月收到,後因遺忘,遂延遲至今!下午四點,在三所有會,潘梓年作出大字報動員報告。王世民來告,值我午睡,留一條,我又未見,遂致晚去。

八日,上午又開小組會,談出大字報事,很短即完。下午寫大字報稿,僅兩條。晚咯嗽更厲害。

九日,天氣已暖。上午作體力勞動。下午領小江到北海,上瓊島最高處。晚咯嗽更劇。

十日,更暖。上午看大字報,未完;下午寫大字報稿七條。已經感覺疲倦。晚因特別小心,未大咯嗽。

十一日,夜睡不佳。今日因忘帶眼①鏡,對大字報看的不多。寫大字報稿七條。

十二日,轉寒。今天看報外,看大字報,寫大字報四五條而已。

十三日,天寒。今天看報,看大字報外,僅寫大字報一條。下午翻閱今年第三期的《考古通訊》。

十四日,仍寒。今天大字報已經達到一萬五千張的數目,但問題仍不夠深,不夠透。除看報外,寫大字報一條。下午道齡及劉倫陸續來談。

十五日,今天仍同前兩天,寫大字報一條而已。下午在端王

①編者注:"眼",原誤作"銀"。

府有報告,我因未見通知牌,不知,故未能往。看徐錫台改寫後的
文章。

十六日,早起洗澡。上午在宿舍參加挖蛹。下午及晚看《紅
旗飄飄》第四册所載的《列寧在1917》。

十七日,上午看報外,金學山、徐錫台來談。下午看《傳説時
代》的稿子。上午大雪一陣。

十八日,看《傳説時代》的稿子。

十九日,下午到中關村地球物理研究所聽雙反整改報告。

二十日,上午室内掃除。同子衡談。金學山來學法文拼音。
下午看《傳説時代》稿子。

二十一日,看《傳説時代》稿子。下午金學山來學法文拼音。

二十二日,看《傳説時代》稿子。

二十三日,上午往訪介眉。又到侯書增醫寓,侯大夫患半身
不遂,兼已神志不清,未見。與其第二子、四子談。到自强書店,
買《紅旗飄飄》第六册。下午看數段,並領小江到官園公園一游。

二十四日,上午看報,下午開整改大會。

二十五日,上午開小組會,下午看《傳説時代》稿子。

二十六日,續看《傳説時代》稿子。下午金學山來談。

二十七日,上午到東安市場買《洛陽伽藍記校注》一套、《常
用漢字拼音表》一本、《漢語拼音方案》一本。下午到白紙坊禮堂
聽彭真市長作關於整改報告。

二十八日,上午到中醫院看癬。下午開雙反整改大會。上午
佩青來談,説星期日丙辰約在市場吉士林餐廳一聚。

二十九日,全日開雙反整改大會。下午我對於本所黨團進行

及尹達、尚謙二同志提出尖鋭的批評,後尹達發言時頗覺我的發言有過分處。

卅日,上午八時四十分同季芳、趙執中往看《邊塞烽火》電影。中午到吉士林餐廳,在坐者丙辰夫婦及佩青,佩青快手先開賬。

卅一日,上午看報外,徐錫台來談。下午兩點開整改大會。上次開會,王世民給我爲《歷史教學》所寫考古與歷史關係的文章提意見,我没有大注意。今天他又提到,我才感覺到他所説的我把重心擺錯的説法,大約很有道理。我應當對此問題仔細想想,如果真錯,即當再寫一篇,一方面作自我檢討,一方面作更正和補充,以免謬種流傳。

四　月

一日,全日開整改大會。

二日,上午把《傳説時代》的稿子改完,下午交出去。看報外,爲下星期到北大作報告翻閲材料。接毅夫信一封。

三日,下午開整改研究組會。接文伯倫信一封。

四日,全日開整改大會。

五日,今日因忘换月票,被罰款兩元四角八分。上午續開整改大會。下午换月票,到南河沿二十五號開歷史考古兩界躍進坐談會。發言的僅有五六人,主要的發言爲厚今薄古的問題。

六日,早起洗澡。早餐後出取錢取包裹,並買《紅日》一本,即行翻閲。下午同家人拆爐子;理髮。晚仍看《紅日》。早寢。

七日,檢閱一點後日報告需要的材料。餘時除看報外,續看《紅日》。

八日,上午九點聽安志敏同志所作關於水庫發掘的報告。餘時所作如昨日。《紅日》至晚看完。

九日,上午再計劃下午報告程叙。徐錫台、金學山陸續來談。下午同秉琦一起到北大,作關於夏代歷史的報告。此報告本分二次,所以未完。

十日,上午開會,談五八年工作計劃。下午看報外,給工作計劃及工作發展綱要提意見。

十一日,上午殷周小組開會。下午看報而已。

十二日,上午聽馬得志、陳公柔兩同志的工作報告。下午開小組會,與大家有爭論。後再參加上午報告的討論。

十三日,終日在家收拾屋子,僅將晚領小江到官園公園一游。

十四日,上午寫了一張大字報稿,請馬得志同志寫出貼上。到中醫院看癬。下午三點召開三組坐談會。

十五日,爲蒼蠅事寫一大字報稿,交林澤敏同志。她説告訴厨房説,使他們注意就好,不必貼出。爲發展綱要提意見,交給石興邦。爲明日報告搜尋一點材料。

十六日,上午仍爲下午報告搜尋材料。下午未大休息,可是才知道報告已經要停兩星期。開討論組織考古調查發掘隊規程會。工間操休息時,未討論完,可是另外有會,幾個研究員及各隊長等全退出。會中作銘作檢討。晚黨中開會。散會時九點餘。

十七日,上午開小組會,作銘在會上試作檢討,大家提意見。下午兩點續開,秉琦、志敏兩同志試作檢討,大家提意見。接義詮信一封。

十八日,開大會,上午作銘、秉琦作檢討,下午志敏作檢討,後大家提意見。

十九日,上下午均開研究組會,討論 58 年工作計劃。

二十日,未出門,在家幫助捕打麻雀。

二十一日,上午看報而已。下午看黨章及鄧小平《關於修改黨的章程的報告》,未完。

二十二日,今日除看報外,僅續看鄧小平《關於修改黨章的報告》,因金學山提早半點來學法文,仍未完。

二十三日,上午看報外,看完鄧小平《關於修改黨章的報告》。下午到文化宮聽新鄉黨支委書記關於新鄉市工業大躍進的報告,非常精彩動人。

二十四日,全天開整改大會,大家因聽昨日報告,情緒高漲,已經有了大躍進的形勢,非常可喜。下午我也交了決心書。晚在宿舍中開選舉預備會,散會時將十點。早晨曾到中醫醫院看癬。

二十五日,看《歷史研究》第四號。下午徐錫台、金學山來談。晚黨支部開會,徐錫台作思想檢查。到九點四十分,我因風大路遠,先歸。

二十六日,續看《歷史研究》第四號。下午三點半後參加本所共青團總支成立會。

二十七日,上午領小波、小江到動物園一游。

二十八日,上午看報外,到國際書店取回《馬恩全集》(俄文)第九卷,回,翻閱一下。下午金學山將往大同,來問關於大同史迹。想給毅夫找點初等學法文書,翻法文書箱兩個,無所得。

剩下兩個箱,我力不能及,也就不開。晚黨中開會,對朱文鑫的檢討作批評。回到家將十一點。睡着時十二點已過。接佩青信一封,説丙辰病有危險。

二十九日,上午開小組會討論本所十年工作發展綱要,未完。下午開工會支部成立大會。

三十日,全日討論發展綱要,仍未完。

五 月

一日,上午在家幫助掃除。下午領小波、小江出到西直門汽車站,想換月票,但今日放假,需明日。領他們到紫竹院公園一游。

二日,上午何犖來,説他改同下放幹部一塊到井陘農場工作。整理書籍未完。下午到所續開會討論發展綱要,仍未完。晚換汽車月票。

三日,上午聽伯洪、仲殊二同志工作報告。下午續討論發展綱要。晚黨中開會繼續批評徐錫台、朱文鑫二同志。回到家十點半已過,睡着時十二點已過。

四日,上午仍續討論發展綱要。下午看報外,到國際書店、東安市場、新華書店爲毅夫打聽購買初級法文書事,回復毅夫信。晚黨中開會討論趙芝荃入黨事。回到家約十點一刻。

五日,上午趙學謙及李亞松(北大助教)作關於俅僳、怒、獨龍(趙)、卡瓦(李)的民族調查報告。下午到中醫院購油膏藥。回看報。閱讀恩格斯的《論權威》及《關於無產階級專政的歷史經驗》。午後佩青來，小談。

六日，上午爲《傳說時代》寫《後言》，未完。下午有一劉同志，現在南陽黨部工作，來想瞭解吳同棠事。據吳請求入黨書說，他在 1937 年冬在南陽入軍政幹部訓練班，是由我介紹，我一點也不記得，這個訓練班的有無也不記得。他並且說班中所教游擊戰術就是毛主席的游擊戰術更爲可疑。但不能證明它的是否。請他到鄭州問趙全暇，或到開封問孫文青，或問葛□□①，因爲他們幾個一定知道訓練班的有無及教課內容。他去後，我往與志敏談。

七日，續寫《傳說時代》的《後言》，完。

八日，下午開會，傳達院中黨組開會發言，後讓大家談，發言的人不多，我也發了言，發言時氣很不靖。

九日，上午看報後，本意想寫一篇《再論考古學能從哪一方面爲歷史服務?》以糾正前文的錯誤，現在拿出前文看一下子，覺得前文並無大錯誤，遂又中止。下午②把《考古學報》的 58 年第一期隨便翻閱一下。工間操後開會送今晚出發到工地的幹部。今日天將明，大雨一陣。終日淅瀝不絕，雨也許快下透了。

十日，雨止，陰。今日靳尚謙約談過去互相間意見。院中組織高級研究人員到天津專區參觀，我也報名參加。十二日下午出發。

十一日，到工人文化宮勞動劇場聽天津專區黨書記趙克同志報告專區改良窪地經驗及機械化、電氣化的展望。下午同季芳、

----

①編者注：原於"葛"後空闕二字。
②編者注："午"，原誤作"文"。

小波、小江往瞻仰英雄紀念碑。後又到中山公園一游。

十二日，上午到所取昨日及本日報，即歸。看報。下午到院部與同志會齊，到車站，三點過後開車，五點過後到天津，住天津飯店第一支店。晚糜岐來。十三日，到團泊窪參觀改良的窪地、抽水站及秧田等項。在趙連莊休息。此後每晚皆返天津。十四日，到楊柳青，天津專署就在那裏。參觀改良窪地、水利、農具、工業各種展覽。並看到沼氣發電。回津後晚李專員招待看京劇。有杜□□①、葉盛蘭的《悅來店》，李少春的《大鬧天宮》等。就寢時已十二點餘。十五日，到楊村，現爲武清縣治。早餐後，北到大城廣鄉，參觀秧田及二渠道上小發電站。在蘭家巷休息。回津後晚開坐談會，自然科學工作者提出不少建議，社會科學工作者僅有靜聽。十六日，早餐後即回北京。下午在家休息。

十七日，上班後看前些天的報紙而已。

十八日，今日爲選舉日，從上午六點起至下午十二點止。我五點即起，盥洗換衣後同稚岐到投票站時六點還差一分，已有二三十人在前排隊。選舉後歸，因季芳今日招呼本宿舍人投票很忙，趙大嫂子又往海淀支援四季青蔬菜合作社生產；稚岐、晞奕也都很忙，我只好領小江到動物園一游，出，又乘無軌電車進城，到景山公園，登山。返到新街口西安食堂午餐。歸，下午休息。

十九日，上午看報。下午看反修正主義文件。看《哥達綱領批判》，晚續看，未全完。

二十日，上午開會討論《本所十年發展綱要草案》。下午到

---

①編者注：原於"杜"後空闕二字，應爲"近芳"。

政協禮堂聽李始美同志關於白蟻的報告。散會後,回所,寫在天津參觀的感想。接魏樹勛信一封。

二十一日,上午開會繼續昨日討論。下午工間操前仍繼續討論,後僅看報。

二十二日,上午僅看報,下午想復謝飲澗信,翻閱他的來信並再看他所著的《漢孟孝琚碑考撮要》(內附數篇另著),但還未開始復信。

二十三日,上午開會,由往天津、昌黎兩參觀團人作報告。下午看報外,到東安市場買信封、信紙。回復謝飲澗信,未全完。前日工會送來二十三日晚戲票一張,後因故收去,換爲二十六日票。但是我又忘記,總以爲是今晚的票!幸金學山提醒我,才想起,我近來記憶力的壞如此!

二十四日,上午看報外,完寫謝飲澗的信,想寫信與義詮,看他的來信,但未開始寫。下午到勞動劇場,聽徐水縣委書記張□□①作該縣大躍進報告,天氣很熱。回家時,上了電車,才想起帶錢已不够買票,借錢臨照同志錢二角,才能買票!聽説進德來京,未見。

二十五日,上午領小江到文化宮參觀安徽下放幹部所作成績展覽會,因小江急出,僅匆匆一過。小江出到②兒童體育場玩一會歸。周國亭來寓。午睡後,起見進德。荆三林來(前已來兩次,忘記),借錢回鄭州。

二十六日,開始給義詮寫信,未完。上午周國亭來。工間操

①編者注:原於“張”後空闕二字。
②編者注:原於“到”後衍一“到”字。

後,開會討論發展綱要緒言。下午看報而已。晚到首都劇場,看演《智取威虎山》話劇。回到家,十一點已過。

二十七日,上午十點後再開會討論發展綱要緒論。下午團中作八大二次會議傳達,非團員可列席,我因而列席。

二十八日,黨中在中關村化學禮堂作八中二次會議中毛主席四次發言詳細傳達,一整天。

二十九日,上午看報外,金學山來言下星期即出發到西安,想在出發前多學一點法文,我因之將法文動詞八種時間的分別用我的畫綫表示法教給他。下午看報外,看第五號(本年)《史學研究》文兩篇。

三十日,看報外,把五號《史學研究》約略看完。

三十一日,寫給義詮信一封。

六　月

一日,同季芳、晞奕領小江到天壇一游。中午在茶坐上買麵包一吃作爲午餐。後季芳先回家,我獨到寶成鐵路、鷹厦鐵路及長江大鐵橋展覽會一觀,回時五點餘。晞奕同小江六點餘才回。

二日,上午看報,下午到端王府夾道開社會哲學學部躍進會。

三日,全日到政協禮堂開全院大躍進會。

四日,上午在所中開會,討論明日在全院會上發言綱要。餘時看報。晚到人民劇場觀演《棠棣之花》(係郭院長請客)。

五日,昨晚入眠不到四點鐘,故全日精神不好。全日在政協禮堂續開全院大躍進會。晚九點後將預備睡覺時,顯廷及汝棟

來。汝棟係自沙市來天津學習的。談至十點餘,季芳回,我才能
預備睡覺。

六日,今日看報幾占全日。下午周國亭來,他因事被歷史二
所開除。晚有一傳達總路綫的報告,但並無多新內容。

七日,接辛樹幟寄來他所著的《易傳的分析》(一部分),翻閱
一遍。上午餘時看報。下午開會談談總路綫及怎樣可以體現於
我們業務中的問題。

八日,上午到北豁子外,個人參加挖人工湖的義務勞動。下
午出買一新鐵鍬,備下星期日再參加(今日用借區家的鐵鍬)。

九日,上午看報,下午開始抄録夏史材料(《登封縣志》)。

十日,上午看報外,抄夏史材料(《偃師縣志》)。下午工作室
內裱糊刷漿,故未工作。下午在院部有李約瑟的報告,我得票本
預備前往,但竟臨時忘掉。

十一日,再開始練習太極拳。每星期一、三、五日練。抄夏殷
史材料(《偃師》)。

十二日,全日除看報外,抄夏殷史料(《偃師》)。上午新副所
長牛照勳同志來談。下午下班前,把《登封》《偃師》二志還圖書
館,再借《禹州》二志,少一翻閱。

十三日,除看報外,檢查夏史材料(《禹州志》)。下午所中開
會,傳達計劃大躍進布置。

十四日,上午除看報外,再少檢夏史材料。下午學習劉少奇
向八大第二次會議的工作報告。下班後到王府井大街買得第三
套廣播操圖式及簡易太極拳圖式各一份。

十五日,上午仍出北豁子參加義務勞動。下午建功、碧書

來談。

十六日,全日看報及《紅旗》而已。晚飯後到復興門外政治幹部大禮堂聽封邱應舉社社長崔希彥報告其向災害鬥爭的經過,生動、活潑,條理清楚。自七點半起談至將十一點半,聽者被吸引,均無倦意。回家就寢時十二點已過。

十七日,上午看報外,學習八大關於各國共產黨和工人黨代表會議的決議。下午開小組會討論國際形勢。

十八日,上午看報外,王新吾來談。下午續開小組會,討論國內形勢及關於總路綫的各種注意。

十九日,上午看報外,翻閱《共産黨情報局會議文件集》。下午小組繼續開會討論。

二十日,上午看報外,看河南文物工作隊元—四月工作小結及數點體會。下午繼續開會討論。

二十一日,上午看報外,開始寫《考古工作怎樣才能達到多快好省的目標?》。下午剛續寫而黨團開會研究整風第四階段的工作。今日因上雙杠跌下一次,膀子又覺疼。

二十二日,因膀疼,未往義務勞動。上午往觀農具展覽會,很累,下午休息。

二十三日,今日看報外,未做何工作,因不振作心煩。《人民日報》載李葆華同志一文談水利,內有幾個數字,前後不合,寫一信與《人民日報》詢問。

二十四日,看報外,繼續寫《考古工作怎樣才能達到多快好省的目標?》,下午工間操後開會布置整風第四階段工作。

二十五日,上午八點半開小組會研究交心工作如何進行,至工間操時止。餘時看報。下午大家往參觀農具展覽會,我因星期日已去,未再往。繼續寫《考古工作怎樣才能達到多快好省的目標?》。下班時到國際書店,預定俄文十卷本《小百科全書》。

二十六日,上午看報。下午研究組開會討論如何交心。

二十七日,上午看報外,看北大歷史系五年工作計劃。下午研究組仍開會,開始交心。接河南省選舉委員會信通知我被泌陽連選任代表。

二十八日,上午看報外,續成《考古工作怎樣才能達到多快好省的目標?》,交與編輯組。下午與子衡談。想給斧子寫信,可是看他的來信,還要給他買點書。未至六點,即出,想到新華書店一問,已至東安市場附近,始覺身上今日並未帶足夠的錢,天又陰沉欲雨,遂下車轉車回家。登車後,大雨一陣,幸下車時雨已將止。晚就寢後,接到柱子電報,說他明天下午四點餘到京。

二十九日,上午仍往豁子外,參加義務勞動。下午很困倦。柱子來京,即夕與晞奕結婚。就寢時已將十二點。

三十日,上午看報。下午①小組再開會。林澤敏同志通知明日到中關村參加黨中慶祝會。

七　月

一日,上午到中關村開會,才知道爲本院機關委員會第二屆代表大會,會期共四日。數日中見自然科學各所獻禮有十幾項達

---

①編者注:原於"下午"後衍"下午"二字。

到世界水平及超過世界水平的項目，異常興奮。

四日，今日爲代表大會末日，要改選代表。我因爲是列席，無選舉權，無事，遂不再往。上班後，看報外，又看本年第六號《歷史研究》數篇。夜眠不足。

五日，上午看報。下午睡頗久。給斧子寫信，未完。接佩青信一封。

六日，上午往將作義務勞動。至則無人，問人説下午四點才開始，只好回來。少休息。晞奕的兄嫂來認親，談。去後，看《林海雪原》。近兩天因看此小説，對睡眠小有妨礙。四點前後大雨。

七日，晴。上午復佩青信一封。看報，寫完斧子信。下午開交心會。

八日，上午佩青來談。看報。與子衡談交心問題。下午續開交心會。晚黨團開會談黨第二屆代表會事。

九日，看報外，寫交心材料。柱子回南京。

十日，上午看報外，寫一段交心材料。下午開交心會。今日悶熱，晚大雨。

十一日，早起，仍大雨，冒雨上班。上午開小組會，聽子衡、道齡的交心材料，並爲之提意見。下午看報，續寫交心材料。下午雨止，仍陰。

十二日，上午小組開會，聽陳公柔的交心材料。下午到端王府夾道，聽范文瀾同志對於兩條路綫的報告。今日仍時時落雨。

十三日，上午同季芳、趙保姆往看《十三陵水庫的歌聲》的電影，出，買鞋一雙，又買《紅旗飄飄》第七册、《紅旗譜》、《山鄉巨變》各一册。下午又大雨，在家看《紅旗飄飄》兩節，又看《山鄉巨變》。

十四日，陰，時時落雨。上午與陳公柔談。九點後開小組會。聽□□①的交心材料。下午開會，五點許散會，寫一段交心材料。上班前、下班後看《山鄉巨變》。

十五日，仍陰，時時落雨。上午小組開會，聽王□□②的交心材料。楊墍來談。下午開交心會，秉琦交心。

十六日，陰，時晴。上下午均開交心會。我在下午開始交心，但未完。

十七日，晴。上午十點前作完交心。十點後討論反抗美帝干涉利巴嫩、伊拉克事。下午到天安門開反對美帝干涉利巴嫩、伊拉克大會，本所去六人，天氣很熱。

十八日，上午仍開交心會。大家給我提意見。子衡作第二次交心。下午大家給子衡提意見。道齡作第二次交心，提意見。接中華書局信一封。

十九日，上下午均開交心會。五點後討論美英干涉中東事，決定分數小組，晚飯後工作。我應草二抗議書，回家晚飯後草成一書。今日天氣很熱。

二十日，早起再草一書。八點半許往政協禮堂，九點聽譚震林同志報告。天氣酷熱。

二十一日，全日開交心會。夜間雨，酷熱大減。

二十二日，全日開交心會。五點後到中山公園中山堂看各學校紅專規劃展覽。

---

①編者注：原於"聽"後空闕二三字。
②編者注：原於"王"後空闕約二字。

二十三日,仍開交心會。晚飯後,同秉琦到□□①俱樂部(舊歐美同學會)開文化技術界聲討美英干涉中東會,到會者約八九十人。發言熱烈,我也發言。並發一抗議書,大家簽名。

二十四日,昨夜將十二點院中發現匪人。大家起來搜查,報派出所,匆忙至兩點許才就寢,所以今天精神不好。開會,交心已到尾聲,將轉入討論計劃階段。牛所長作兩點注意、五點□□②的指示。

二十五日,上午開小組會,下午工間操前開大會。提出應作事項。

二十六日,上午及下午工間操前均繼續開會。寫給中華書局信一封。

二十七日,上午到豁子外看是否有義務勞動,有,可是我並未帶工具,也只好回來。下午想去掉院子中患蟲將死的樹,但得趙□③一的幫助,才可以去掉。將晚到新華書店買得《偉大的革命宣言》一書。

二十八日,上午工間操前繼續開會。後看報。下午開會聽去年到所的大學畢業生而下放到農村勞動鍛練九月新回到所者的報告。接周國亭信一封。

二十九日,上午看報而已。下午工間操前開大會談作紅專規劃事。後再改寫交心材料。晚飯後因王伯洪、王仲殊明日將往蘇聯學習,爲之送行談話。

①編者注:原於"到"後空闕約二字。
②編者注:原於"點"後空闕約二字。
③編者注:原於"趙"後空闕一字。

三十日，上午開小組會，談紅專規劃方向。工間操時有各所來評比。後又開會，未幾時即散。下午看第五號《紅旗》。晚飯後理髮。

三十一日，上下午均改寫交心材料。

八　月

一日，上午曾同子衡談。餘時看報。下午開大會談寫紅專規劃，晚飯後到中關村聽張勁夫同志報告其南行觀感和科學界的幾種應行注意。

二日，上午開小組會，下午開大會，但均早散會。看報外，繼續寫交心材料。

三日，上午陰雨。全日未出，在家看《紅旗譜》，未完。晚飯後，同季芳、晞奕到新街口，看晚報，知道赫魯曉夫來中國（於上月三十一日），與毛主席商談三日，今日出聯合公報，爲保持世界和平計劃作出巨大貢獻。十點後已將就寢，唐若愚同志來言，院中請科學家於今晚開坐談會，即將有汽車來接，復起，到院總部，開坐談會，談對公報觀感，到會的有二三十人。散會時已**四日**一點半鐘許。上午看報而已。下午填寫幹部簡歷表，未完。四點後開大會，座談中蘇聯合公報意義。晚飯後，到東四工人俱樂部，看《黑山阻擊戰》電影。接中華書局信一封。上午王天木來談。

五日，上午開大會，又因性急與靳尚謙同志爭論很劇烈。爭論並不錯，但氣急就話説不清楚，怎樣望人明白！此病屢犯屢悔，屢悔屢犯，奈何！下午開小組會。晚餐後到東四工人俱樂部看

《長空比翼》電影。歸途中,買《在毛主席周圍》《毛主席關懷着我們》二小書。

六日,上午填寫幹部簡歷表,未完。下午開大會。

七日,早晨上班前一點填簡歷表,午飯後未午睡,仍填表,下班後又趕半點,才把它填完。全日開大會,談訂紅專規劃。

八日,寫紅專規劃,晚飯後開小組會,討論規劃草稿。下午天氣悶熱。時雨,晚大雨,回家時,雨正大,因有雨衣,身上還好,僅腳全濕。

九日,補寫未完的交心材料,下午工間操後,看《政治經濟學》中的《地租》一章。

十日,上午到豁子外參加義務勞動。晚把《紅旗譜》看完。

十一日,上午看報外,看《論共產黨員的修養》。下午工間操前開大會,談作思想總結事。後再看《論共產黨員的修養》。接璋信一封。

十二日,上午看報外,再看《論共產黨員的修養》。下午《新建設》的趙幻云來談。看同志紅專規劃的大字報。

十三日,給芝生寫信,並把璋信附寄①去。想寫思想總結,但對發生各事變,又已相當混亂,遂終日翻閱《社會主義教育課程的閱讀文件彙編》,以預備材料。

十四日,開始寫思想總結。下午工間操後,小組曾開會片時,談思想總結寫法,才知道我前理解此思想總結僅包括整風以來思想變化的不對,那末,總結又需要重新改寫了。

---

① 編者注:"寄",原誤作"記"。

十五日,上午看報外,改寫思想總結。佩青夫婦來,佩青前二十幾日病,現已大愈,但口齒仍不甚清,步履亦艱。下午到院本部,聽潘老的整風補課報告。

十六日,上午八點半仍到院本部聽傳達陸定一、康生二同志的報告。散會後回家,看《紅旗》(第六號)。午飯後到所再開小組會,就已寫出的思想總結作討論。我未全寫出,然已有輪廓,也報告出來請大家提意見。報告未完,靳尚謙同志來,聽一段就說我寫的不對,歸結是我原來體會不錯,前天大家都錯,我覺得奇怪,但不能堅執,那末,昨天上午工作又全白費了。

十七日,上午有點瀉肚,休息一時小愈,出到王府井大街新華書店購得《一個工人哲學學習小組》小册子,回,下午閱此書。續寫思想總結一節。腹瀉全愈。對總結寫法記得相當地清,却又不敢堅執,以致做一部分無謂的工作,仍是無定見的流弊。

十八日,上班鐘點前即趕寫總結一段。上班鈴鳴後,正看報,□□同志①來說總結今天下午要送到院,希望下午工間操前交給他。一部分需要寫,另一部分需要抄,時間相當迫促,遂趕着抄。午飯後也沒有午睡,趕抄趕寫,上班時已將寫完,又要開大會,遂趕寫完,交出去。開會,未至工間操時即散。操時過後大雨一陣。此後精神困倦,看報。晚飯後黨中開會,討論狄超白。回到家時將十點。

十九日,今日大家到中關村義務勞動,我未去,上班看《政治經濟學》。

———————————

①編者注:原於"同志"前空闕二三字。

二十日，社會哲學學部在本所開黨員會批判狄超白，也請些黨外人士參加。晚飯後開小組會，研究寫整風總結事，我個人覺得這些天寫交心材料、思想總結，又要作整風總結，真是重重叠叠，不知道怎樣寫才好。一定要寫，那真像作八股、填詞，浮泛陳詞，苦不可言。談了半天，我也想不出好辦法！

二十一日，寫整風總結，未完，清理書架及桌面。晚飯後黨中開會，説是討論狄超白，實則討論的多爲衛生清潔事宜。

二十二日，上午小組開會，談整風總結事，大家寫的是全國性的，我寫的是本所性的。靳主任來，又主張如國務院的對一兩個問題的寫法。我前天晚晌本主張那樣寫，大家不贊成，我也沒有堅持，然則又需要再寫了。下午繼續清理書架。

二十三日，下午有兩女同志幫助，清理室中未完部分。

二十四日，上午仍到所內幫助大家作清潔工作並看報。下午寫與桂璋信一封。

有意見自己不能堅持，經反工即急躁，不多檢查自己，却埋怨他人，有相當大的錯誤。

二十五日，草成夏虛考查計劃，交給石興邦。看《政治經濟學》數頁。晚看第八號《歷史研究》兩篇。

二十六日，上午看報外，續看《歷史研究》一篇，看《政治經濟學》三兩頁。下午開大會，仍談整風總結事。

二十七日，上午看報外，寫《農業增產的偉大意義》，未完。中午回家吃飯。下午到端王府夾道禮堂，聽張勁夫同志關於黨的群衆路綫的報告，散會時雨不小。

二十八日，全日抄地志中夏史材料。

三十日，仍抄地志中夏史材料。

三十一日，上午到豁子外作義務勞動。下午領晞奕、小江到紫竹院公園游。近兩三日早晚看《青春之歌》，頗吸引人，還未完。

每日日記次日早才寫，有時因急於看報，就忘寫，所以此星期內就忘寫一天。

九　月

一日，早看《青春之歌》，忽然悟到我從前總是很愉快地談到我的帶粉紅帶色眼鏡看世界，覺得這雖是小有失真，却是與己有益、與人無損的看法，實則大錯特錯。這些年我没有走上革命正路的原因就是由於這種幻覺：對反動勢力罪惡的行動知道得已經不多，偶然聽説，又不太相信，所以就走到歧途上。這種偏於樂觀的看法，仍舊是思想懶惰的結果。這樣明知故犯的偏見很容易與右傾思想相配合。馬列主義的世界觀是世界是什麽樣子就還它什麽樣子，一毫不能增損。必須這樣，才可以不左不右，應付裕如。上午看報外，又看《紅旗》數篇。下午再檢閱夏史材料。接《新建設》社信一封。下午微雨。

二日，上午看完《青春之歌》，看報。下午開會討論首長補課事。晚再補看前日及今日報，昨日報仍未看完。終日陰雨。

三日，全日開會，談領導幹部補課事，晚同晞奕到首都看演話劇《紅旗飄飄》。回到家十點半。

四日，上午周國亭來。餘時看《毛選》中數短篇，又看附録中

《關於若干歷史問題的決議》，未完。

五日，上午看關於補課文件四份。情況簡報前四期。少翻一點《山西通志》關於堯、舜、禹時代的史料。下午及晚學習劉少奇的《中共中委向第八屆全國代表大會第二次會議的工作報告》第一部分及其有關材料。

六日，上午及下午工間操前，均開會談補課事。工間操後，翻閱《和平和社會主義問題》月刊，以決定訂閱與否問題，決定訂閱。看報。看情況簡報第五期。晚聽廣播，才知道周總理今日有對美帝在臺灣海峽對我國挑釁的聲明。當時在大街上已有很多擁護周總理聲明的示威游行。

七日，因美國挑釁事今日仍到所。初到時無事，看《苦菜花》小説。後開會討論並各表示以實際行動支持周總理聲明的決心。十一點吃飯。後即到院本部集合，出作示威游行，到天安門開會，本所去二十五六人。散會後，仍應作一段游行，但本所隊伍已渙散。到家時將六點。今日天氣頗熱。

八日，全日到政治禮堂開會，聽北戴河會議傳達報告。上午杜秘書長傳達，下①午裴秘書長傳達。後由張副院長發言説此次傳達應成爲對全黨的緊急動員云云。

九日，上午看報。下午看《社會主義教育課程的閱讀文件彙編》第二編中二文及劉少奇同志的《論黨》摘録。再看《關於若干歷史問題的決議》，參考《關於糾正黨内的錯誤思想》，均未完。晚黨内開會，討論對於聽昨日報告的體會。

---

①編者注："下"，原誤作"上"。

　　補上星期未檢查:對於補課進行,周末幾乎忘掉! 這真是抓得不緊,等於不抓!

　　十日,上午看報外,僅少整理抽屜,也還未完。下午到端王府夾道禮堂聽報告,談世界形勢、知識分子思想改造、民主黨派三問題。

　　十一日,上午工間操後,開會談組織民兵事。下午繼續開會談組織民兵的意義。工間操後,大家到歷史一、二所,觀摩其所貼出的大字報。晚,看《和平和社會主義問題》一、二篇,後一篇未完。

　　十二日,上午開會,談《關於建立中國考古學體系的重要學術任務草案》。下午學習。晚看報。

　　十三日,給《關於建立中國考古學體系的重要學術任務草案》提意見。下午工間操後,翻閱第十一、十二合刊的工作通訊。最後有禹縣自辦的文物保護人員訓練班,共訓練三天半時間,成績頗好。這是一個很好的開頭,希望各縣仿辦,並逐漸改正缺點,可以使保護文物工作遍地開花。七點鐘許大雨,直到寢時雨還不小。

　　十四日,晨起時雨未停,八點後漸止,後晴。上午到皇史宬①,看檔案展覽。下午獨到動物園,想見黑猩猩,但去的太晚,没有看着(因爲小江惹人生氣,所以没帶她去)。

　　看不起勞動大眾的情感,我自以爲掃除無餘,其實還靠不住。還需要加緊努力才可以達到這步田地。

———————————

①編者注:“宬”,原誤作“晟”。

十五日,寫前數日黨内開會大家發言的一部分。翻閱前幾期的工作簡報。把《關於若干歷史問題的決議》及《關於糾正黨内的錯誤思想》看完。又看第八期《紅旗》看兩篇。

十六日,上午周國亭來。看報外,看《紅旗》數篇。下午本意想寫一篇《考古及保護文物工作都必須走群衆路綫》一文,思考並檢查材料,但未開始寫。工間操後,借子衡的郭著《奴隸制時代》,讀一部分。往國際書店將取第十本俄文《馬恩全集》,已到,才想起忘帶來信,遂又廢然回家。晚飯後,又因談家庭衛生與季芳大吵,並妨害稚岐休息,性急不能克治,如何!

十七日,上午看報外,仍翻閱《奴隸制時代》,大致完畢。下午集體學習。晚飯後到外文書店,取回俄文《馬恩全集》第十卷。到東安市場,買《十批判書》《青銅時代》《奴隸制時代》《上海的早晨》各一本。回所,作後日討論發言提綱。

十八日,寫《考古及保護文物工作都必須走群衆路綫》。上午傅太太來,交來信一封,説是給我,實在是想我交給哲學所的。晚同唐若愚談宿舍工作事。後日將到徐水縣參觀公社。

十九日,續寫《考古及保護文物工作都必須走群衆路綫》。下午開小組會,討論學習的文件。工間操後因爲檢查衛生小組在本所、三所及圖書館均發現蚊子,掛上白旗,遂停止學習,打蚊。晚因金學山自山西西北部河套兩岸地區工作回來,與之談。今天翻閱《上海的早晨》。明日參觀因爲排不上隊,移到國慶節後。

二十日,讀《政治經濟學》。也參加一些捕蚊工作。把《考古及保護文物工作都必須走群衆路綫》寫完,送給《新建設》雜誌社。

二十一日，上午往做義務勞動。下午領小江到動物園看黑猩猩。

對於劉少奇在八大二中所作的報告，學習的不好。今日看完《上海的早晨》。近日看小説頗耽誤事。今年當不再看。

二十二日，上午到北京醫院作身體檢查，並看牙。下午細看郭沫若所著的《老聃、關尹、環淵》篇。工間操後開會談衛生及加强警惕性問題。

二十三日，上午再到北京醫院，送大便、小便以備檢查，也檢驗血。到所後，看報，並不覺睡去約半點。下午看《青銅時代》及《十批判書》。周國亭來。

二十四日，上午看報外，看《十批判書》。下午到俄語學院，聽伍修權所作對於南斯拉夫的報告。

二十五日，上午仍如昨日工作。下午開會，討論昨日所聽報告。

二十六日，上午到北京醫院拔一牙，並問檢查結果，決定從明天起往打奴夫加因針。下午開會，集體學習討論。晚仍應繼續，但因昨晚與唐若愚同志共訂爲今晚約二宿舍内黨員同志談宿舍内促進工作事，遂請假回，可是唐没有回，大約是臨時有事未能歸，仍未能開（因爲原訂他約，他事前並未約）。

二十七日，本意早晨往醫院打針，但因大雨未去。上班晚幾一小時。看報外，看《政治經濟學》數頁。下午四點即出到神武門，參觀明永陵發掘品展覽。看畢，即歸家。

二十八日，上午領小江出建國門外一游，進城，到三嫂處，問好畢，剛坐下，小江哭鬧要走，遂出，到東單公園一游。下午又領她到西北城角墻上一望。又出豁子,進德勝門,到積水潭一游。

此星期因屢往醫院,精神更爲懶散。須急自振勵才好。

二十九日,早晨到醫院開始打奴夫加因針。上班後看報。下午掃除室内及户外。接周振華信一封。

三十日,看《紅旗》(9)及報。下午三點後往醫院。

十　月

一日,上午同晞奕、小江出,過北海公園,到西四丁字街口,看今日游行的炮車,後即雇三輪回寓。晞奕雇不上車,步行歸。晚與曹日昌談明日黨團員開會事。後韓里、糜岐及小孩同來。

二日,早到北京醫院打針。歸後往理髮,理髮館内人很多。下午看《紅旗》數篇。晚開宿舍内黨團員會。接芝生復信。

三日,上午工間操後,黄仲良與張寅因初自新疆歸來談。下午看《和平和社會主義問題》。寫佩青信一封,把芝生的來信附寄他。今日回家後,家人問我今日星期五,怎麽就回來了,我才想起今天有照例學習,我竟忘却! 記憶力衰退如此,奈何,奈何!

四日,九點半後到醫院打針,拔最後一牙根。下午看《和平和社會主義問題》數篇。趙信(從新疆回)來談。復周振華信一封。

五日,昨晚即覺與平常不同,可是脱衣洗浴仍照前,夜裏感覺不適,睡眠也不好。早晨量體温,達三十七度六,季芳陪我到北京醫院診視,服藥。六日燒仍未退,再到醫院診視,打一針,兼服藥。七日燒退,但身體仍弱,食量未復,未出門。八日,開始出門,但未上班,食量幾已全復。

　　九日,早到醫院,本擬問醫生後續打奴夫加因針,但將到醫院門,才發現未帶醫療症,廢然返。上班,全日不過看報。上午許景元來談;下午白萬玉來談。許新從新疆回。五點半後即早回家。接周國亭信片一。接自青海來罵周國亭而信面寫我的名字,希望我先看罷再交給他的信一封。

　　十日,上午到醫院詢問醫生後繼續打奴夫加因針。九點後到所。看報外,周振華自井陘歸,來談。下午到音樂堂聽杜潤生同志講《批評與自我批評》。仲良、子衡來約往湯山同看作銘病,定於下星期一往。

　　十一日,上午開回來的下放幹部坐談會。下午看報外,閱讀《共產黨和工人黨代表會議宣言》。

　　十二日,陰,時微雨。上午到醫院打針,詢問藥,回已十一點半。下午因陰雨未出。

　　這兩星期內的心境散漫、消沉,一大部分是由於近來感覺衰老過快,雖正在注射奴夫加因針以便掙扎,但後果還很難知道。另外一方面也是由於不自振勵。

　　十三日,雨。上午同仲良乘所中車到小湯山看作銘病。中午回,所中開飯時間已過,因回家吃飯。後未上班,僅午睡、看報。四點半同季芳往看新聞紀錄片《社會主義好》。

　　十四日,上午往醫院打針。餘時看報及看第九號《歷史研究》。

　　十五日,四點後即起,五點五十分後到院部,乘汽車到永定門車站上車,七點過後開車到徐水縣參觀。十一點許到徐水,吃飯後出參觀徐水大學。共九系。上半天上課,下半天勞動。此時為勞動時間，參觀他們白手起家所建立的鐵工廠、木工廠、化工廠等等。又到史各莊參觀其試驗田、養豬廠，村内的學校、俱樂部等等。回縣城參觀細菌肥料製造廠。晚飯後，一縣委向參觀群衆作報告。後大家回到宿舍，即以宿舍爲小組單位，略談感想。約十點就寢。

　　十六日，早飯後，有三四十人不大能走路的，坐一汽車往謝坊參觀。我因年老，大家一定讓我坐車。大隊步行往，據説距離十七里。謝坊係一大村，初辦公社，社共包□十□①村，社址即在謝坊。街道清潔。有托兒所、幸福院、兒童樂園、公共食堂（共有十：社員五，餘爲老人一、兒童一、學生一、來賓一、外賓一）、展覽館（展覽多穗達十餘、二十餘、三十餘的玉米等物）、文化館、被服廠、煉油廠（用煤煉汽油）、水電站（用瀑河水，建成，還未發電）等等。本定汽車十二點再來接，但因其另有任務，到一點餘，還未來，我拉潘孟陶同步行返。走了五六里，遇到子衡等人搭別機關吉坡車，尚有一空位，我即上去（潘同志後也搭一車）。至煉鐵廠，下。參觀煉鐵，此處爲中小型結合的廠。僅有爐，並未建廠房，爐却林立。回徐水飯店，少休息後，吃飯畢，就步行到火車站。六點過後開車，回北京。至寓，十點已過。

　　十七日，上午因季芳腿疼甚劇，陪她到積水潭醫院診視。下午午睡後到所兩點半許。知正在開會，中途參加。尹達自作檢查，並希望大家對本所的方針任務提意見。散會後，看報，未完。歸晚飯後再看，仍未完，已十一點，即寢。

———————————

①編者注：原於"十"前後各空闕一字。

十八日，到醫院打針。到所，上午仍開會，繼續討論昨日議題。下午看報。與李持小談。下班時把錢包丟掉（內包月票等物）。

十九日，上午往北京展覽館，看交通技術展覽。僅對於地質資源館、原子能館細看，另外走了一兩個館，過十一點，即歸。下午領小江到動物園一游。

此星期精神仍不振。昨日會場發言，事後想起，雖對於內容，尚未發現大錯誤，但態度惡劣，易引起誤會。歸根結底，仍是思想裏面有很多不對頭的東西。

二十日，上午往醫院打針，到所已八點三十幾分。看報，看討論方針任務的大字報。下午開會，繼續討論方針任務問題。

二十一日，夜雨，兼有冰雹，今日天氣寒。上午看報外，僅看《政治經濟學》數頁。下午繼續開會，討論前幾次所討論的問題。

二十二日，晴。上午到醫院打針。看報外，找一點關於井田的材料。下午開會，牛副所長作補課進行步驟的指示，並定明日盡全力貼大字報。把前為《通訊》所寫未能登出的文章取回，改寫後作為大字報稿。興惜自遷安來京。

二十三日，上午看報外，略翻關於井田的材料。下午開小組會，漫談關於方針任務各問題。中間曾開鄭所長追悼會。下班後到東安市場買一包及夾月票夾子。

二十四日，昨天早晨周永珍說要替我把大字報寫好貼出，可是她因太忙，並未能寫。今日上午及午飯後，我全力寫大字報，還未全完。早晨到醫院打針。下午仍開大會討論方針任務及關於歷史科學各所是否應合併以利進行的問題，多數主張合併。興惜晚乘車回河南。

二十五日，上下午均開會，仍談歷史科學合併問題。昨天、今日均有風，氣溫降低。

二十六日，上午同季芳、小江出到東單公園，她二人留在公園，我在醫院打針。畢，同到三嫂家，並見顯廷夫婦、建功父子。歸後少休息，到對門教堂內看本宿舍人在那邊鍊鋼。我也拉幾下風箱，他們就不讓我拉，強我起來；我因幫不上忙，遂歸。

這幾星期精神總是不振。

二十七日，上下午均開會，討論本所五年工作規劃草案。晚飯後開會討論國防部長《告臺灣軍民書》。八點即散。

二十八日，仍繼續昨日會。規劃草案討論畢後，又討論開展對資產階級考古學術開展批判的幾點意見。早晨到醫院，打十二針中的最末一針。決心與不振的精神作鬥爭，對藏伏的資產階級思想殘餘作嚴格的檢查。（早起後寫幾條對於歷史展覽的意見。）

二十九日，早晨仍往醫院詢問醫生繼續醫療辦法，到所已九點半。工間操後，參加小組會（會已於九點開起），討論歷史展覽的意見，未幾即散會，把原草案再看一翻，添寫幾條意見。下午看報外，看安志敏所擬寫的到埃及講學講稿。與子衡小談。

三十日，上下午均開會。上午討論關於幹部下放參加勞動鍛鍊的幾點意見及 59 年工作計劃要點。下午由編輯、技術、圖書、資料四組報告其計劃後加以討論。未完，晚飯後繼續開會。接《新建設》社信一封，把我上次交給它的稿子送回，說"作用似不甚大"，不采用。

三十一日，上午參加在首都劇場所開的鄭振鐸等十六人追悼

會。畢後,全所同志同往八寶山,送鄭所長葬儀。下午看報外,看
《紅旗》數篇。想找牛所長一談,未遇。晚飯後開會,討論上次在
黨委所開會杜秘書長關於批評與自我批評的報告。

十一月

一日,上午看報外,有陳景胡、王漢亭來談。下午到中關村參
觀自然科學成績展覽會。實有五館,但只看二館。

二日,上午同晞奕往看《黃寶妹》電影。往訪侍峰。下午訪
介眉,不遇。晚飯後與曹日昌同志談宿舍內的問題。

檢查在此星期中進行的並不嚴格。如所作的紅專規劃,現在
幾乎忘却! 必須趕緊找出,依靠它來檢查。

三日,天陰,寒。上午僅看報及《和平和社會主義問題》中文
一篇。整理抽屜。下午繼續整理,把紅專規劃找出,抄到本子上。
畢,看《政治經濟學》數頁。紅專規劃條文多數未能實行,還需要
作很大的努力。

四日,終日微雨。上午除看報外,因北大送來對於《輝縣發
掘報告》的批評,編輯室送來請對批評題意見,可是我對於該報
告還沒有看過,因檢出翻閱。下午學習毛主席的《關於正確處理
人民內部矛盾的問題》及《論帝國主義和一切反動派都是紙
老虎》。

五日,仍陰。上午仍看《輝縣發掘報告》。下午繼續昨日的
學習。晚飯後繼續學習並提出問題。接周國亭信一封。

六日,上午再看《輝縣發掘報告》及其批評。後與子衡談此

問題。下午看《和平和社會主義問題》。晚飯後,黨組開會,李持同志傳達院方對於保衛工作的指示。

七日,早晨寒,天晴,即轉暖。上午檢查關於井田史料。下午學習《關於正確處理人民内部矛盾①的問題》,並討論。晚飯後開大會坐談十月革命問題。

八日,全日開大會,討論二問題:一爲"我們和蔣介石本來是敵我矛盾,現在我們提化敵爲友,是否已成爲人民内部矛盾",一爲"人民内部對抗性矛盾和敵我之間對抗性矛盾如何區别"。討論間頗苦自己的分析能力不足,有些地方不如他們青年同志們。

九日,上午同晞奕及小江到動物園一游。購《草原烽火》一本。下午又同她們兩個看《共産黨員》電影。

此星期中對於紅專規劃中所訂的條文遵守得不够嚴屬。

十日,上午到醫院再開始打針。又詢問牙醫,爲保護未壞牙是否必須補牙,答復並不明了。到所已將九點半。此時室中正在大掃除。下午看報而已。

十一日,上午翻閱《考古學報》及看報。下午王新吾來談。看黨内文件《黨的監察工作》。接周振華信一封。

十二日,到醫院打針。到所晚六七分鐘。上午看報外,檢查《山西通志》中關於夏代遺跡史料,勾出以備抄録。下午先開大會,傳達周總理關於臺灣時局報告大綱。後分組學習毛主席《論帝國主義及一切反動派都是紙老虎》。晚飯後應繼續學習,但因今日天雨,大家怕我晚歸不便,勸我先回,在家學習,因先回,學習

①編者注:"矛盾",原脱,據前文補。

至九點。

十三日，上午看報外，即看《黨的監察工作》未完部分，又看《北京工作》。下午續看。完，交出。

十四日，往醫院打針，到所晚二十分鐘。上午看報外，閱讀與《帝國主義和一切反動派都是紙老虎》有關的文件。下午仍學習此文件。晚仍學習，但我未全閱此文件，却把《馬、恩、列、斯論不斷革命》看一遍。

十五日，上午到長安劇院聽潘梓年同志講黨課，題目爲《民主集中制》。下午上班後僅看報。

十六日，早起往醫院打針。歸時到侍峰家，告在北京醫院可打奴夫加因針事。歸早餐後獨出到豁子外看和平湖工地，湖底已清理出，邊沿、碼頭多已作好，部分未作好的有少數工作人在那裏整理。又到德勝門，經積水潭歸。因天晴無風，歸時頗熱。下午午睡後領小江到景山及北海兩公園一游。歸已將六點。

近來每周所寫檢查，實屬虛應故事，當加嚴，並增加次數，才好。

十七日，上午看報外，檢臨汾、安邑二縣志中關於夏代遺址者，所得很少。下午開會，王伯洪同志作此次在蘇聯所參觀的考古工作報告。下班後到東安市場，想買《遵生八箋①》，不得，買《夢溪筆談校證》《韓非子集釋》《老子校釋》各一部，約明日送來。

十八日，上午到醫院打針，晚到所一刻鐘。開會討論關於《輝縣發掘報告》批評等四文件。下午看報及檢查地志中關於夏

①編者注："箋"，原誤作"踐"。

代的材料。晚到東四工人俱樂部看《烈火紅心》話劇。到家時十一點已過。

十九日，上午看報外，檢查地志中關於夏代的材料。下午開小組會討論紙老虎、東西風、臺灣各問題。下班後早歸早睡。

二十日，上午到醫院打針，晚到所半點。上午僅看報。下午到教育行政學院，參觀教育與生產勞動相結合展覽會。此一部分有十三館，僅看陝西、湖北、河南、浙江四館，時間已晚，遂出。

二十一日，上午僅看報。下午看青年積極分子大會開幕電視。檢查地志中關於夏代的材料。晚繼續討論紙老虎、東西風、臺灣各問題。

二十二日，往醫院打針。上午僅看報，並與馬曉春談。下午開大會討論紙老虎、東西風、臺灣諸問題。

二十三日，下午往訪介眉夫婦，介眉病已大愈，可喜。

二十四日，往醫院打針，到所晚二十分鐘。上午看報。下午仍檢查地志中關於夏代材料。上星期及今日，用暇時看《草原烽火》。

二十五日，上午看報。下午看《論共產主義公社》。

二十六日，往醫院打針。到所晚二十分鐘。看報外，學習論人民公社的文章。晚飯後本仍有學習，但明日集體往北郊參觀教育與生產勞動相結合展覽會的另一部分，我須早回家預備吃的，並且我前天把眼鏡忘在介眉家，無眼鏡雖去也有很多東西看不着，必須往取，遂請假先回。今日佩青來訪，未遇。晚到新街口買麵包，則已賣盡，不得已遂在奶茶鋪中買兩件麵點心。過新華書店，入買《老共青團員》及《紅旗飄飄》第九集各一本。

二十七日，八點前動身乘十九路，換四十四路公共汽車往。

共看綜合館二部分,地方館看甘肅、新疆、江西、雲南、安徽、廣西各館。已過四點,遂出,乘三十一路車回城,晚早寢。

二十八日,到醫院打針,到所仍晚二十分許。上午看報。下午集體學習,初看《論共產主義》數節,後翻閱《神聖家族》若干葉。晚……①

二十九日,夜睡不足。上午看報而已。下午整理關於夏虛史料。

三十日,上午往醫院打針。到東安市場舊書攤,買得《馬恩全集》第一卷、《列寧全集》第二十四卷、《斯大林全集》第十三卷各一本。又到新書店買《胡伯伯的女兒》一本。下午獨出到豁口外和平湖附近一游。工程已停,但岸上還未整理清楚,內亦未放水。晚到西直門公共汽車站換月票。

十二月

一日,上午看報,下午寫《夏虛在什麼地方》。

二日,早到醫院打針。因爲這一療程已經完畢,訪問大夫。到所時十點已過。看報。下午檢查寫《夏虛在什麼地方》的材料。工間操後聽陳佐良報告他在鄭州參加考古工作現場會議的經過。

三日,上午看報後即續寫《夏虛在什麼地方》,下午續寫。

四日,上午把《夏虛在什麼地方》寫完,並交出去。看報。下

---

①編者注:原稿此處未寫完。

午看《政治經濟學》。

五日,上午宰平來談。看報。下午看《政治經濟學》。

六日,上午看報。下午看《政治經濟學》。

七日,早晨雨,後漸止。洗澡。買《我們播種愛情》一本。下午獨出豁子,繞到西直門歸,途中看上書。

八日,有風。上午看報,下午仍看《政治經濟學》。給宰平寫一信。

九日,下午仍看《政治經濟學》。

十日,上午看《歷史研究》數篇,看報。下午小組討論公社性質及供給制、薪給制問題。晚飯後繼續討論。回家後何舉自井陘回來談。他的思想有進步,但對於腦力勞動與體力勞動差別問題仍有扞格。與他談頗久。

十一日,上午僅看報。下午院中歡迎下放歸來幹部。在人民劇場請看京劇《林海雪原》,讓我們來作陪,我只好去。但因晚晌還要開黨小組會,幫助我請求轉正事,我還得作點準備,遂於中間休息時出回所,但因晚晌有傳達,黨小組會未開。傳達係毛主席請求下屆選主席時他要不作候選人,以便專心對國家的政策方針多作研究,已經八大六中會批准。傳達後分小組討論並發表意見。此事雖出意外,但細想起毛主席由此可以排除一些例行政務,專心指導國家大政方針,他的貢獻必將更大,仍是應當歡迎的事。接宰平信片一紙,說他明早同壽先生來談。

十二日,早晨宰平來,但疑我不在室內,遂去,我事後才知道,其實當時我在室內靜候。壽先生也未來。給宰平去信告以星期日上午到他家見面。看報外學習關於資產階級法權問題各文件。

下午開大會歡迎歸來的下放幹部。

十三日，全所同志到東垻朝陽公社的東垻工作站參觀。除東垻本村外，又到樓梓莊參觀。此莊原來十年八潦，現水利興修，已免除潦災。試驗田麥明年的指標爲四、五、六萬斤。此地公社比徐水的少差一點，但此地手工業有雕漆、珐琅、織毯、挑花等出口貨物。歸約五點鐘。

十四日，今日家中孩子們爲我預祝七十整壽。九點許到宰平家一談。歸，十點半同晞奕、稚岐往看電影《歷史的考訓》，係演季米特羅夫在德國同法西斯匪徒抗爭事，演的很好。歸，同季芳、韓里、晞奕、稚岐到莫斯科餐廳午餐。接秔岐信一封。

十五日，早起再到醫院打針。到所八點四十分。上午看此三日報紙，未完。十一點即午餐。後到城外政治部後勤禮堂看志願軍文工團演話劇《友誼》，編演均好。

十六日，今日除看報外，均看《政治經濟學》。

十七日，早晨到醫院打針。出天雨雪，終日雪。到所已晚。上午看報。下午因盧兆蔭說晚晌學習後開黨小組會，給我提意見，因對怎樣寫請求轉正書事，少想一想。後看《政治經濟學》。五點半開學習會，討論公社問題。後開黨小組會，因意見不同，爭論頗劇，但感覺親切。回家已十一點，路上有泥。

十八日，陰。因與晞奕談昨晚開會經過，故到所較晚。八屆六中決議今天已公布，開會坐談。下午又坐談約一點鐘。黃石林來談。又與伯洪同志談。

十九日，早晨到醫院打針。到所八點四十分左右。今日報紙公布八屆六全《關於人民公社的決議》。上午細看；下午小組開會,再讀、看、談;晚合組再談。

二十日,全日看報,看《紅旗》(14 期)而已。

二十一日,上午到醫院打針。到喜雀胡同一號將看佩青病,但一號堅稱無此人住,很怪,只好出來。過東單時把手中所帶的《青春》遺失。到新華書店,才發覺,覺得往找也無用,遂再買一本。回家,已十二點餘。韓里同他大哥來。他大哥近二年在呼和浩特工作。下午僅出理髮。

這兩天思想很亂。昨天有點感覺入黨同業務有矛盾,而我努力業務或能對於人民有貢獻,在黨中却不見得能有貢獻,遂想中止轉正的請求。今日又覺這種想法未必正確,糜岐、韓里、稚岐等均對我有批評,我又有點回心轉意,當再仔細考慮,看矛盾是否能解決。

二十二日,上午開會歡迎第二批下放幹部。下午到正誼路三號聽關於八大六中對於人民公社決議的報告。

二十三日,早晨到醫院打針。到所八點二十五分。接河南二屆人代會信,說第一次會於二十六日召開,讓大家於二十五日報到。決定二十五日上午上車往鄭。與夏、牛二所長談助手及印書事。與林澤敏同志談轉正請延期一年事。下午僅看完前數日所未看完的《青春》。晚與晞奕往購電視機一具。請辦事處同志打電話定廿五日上午的車票。

二十四日,早晨到所取車票,則爲明日下午的!昨日本因電話中說是上午的票,感覺今日太迫促,所以定爲明日。早知下午有票,當於今日動身,因來信中讓大家於明日報到。然也無法。下午在家。

二十五日，上午到醫院打針，也到所取報及他物，即回。下午檢點衣物。晚八點許晞奕送我上車。九點十分開車。

二十六日，至鄭州，已十二點餘。到河南飯店，報到吃飯後，就參加預備會。二十七日，看文件。二十八日，正式開會。卅一日上午閉會。

一九五九年

一　月

一日,往看東風渠,順路過花園口。渠首在花園口西約十里的岡李村。預計第一期放水 300 秒公方,灌溉面積 8,000,000 畝;第二期工程完成後,放水 600 秒公方,灌溉面積可達 15,000,000 畝。國家投資 4,000,000 元。成功後,以每畝增加二百斤糧計算,當增十六億斤糧,值爲投資的四十倍。閘共五孔,每閘高 5 公尺,寬 10 公尺。又到古滎鎮參觀人民公社。又隨趙黑孩社長到其溝趙村的大隊部參觀。

二日,上午到文物工作隊,看他們所藏的新石器時代陶器。畢後與那裏同志坐談關於夏虛的文獻材料。歸,吃飯後已三點,往訪吳省長,他留我晚餐,又約文甫來共談。八點半後,回飯店少檢行李,即往車站。九點半後開車。

三日,下車到家,已將十二點。

四日,因天寒未出門,下午同稚岐往看電影《金鈴傳》。

五日,上班,終日翻閱報。上午工間操後開會坐談蘇聯放宇宙火箭事。

六日,再到醫院開始打針。終日看報及本年第一期《紅旗》。

七日,上午看報外,預備下午討論的文件,下午研究、技術兩小組合組討論。共四題,但討論最多的只有第一題關於消滅城鄉、工農、腦力勞動與體力勞動三種差別的問題。晚飯後再開始討論,但未能繼續,改爲學習,我因路遠,先歸。歸前看去年 12 期的《歷史研究》中的一篇。

八日,因近數日咯嗽更重,早晨到醫院先看咯嗽,問醫生後又往打針。到所,九點半已過。上午看報。下午僅看《歷史研究》二篇。內《關於隋唐史研究中的一個理論問題》,是北大歷史系三年級三班研究小組批評寅恪所著《唐代政治史述論稿》的文章,寫得很好。我讀寅恪書時對於他的結論雖也有若干懷疑,但無力把懷疑提出,同他仔細商榷,此文使我得益不淺。柱子歸來。

九日,上午看報,看《歷史研究》。下午及晚開大會討論公社及消滅工農、城鄉、腦力勞動及體力勞動三差別問題。

十日,上午往醫院打針。看報。寫一信給黨支部書記,請求把入黨預備期限延長一年。下午到首都劇場,聽武雨琴同志黨課第五講,題目爲《黨的紀律監察工作》。

十一日,早起到澡堂洗澡。歸,糜岐夫婦亦來。早飯後稚岐亦歸。遂同他們及桂愉夫婦、小江出城到紫竹院公園游,至則湖水已放净,義務勞動,把湖挖深,把山培高。走一小節,因净礙工作人路,遂出園,過萬壽寺村橋,沿河北岸,到白石橋,睎奕領小江先歸。餘人繼續走過高梁橋,至西外大街車站上車,遂歸。下午未出。

十二日,早晨到醫院打針。因咳嗽未全愈,再詢問醫生,給服藥並作盤尼西林氣體吸入。到所九點半已過。看報。下午看《歷史研究》數篇。魏樹勳及單先□①來談。

十三日,早晨到醫院作吸入。終日未大工作,僅看報,下午到外文書店取回第一本的俄文《小百科全書》,隨便翻閱它而已。

十四日,到醫院作吸入和打針。上午看報。下午開會,討論不斷革命論及革命發展的階段論的問題,但發言人太少,並且多無充分準備,工間操後遂暫停止,分小組討論加強學習辦法,晚晌繼續討論,發言的很踴躍,有不少收穫。晚有大風。

十五日,早晨到醫院作吸入。上午看報,下午看《和平和社會主義問題》數篇。早歸。看《蘭州—阿拉木圖》電影。

十六日,早晨到醫院作第三療程最後一次的打針。並訪問醫生。到東安市場買《列寧全集》譯本中的八本。回所十點鐘已過。上午只看報。下午及晚晌討論將來學習日程、訂公約,學習。

十七日,今日到所已晚過半點鐘。上午僅看報。下午看《紅旗》及《和平和社會主義問題》數篇。回家下車時買《星火燎原》一部(二本),晚稍看幾段。

十八日,上午同柱子、秔岐、小江到動物園一游。下午同柱子、睎奕、稚岐到廣和劇場看《安源大罷工》京劇。因昨晚睡的不

①編者注:原於"先"後空闕一字。

很好，今晚早睡。

十九日，上午看《星火燎原》數段，看報，看《十年來中國考古的撮要》草稿。下午一點半開考古人員坐談會，尹達同志、王局長、陳處長及裴文中同志發言。

二十日，開坐談會，談尹達所提各點，大家全同意。下午各省報告其工作情形。晚回家後，看新編《赤壁大戰》電視。寢時十二點已過。

二十一日，仍開坐談會，報告工作情形。

二十二日，仍開坐談會，報告工作情形。

二十三日，仍開坐談會，報告工作情形。

二十四日，仍開坐談會，報告工作情形。下午兩點開會，三點各省報告畢。休息後，開始討論如何寫《考古十年》的問題。

二十五日，繼續開會。討論建立考古學體系，及各省協作的問題。

二十六日，上午繼續開會，完畢。下午到東安市場，從舊書鋪中買到《列寧全集》譯本一本，也買水果。回午睡後，把《中國古史的傳説時代》稿本注子裏面，加入一段，糾正從前看法的錯誤。

二十七日，早晨到醫院開始打第四療程的奴夫加因針。到所八點二十五分。看報。開會談參加寫《中國通史》事。本所擔任寫原始社會部分，由石興邦及我擔任，有一北大同學王文清幫忙。下午翻閱本年第一期《考古》。晚聽傳達潘梓年同志關於此次學習應注意事項的報告。昨晚及今早讀《回憶馬克思、恩格斯》數段。

二十八日，上午開會討論寫《考古十年》的問題。下午開會爲此次學習的動員會。工間操後分組仍討論學習的安排。

二十九日，因爲昨晚看電視中的演《西廂記》，睡時十一點半已過，致今早起較晚，已將七點。到醫院打針。到所八點三刻已過。看報，看今年第一號《歷史研究》數篇。下午工間操後，黨中傳達潘梓年同志就此次學習對於黨員的囑咐。借縣志三種，爲尋找夏史材料之用。

三十日，全日開會，各隊長報告去年一年工作的結果並討論今年的計劃。

三十一日，上午繼續昨日的會，下午學習。

二　月

一日，上午同晞奕、小江到北海公園一游，並看雜劇。下午想理髮，但人太多，遂止。看第三號《紅旗》數篇。晚看電視中所演《楊乃武與小白菜》。寢時已十二點。

二日，早到醫院打針。到院時已將九點。全日繼續開會。午飯後到東安市場想買一點水果，不可得。晚飯後往換月票及理髮。

三日，仍全日開會，今日業務報告完畢。

四日，仍開會，作政治工作等類的報告。下午學習。早晨到醫院打針。

五日，上午到復興門內學部聽劉導生同志傳達□□會議①報

---

①編者注：原於"會議"前空闕約二字。

告。下午看報,並尋找縣志中關於夏虛的材料。

六日,早晨到醫院打針。仍全日開會,繼續報告。

七日,上午仍開會繼續報告。下午牛所長傳達政府關於 1958 年施政的總結和 1959 年工作任務的報告。散會後早歸。

八日,今日為春節。在家接待同住的賀年客,及向同住的熟人賀年。

九日,往東郊看農業展覽。回家時約四點鐘。

十日,早往訪子衡,看他的新居,並回拜他昨日的賀年。下午獨到紫竹院公園一游。歸時因車輛擁擠,直走到家。

十一日,上午到首都劇場,觀演《百錬成鋼》話劇。近幾天看完馬卡連珂著的《教育詩》的第一部。

十二日,早到醫院打針。到所將八點半。看報。下午摘録縣志中夏虛材料。旁晚微雪。

十三日,上午開小組會商議如何寫《中國通史》原始社會部分。下午看王文清所擬此部分提綱,並提意見。

十四日,早到醫院打針。到所時八點十分。上午學習。下午牛所長作 58 年工作總結及 59 年工作大綱。散會後草擬考查夏虛計劃。

十五日,上午同秔岐、小洪往瞻仰英雄紀念碑。後又坐汽車往游北海公園,但小洪哭鬧,疑其仍有不適,遂早歸。下午繼續看王文清所擬提綱,並提意見。

十六日,早往醫院打針。到所已八點三十五分。終日開會,討論所方所擬的總結。上午許敬雍來,未遇。留一字,知智由先生已於陰曆正月六日逝世。

十七日，全日開會。……晚①因思想雜亂，與季芳、秔岐談，直至一點餘。

十八日，早往醫院打針。上午仍開會討論各隊的提高計劃。下午學習時間開始魏樹勳傳達潘梓年同志關於學習八屆六中文件的報告，以後圍繞此問題發言。晚黨内開會，林澤敏同志傳達□□□同志②關於當前階級鬥爭形勢和我們的策略、民族問題、宗教問題的報告（第三問題没有説什麽）。以後結合前日牛所長所傳達的報告討論，但發言不踴躍。

十九日，上午看報，張雲鵬來談。下午開會討論建立考古學體系問題，但臨時通知，大家對於文件全無預備，討論很冷清。工間操後，討論不下去，不得不停。看《紅旗》第四期完畢。看《和平和社會主義問題》第二期的數短篇。晚檢家中報和雜誌，很多遺失。近日東西太亂，必須振作精神，使此等事去掉才好。

二十日，早到醫院打針。到所時將八點半。黨團員開會，因近日所内屢出盜竊，並有貪污及違法亂紀情形，擬加强治安管理，先對黨團員發動。下午開大會，仍談加强治安管理事。後牛所長談今年審查幹部事。散會後，開小組會，仍談協助領導發現竊盜事。上午趙學謙來談，晚飯後王文清來談。

二十一日，上午除看報外，石興邦、王文清來談寫《通史》原始社會部分事（王伯洪未來）。下午學習第二單元資料。

二十二日，上午往醫院打針。下午同稚岐往紫竹院公園一游。談到許多我近來思想不安問題。

---

①編者注：原於"晚"前空闕數字。
②編者注：原於"同志"前空闕約三字。

二十三日，上午看報外，許敬雍來，後與興邦同志談寫原始社會內傳説部分綱要事。下午看袁珂著《中國古代神話》。愛松同志來談。晚黨小組開會，大家各談思想問題，我未發言。後牛所長作指示，懇切動人。

二十四日，陰，且微雪。對興邦同志所擬的原始社會史綱要提意見，並擬傳説綱要。

二十五日，夜間大雪，深將及尺。上午仍繼續落下，午間才漸止。下午仍陰。因路不好，到所已將九點。上午僅看報。下午學習。

二十六日，晴。今日除看報外，因前所擬的綱要太略，重擬較詳的，約寫兩千字。後翻閱呂振羽的《史前期中國社會研究》。

二十七日，上午除看報外，龔瓊英等三人來談。下午把《傳説時代》稿補一條。仍翻閱《史前期中國社會研究》。

二十八日，上午仍除看報外，翻閱《史前期中國社會研究》。下午學習討論第二單元各問題。

三　月

一日，下午同韓里、稚岐、小江到動物園一游，但不久風很大，即歸。

二日，今日除看報外，讀馬克思所著的《不列顛在印度的統治》及《不列顛在印度統治的未來結果》。看《紅旗》（第五號），未完。看《歷史研究》（第二號）一篇餘。晚飯後到紅星看《永遠忠於黨》電影。這部電影前幾天在電視中看到一部分，今天才看全,感人至深。

三日,今日除看報外,看《紅旗》中所餘的一篇,《歷史研究》數篇。上午許敬雍來。

四日,上午除看報外,再看《歷史研究》,一篇也未看完。許敬雍再來。下午學習。晚飯後黨小組開會,討論作銘入黨問題。

五日,到醫院問大夫,並打針。到所十點已過。全日看報外,讀《列寧全集》中文數篇。

六日,夜眠不佳。今日除看報外,再給《原始社會史綱要》提意見。看《世界知識》。午飯後牛所長來談,我同他談我思想上存在的問題。

七日,早起,到醫院打針並取血驗膽固醇是否減退。到所僅八點十分左右。上午參加作銘入黨會,下午學習。

八日,上午到護國寺,想買兩棵樹,但還未上市。歸途買《狼牙山五壯士》一本。下午領小江到北海一游,本意坐船到南岸,票已買而風大起,遂歸。路上遺失一書包。晚看《狼牙山五壯士》,未完。

九日,早到醫院打針,途中因看《狼牙山五壯士》未完部分,遂將眼鏡遺失。今日上下午皆大雪一陣。看石興邦所擬寫原始社會史部分的說明並提意見。餘時仍檢志書中有關夏史材料。

十日,晴。上午《新建設》社王慶成來談。希望我對於編寫中國古史教學大綱須打破王朝體系問題作一文,因無時間辭謝。下午抄數張地志中關於夏史材料。給周振華寫信一封,未發出。

十一日,上午到醫院打針,問驗血結果,答言膽固醇減少,近於正常。到所已十一點半。下午到建國門內團校,聽劉導生、潘梓年兩同志傳達鄭州會議時毛主席對於公社現況所作的分析，精闢無倫，應當加緊討論學習，也傳達彭真同志對於全國一盤棋的發言。

十二日，上午除看報外，想把周振華信發出，聽說所中已經叫他回來，遂止不發。往東華門大街，想在一家眼鏡公司配眼鏡，但遍找不見，似關閉已久，遂往東安市場，買信封二十，即歸。看第三期《和平和社會主義問題》數篇。提前下班，往精益眼鏡公司配眼鏡。

十三日，早到醫院打針。到所將九點。看報外，看《中國封建社會提綱及提綱説明》，未完。

十四日，上午上班較晚，到所已八點半。上午鴻庵來談。下午本應學習，我誤記爲星期五，至晚下班時看月份牌，才發現爲星期六，健忘誤事如此！仍看《中國封建社會提綱及提綱説明》及《中國歷史圖譜資料目録》，並提意見數條。

十五日，上午到醫院打針。再到護國寺看是否有樹可買，仍未出攤。晚看電視放映的《翠①崗紅旗》。今日整理家中書架。

十六日，昨晚因看老舍所寫《女店員》，雖未能完，可是熄燈時已十一點半，十二點過後才入眠，未到四點即醒，不能再入眠。看完《女店員》。上午看報時甚困倦。下午再看《中國歷史圖譜資料目録》，並爲此目録及《中國封建社會提綱及提綱説明》提幾條意見。晚黨内開小組會討論我請求延長預備黨員期限事。回家到時十點已過。午飯後到外文書店取回第一卷的俄文《馬恩

---

①編者注："翠"，原誤作"碧"。

全集》。周振華自安陽回。

十七日，早到醫院打針。到所時將八點半。看報外，看第六期《紅旗》數篇。補學習《紅旗》一篇。

十八日，收故宮博物院信一封。上午工間操後，開老科學家小會，商議今年工作。下午學習，討論公社性質等問題。晚到文化部一樓大廳，看《林則徐》電影。

十九日，早到醫院打針，至所八點半已過。看報外，下午與周振華談夏虛問題。今日時落霧絲。

廿日，仍時落霧絲。下午仲良來談。抄地志中夏史材料。

廿一日，早到醫院打針。到所取報，往故宮，開反對美帝謀盜運臺灣部分國寶事。畢即回家。午飯後稍休息，到人民劇場聽經濟所一同志作關於集體所有制和全民所有制的報告，聽不很分明。晚看電視中的《寶蓮燈》，頗有新誼。接辛樹幟寄來其所著《易傳之研究》下半篇。

廿二日，上午到精益公司取眼鏡。再到護國寺，樹苗仍少。下午看《在烈火中永生》，是敘蔣幫在重慶所辦的中美合作所慘害愛國志士事。

二十三日，早到醫院打針，到所八點半已過。上午看報，下午看辛樹幟文。與仲良談，詢問出發應作何準備。

二十四日，上午佩青夫婦來談。看陳列室中的陶片，並請安志敏講明。下午開始寫《關於堯、舜、禹的傳說》，僅寫幾行。後看作銘同志所寫的《河南澠池的史前遺址》及《河南成皋廣武區考古紀略》。仲良來談。

廿五日，早到醫院打針。繼續寫《關於堯、舜、禹的傳說》。

決定下月一號出發到河南工作。下午到人民劇場聽謝鑫鶴同志講黨課《黨的性質》。

廿六日,上午看報,同作銘談。下午繼續寫《關於堯、舜、禹的傳説》。

廿七日,早到醫院打針。到所時八點二十分。看報後,爲《關於堯、舜、禹的傳説》加注。下午開始寫《關於有巢氏、燧人氏、伏羲、女媧的傳説》。晚黨團開會,討論前日所聽《黨的性質》。

廿八日,上午看報外,繼續寫《關於有巢氏、燧人氏、伏羲、女媧的傳説》。下午學習。

廿九日,早到醫院打針。到子衡家一談。想訪尹達同志,到所中打電話不通,遂回家。下午給柱子寫信一封。

三十日,開始寫《關於神農、炎帝、黃帝、太皞、少皞、帝顓頊、帝嚳的傳説》。下午尹達同志來談。

三十一日,早到醫院打針,又檢查身體。到所九點已過。寫完《關於神農、炎帝、黃帝、太皞、少皞、帝顓頊、帝嚳的傳説》。與靳尚謙同志談明日出發事。

四　月

一日,上午到所,結束各事,預備下午九點動身。又到醫院問優散痛性質,遂回家。又到新街口買鞋。午飯後午眠,周振華來電話,説有緊要任務,今日不能動身,詳情當與尹達所長聯繫。與尹達打電話,不通,又到所,再打電話,通。未幾尹達來談,説由陳毅副總理向科學院要關於軒轅及蚩尤材料,院方把任務分配給歷史一所及本所,商酌讓我來搜集,我答應搜集西漢以前材料。二日,開始搜集,並命周振華寫卡片。

二日,搜集關於黃帝、蚩尤史料,並命周振華抄寫。

三日,繼續搜集史料。

四日,繼續搜集史料。

五日,上午理髮,領小江到動物園游。下午在家中室外勞動。今日天氣很好,但在太陽下,已覺熱。

六日,繼續搜集史料。上午遼寧大學一李同志來談古史問題。晚飯後到蟾宮看《烽火的歷程》電影。今日下午工間操後開會傳達關於阿聯和伊拉克鬥爭的報告。

七日,繼續搜集史料。

八日,繼續搜集史料。上午叔雅的夫人及膺中的夫人同來,知叔雅與膺中已經全作古人,不勝感慨。

九日,繼續搜集史料。

十日,繼續搜集史料。上午新吾來談。下午佩青夫婦來談。

十一日,繼續搜集史料。上午九點到北京飯店聽陳毅副總理作報告。決定十四日啟程往河南。

十二日,終日風不小。上午往訪立庵,與談叔雅夫人售書畫古物事。返寫信與叔雅夫人一封,白壽彝一封,又寫給杭岐一封。下午購《明清小説研究論文集》一本,看一部分。

十三日,搜集史料工作大致完畢。

十四日,上午到所把史料卡片交盧兆蔭同志轉送給尹達同志。午間回家。本意雇三輪到車站,但六點剛過盧兆蔭及周振華又坐汽車來送,只好坐汽車往。正點爲七點五十分開,但不知何故開車時已晚廿幾分。同室的為一程同志,嵩縣人,為一老紅軍。

十五日,到鄭州,八點半許,住新建旅社。往文化局接洽,陳局長病,未上班,見一游同志。出到紫金山公園小游,到一飯館吃飯,振華因昨晚吃過多,不餓,未吃。雇三輪到文物工作隊,大家都往文化局聽報告,僅許隊長及另一同志在家。陳列室鑰匙由聽報告同志帶去,故未能參觀古物。步行回寓未到三點。已覺累,後休息而已。天氣比北京暖的多。

十六日,昨天下午即起風,又終夜風,今日溫度減低。早餐後又與振華同步行到文物工作隊看古物。畢到省府,訪吳省長,因開會未遇。回到車站附近,午餐。後回旅館小休息,即上火車到洛陽,開車三點卅五分,到時七點半許。雇三輪到本所工作站。因只有一三輪,振華坐公共汽車往。到時,站中同志正在開工作會議。寢時約在十點半後。

十七日,上午由趙芝荃引導,往游周公廟公園、王城公園,又過穀水,看文物工作隊所計劃開辦的墓群。他們要選各代典型的墓廿坐,移來建成三排,內均照舊建築中安電燈,可便參觀。外建同式的墓門以一觀瞻。周圍建長廊,鑲嵌所搜集的墓誌數千方。現已搜集千數方,堆集田間。復回穀水此岸,到小屯工作人員寓所,□①小息,即往見省工地,為一龍山遺址。返小屯,午飯後,回站,午睡。起由高天麟引看東乾溝陶片。晚飯後,開會,研究工作,發言不踴躍。

十八日,上午由陳九恒同志引導,游關林。現因廟設博物館。

———————————

①編者注:原稿此字污損。

内各代出土文物還不少。其所陳列書畫頗平凡無足觀。下午未出,翻閱所抄河南各縣史料及民國時所纂《鞏縣志》。

十九日,今日星期,在十里鋪勞動鍛鍊的同志都進城來談,後夢家也來談。寫一信與所方,一信與家中。晚與同志談夏虛考查問題。談後只有陳公柔同志説幾句話,別人都不肯發言,相當失敗。與將同往的段守義同志談。

廿日,上午又看一次東乾溝陶片(同周、段二同志)。將十一點雇三輪到金谷園車站上車,再返鄭州。芝荃同志送至車站。十二點許西車到,上車。三點餘即到鄭州,住泰豐旅社。風又不小。

廿一日,早五點起,到對門回族飯店吃早飯,畢到汽車站,坐車往登封。今日風大,且微雨數點,所坐卡車,無棚,很冷。我因穿衣多,兼與司機同坐,還不冷。周、段二同志,當我問他們時總説不冷,到後才説實話很冷。路起伏很大。有一節聞因土質不好,麥苗較次。路經密縣城。前半村落很稀,後半較多。過中嶽廟,未能入覽。七點半開車,九點半許即到。上下車時因尋人夫不容易,行李均由我及周同志自拿。至登封,住於人委會招待所。本擬午飯及休息後往嵩陽書院看漢柏,但因為風不停,同志等全未帶棉衣,溫度太低,怕受病,遂中止,下午談論而已。晚與文化館丁館長及一龔同志談將來的工作及請幫忙事。因明早可能有霜凍,他們二位還要往參加防霜,遂將原擬細訊公社詳情等事暫停。先往禹縣的方酉生、丁振海、郭柳圻三同志已於前兩日趕到登封。到外面工作,尚無所得。

二十二日,夜間防霜,縣廣播站曾作三次廣播:第一次約在十點鐘後,號召群衆及幹部努力預防;第二次約在三點鐘後,接到全省氣象通知,因仍有二三級風,霜凍預防解除,縣站也說霜凍威脅已較輕微,預防群眾可回家休息,但不能不防氣象變化,每指揮部須留一二人繼續觀測,並隨時與縣站聯繫,縣站也留有繼有人員收聽各指揮部報告;第三次約在五點,因風又停止,溫度繼續下降,仍有霜凍危險,號召群眾及幹部再起繼續防範,必須到八點鐘,才能完全解除。這些組織很完善,其他地方應向登封看齊。早飯後,工作分三組:方、郭一組,周、段一組往宋家溝五渡河北岸,得龍山陶片很豐富,範圍也很大。河西岸得殷代陶片,範圍較小。後又往黃樓尋找,無所得。這些區域全是複查縣文化館所普查過的。我同丁振海同志僅到中嶽廟及嵩陽書院一游。上午到中嶽廟,廟規模宏偉,漢柏聽說有數十株,有北魏碑,剝落過甚。宋碑很多,有乾興、開寶及其他年月碑。有宋治平元年所鑄鐵人四。主要的建築還未大壞。小房子毀壞已多。現正議修繕。大室漢石闕,在門前不遠。解放前也曾建室保護,但後房頂塌落,闕身反受損傷!現房頂已重新。從前拓漢闕的,偏重文字,對於花紋多未注意。現在文字已較模糊,花紋尚頗完整。應搜求較古文字拓本,再精拓花紋一份,用珂羅版加精印出,此後即以此本為標準,不得再拓以免損壞更甚。廟距縣城約八里,方向東南。游後已將正午,回城內,午飯午睡後,五點許往游嵩陽書院。院在城北四五里山腳下。現為黨校及高師校所在。院內有漢所封大將軍柏,圍聞有七八公尺。中多空。我還是第一次見這樣大的柏樹。有唐李林甫撰文、徐浩所寫的歌功頌德碑。高一兩丈。碑陽有宋、明各代所題刻文字,多斥責李、徐的文字。回城內已將七點。看他們兩組所得的陶片。晚與同志商議,決定明天仍分組到附近工作,後天往告成鎮。

二十三日,午飯後,仍分三組:方、郭一組往宋莊附近工作,他
們兩個又分開工作,方得殷代遺址,郭得龍山遺址,皆采集陶片不
少,並有鄉人贈品;他們二人工作中相失,郭未作記録;周、段一組
到華樓一帶工作,得仰韶遺址,也得多量陶片;我同振海同志再到
城北故城墟複查,僅得戰國陶片數片;又到胡杜墳一帶複查,無所
得,但現在麥苗深,不便檢查,也還不能説縣方原查的必錯誤;時
風很大,遂歸。下半天振海往問汽車票,因我們只往盧店,近程今
日不售票。晚大家商議,決定周、郭二人明日再到宋莊一帶(大
燕莊)補作記録,後日到大金店工作一二日,再到告成。餘四人
從盧店到告成。晚縣人委書記李同志因我等請求,送來縣圖
一張。

二十四日,早飯後到文化館龔同志及丁館長、人委會李同志
處道謝。將九點到公共汽車站,十點開車。約十一點即到盧店。
午飯,但振海因不餓未吃。下午由公社支書及汽車站幫助搭得汽
車到告成。方同志在進寨途中,即見□□①陶片不少。住於登封
縣人民公社告成黨委會中。與支書杜同志談,知此地當抗戰時鬥
争頑強,某同志以三支槍即與敵人巧妙鬥争。共黨僅來三十人,
即發動群衆,與多數敵人抗争,使敵人受重大損失。又到街中參
觀,路很平,上覆沙,達到理想境地。壁畫及詩很多,都好。街兩
行種兩行柏樹。

二十五日,早飯後四人同出到潁水南,登高處,眺望四圍形

──────────
①編者注:原於“見”後空闕約二字。

勢。下後在狹臺地上找陶片，無所得。臺地邊有渠，可以灌田。河中有不少人捉魚，用槍扎，爲我從前所未見。過河，又在河水中，名爲洗脚，實屬蹚水。後遂歸。午飯和午睡後，出到周公測景臺，照像。臺旁現爲登封縣第四中學。遇歷史教員李君，邀入休息飲水。又説學生在校前田中，曾得有石斧，出視，實係石碎，甚喜。也照像。此爲夏虛很重要的綫索。出四人分路，丁、段偏北走，我與方同路，偏南走，尋陶片，均無所得。因爲聽李君説石淙刻石離告成僅三四里，遂往尋。我輩不識路，所走或不下六七里。到時太陽已將入山。因水不能到近處，僅用望遠鏡，見石上有刻字數方。還到寓，天已黑。晚業餘劇團演，我未往觀。今日喉頭覺不適。

二十六日，上午方、段在附近工作，我同振海往東到蕭家溝一帶，並上附近小山包一望。下午我未出，在寓看報。他們三人往潁水南烟莊吳家村一帶工作。大家全日均遇不少漢代陶片，春秋戰國陶片也還時遇，可是最早也未能見殷代的，所以情緒頗低落。

二十七日，早飯後，方、段二人往石版溝工作。我同振海出北門，過四中前，向西，過五渡河到竹園，向西南走，到八方，爲一大村。村有二百餘家，多韓姓。又從此向西北走里許。直到此地，地面相當乾净，連戰國漢代陶片也不多見。今日出，本未抱大希望，故亦無失望。路中遇一韓姓八方幹部邀入村休息，辭之。乃未幾，又引一王姓更重要的幹部來邀往更殷，因天已將午，堅辭，他命韓同志入村提開水，到村頭，邀休息飲水，不便再辭，遂坐破墙頭上，飲水暢談。別後即沿大路回，可是路旁斷岩上遇灰土，稍一掏挖，即得較完整的龍山陶片。前行，灰土不少，又得仰韶陶片,遂引起濃厚的希望。歸午飯、午睡後,我未出,在寓看報。振海又前往工作。將晚,方、段二人歸,收穫纍纍,以爲他們從石版河采集來,乃細問,才知道他們在彼處毫無所得,所采集乃係他們返到五渡河入潁水口西岸上所得,並且説遺址不小。他們所得有仰韶及龍山陶片,後者較多,並有石器。他們所發現區域同我們所發現的相去不遠,可以連絡,希望遂更濃。未幾,振海也回來,所得也很多,同他倆所得性質也相類。又覺得同學校前得石斧處也或者可以連絡。如此那區域就更廣泛,必係當日一都會。大家均大喜過望,以爲禹都的陽城已有眉目! 笑語喧嘩,與昨日情緒大不相同! 將就寢時微雨。

二十八日,早飯後同往五渡河西,看昨日兩組所發現的二處是否同一個,結果是同一的。但河東不見此時期的陶片,不能與學校前的遺址連絡。河西及東均見有不少漢磚,河西更多。下午方、丁二同志仍前往,補作記録並照像。今日天陰,時微雨。我同守義後也將往河西,出寨未遠,雨落較大,遂回寓。正午前後,縣文化館龔同志來,下午同方、丁往河西。我們回時周、郭二同志已自大金店回。兩日工作結果,僅見漢代陶片,無再古的。方、丁、龔回時説對遺址約略步量,東西、南北各約六百公尺。晚商議結果,決定明日方、丁二人往石羊關工作,龔同志同往,餘人留下往河西用探鏟探測以定將來開探溝與否。今日將晚天甚寒。農人望雨很殷,可是雲又已散。

二十九日,晴。午飯後方、丁、龔三人往石羊關工作。其餘四人到八方東大路北坡上用探鏟探測。每坑東西約相距三公尺,上午共作三坑,未完。三坑下均有文化層。不及三公尺即見生土。

下午完第三坑後，又往北近水井處下探，以爲可作三四坑，乃作第二坑已見生土時，探鏟落坑中，無法取出，已將六點，遂收工。郭、周二人往八方南關找一鐵匠，打一鐵鉤，才把鏟取出。二坑下也有文化層，惟第一坑無灰土，僅有陶渣及花土。方、丁、龔回時很晚，得陶片、石器很多，除背包裝滿以外，雇一驢馱回，並還剩一馱，須要明天運回。他們説遺址很大，遺物極豐富。並且獲得品與告成遺址獲得品有相近的性質，就是全屬仰韶、龍山混合而龍山勢力較大。此種相似使人引起更大的希望。決定明日下午三點我同酉生同志到四中講話，後日下午三點到小學講話，下月二日離告成往白沙。

三十日，方同志再往石羊關運古物，並約略度量遺址大小。周、郭仍往八方東鑽探。我及龔也隨往。餘人在寓洗陶片。共鑽二孔：一孔在大路南。在一公尺許得一陶片，此後也無灰土，也無陶渣。到三公尺，還未達到生土，土色也無變化，遂捨去。另一孔在大路北偏東處，麥田很好，象是試驗田，但壠間頗寬，遂在壠間開孔。此孔也無灰土，但有陶渣。今日因郭先往八方給鐵匠送錢，並請其把鏟頭釘牢，鑽探上工較晚，故於第二孔達兩公尺許，天已將午，遂歸。方歸説石羊關遺址長約五百公尺，寬約二百公尺。下午因約三點到四中作報告，遂都未出，僅在寓整理陶片。將三點往四中，但開始時已將四點半。今日聽衆中學小學合一，故開始較遲。我談文獻資料，方酉生談陶石器。今日我又想繼續考查石版河遺址，故昨日所決定出發日期又有變化。

五 月

一日，今日爲五一節，未外出工作，均在寓整理陶片，我也僅看報而已。下午四五點時工作畢，同出到潁水南一游。決定明日派振海到禹縣城要普查材料及地圖，回到花石鎮相會，餘人明日繼續鑽探，作略圖，陶片裝箱，清理一切；後日再選一地方複查；大後天離此地往花石鎮。

二日，飯後共同到五渡河西。前日所鑽探未完之孔，因農民灌溉，已不能再繼續，遂往北鑽探。共鑽四孔：第一鑽二公尺，未見灰土，棄去；第二鑽一公尺五，不見灰土，棄去；第三鑽至一公尺左右，見有夾砂粗陶片，有紅燒土，至三公尺一寸五，未見生土，但砂土無大希望，也遂停下；第四三公寸下有燒土，1公尺55處見炭渣，鑽至3m2時變成淤土，至3m4時無變化，也遂止。我到八方村裏穿一過，見漢磚很多。到村西見路北斷崖，有一漢圈墓已破壞一部分。又走將至村西燒窑處，返。午睡後，大家忙着裝箱，釘箱，直到晚飯時未完。後繼續完。下午曾檢出送縣文化館仰韶、龍山陶片各若干件，殘石器數件；送此間四中仰韶、龍山陶片亦各若干件，考古資料一本；送此間小學仰韶、龍山陶片亦各若干件，同人自磨石鏟模型一件。中學、小學的派人送去。送縣文化館的交與龔同志。晚有四中歷史教員尚貴三、孫星元來細詢陶片詳情。已決定後日出發到花石鎮。此間離白沙四十里，白沙離花石鎮十五里，共僅五十五里。酉生堅持一日走不到，必需二日，我絕不信此話，爭論頗劇。

三日,今日天陰,時微雨。上午無事,往參觀磁廠。廠本造粗磁,如勞動人民用具一類,時私營。現由公營,擴大廠房,也作支援工業一類磁。下午大家預備出發,檢點什物,我無事,閑談而已。晚寢時天已見星。接晞奕信一封。

四日,今日本意七點以前即動身,乃因架子車昨日未訂清楚,今日又有變化,直至十點已過,才真正出發。石、段二人到東邊王村一帶作調查,八點以前先出發。我騎一馬,周、郭步行,行李用架子車運。我們三點剛過到白沙,在北寨南頭食堂內午飯,饅頭用玉米及紅薯麵作成,但紅薯麵有不少沙粒,周、郭等人說是主人故意攙合取利,也很可能。飯畢往訪勞模王秀鸞同志,她正在田中工作。到花石頭時,六點已過。振海已先到,材料僅得二處。縣文化部門前曾拿來材料很多,因我方工作人員急赴登封,未閱即還,此次縣方似有顧慮,不願全拿出,這樣我們的工作要增加困難了。方、段不久也到,王村一帶工作,無所得。住花石頭民兵營部。

五日,今日丁、周、郭往谷水河工作;我同方、段到閆寨工作。花石同閆寨不隔村。寨在鎮幾乎正東。未到閆寨,已見龍山陶片。過閆寨,再東未見陶片。半里餘見一小村,名東崗村,未入村即西返,到閆寨,村頭見一幹部,問①見保護文物幹部王慶昌否,答言未見;詳問,知道他住東崗村,遂又回東崗村,找着他,引看閆寨隊部所藏古物,有漢代陶器多件,龍山陶片及石斧數件。當日大約展覽一時,後因礙事,遂移置他物床下!談話中間,似暗示此

①編者注:"問",原誤作"聞"。

類物可提去,越早越好的意思! 乃向他們宣傳,説這是禹縣尤其是閏寨的光榮,應向公社請款,作櫃存儲展覽。酉生爲二石斧照象後,遂歸。下午休息後,酉生、守義又往工作,我在寓看報。五點餘,丁、周、郭自谷水河歸,説那邊遺址很大,有 1500m×1000m。地面仍如八方、石羊關諸遺址,龍山居大部分,也間有仰韶。今年陰曆正月,考古訓練幹部曾領導學員作實習發掘,開探方一、探坑一。從挖出的陶片看,屬於仰韶的並不少。方、段歸來,也檢得陶片不少。閏寨遺址,據村幹部所畫的圖,東西兩華里,南北一里餘;但據周、丁、郭等報告,他們所得數似乎還有遺失。晚同中學教導主任李同志談,決定明日下午四點往那裏作報告。

六日,終日時雨時止,故同人未能遠出。上午同人在室内整理陶片,我翻閲省文化局登封、禹縣、伊川、洛寧、偃師普查材料。伊川、洛寧最多,各有十三份。登封五六份,禹縣兩份,偃師一份,而禹縣的二份最略。十點許他們工作完,雨也暫停,我同守義走到閏寨河南岸,見有龍山陶片不多。這一帶土質不壞,並且有渠水灌溉,可是麥苗遠不及登封境内;雖已密植,但苗淺,且顏色不正,像是肥施的太少。我們在第十一中學搭火,我們雖能偶吃乾的,可是學生、先生似乎是全頓皆稀! 這邊的農業還需要大加努力。中午休息後大家全忙着裝箱,我不過洗蓋枕毛巾。至四點往十一中作報告。

七日,仍時雨時止。振海獨回告成,運陶片返洛陽,餘人冒微雨,到順店。雇一牛車拉行李什物,我坐車上,他們全步行。花石到順店僅十五里,價到十五元,也嫌要價過貴。住順店五四公社内。將兩點午飯。後因雨同人均酣睡,我叫他們起時六點已過。

晚雨止，天寒，同人又早睡。順店防禦樓很多，足徵此地從前大地主頗多，而封建秩序已難維持。

八日，雨止，但陰，也時見日。上午出到文物展覽會，其文物展覽有若干仰韶陶片、石器，漢代及此後的陶器。餘室中有改革的工具數件。後又到第三中學，與小學原爲一校帶帽的中學，現已分立，但辦公似仍在一起。見任教導主任及楊歷史教員，談，後又來教員多人，約定明日來校談話，但時間未定。歸午飯後，即同出看谷水河遺址。出順店三二里，即入遺址範圍，田間陶片不少。前進見訓練班所掘探溝及探方，燒土層的厚、範圍的廣，均爲我們從前所未見。但訓練班所發掘全未解決問題，並有破壞文物的嫌疑，我等對他們頗覺不滿。又前進多半里，仍在遺址範圍，遂歸，途中遇楊歷史教員及他一歷史教員，來看遺址，乃又返到探溝及探方，他們也挑選陶片多件。返後休息。前日本擬派方、殷、郭從禹縣過許昌、鄭州到鞏縣工作後即返洛陽，我同振華仍由登封原路取路到偃師工作，後到洛陽會合，但因近日天氣變化無常，恐登封、偃師路或不好走，遂決定與三中協商，把談話鐘點定在明日上午，下午即全回許、鄭到鞏工作，乃協商結果，決定今晚談話，談約兩點。

九日，夜起小解時，滿天星斗，但晨起時又陰。早飯後公社用排子車，送我們上汽車站。因爲這幾天由泥未開車，今天才開始開，所以等車的人很多，有幾輛空車過，也不願載人，恐怕客車到，行李大，人多，不容易上去，遂雇一馬車前進。將到時雨，又因拐路下車時雨很大，進路路頗遠，雖有油布遮蓋，行李未濕，可是鞋全踏透。住縣委會招待所，因已兩點半，所食堂無飯，遂到國營飯店,也因不時無他物,僅每人喝一碗或兩碗牛奶。想買雨鞋,不可得,聽説還有,但鎖在倉庫中,以備支持鋼鐵人的用。晚飯,大家到電影院看《不平常的夏天》的影片,我獨留寓中,看報。

十日,終日微雨,亦時止,將晚始停。上午出到文化陳列館,看文物展覽。有從仰韶至明代的文物,頗不少。也有鄭州的陶片及二里崗的的陶片及石器。可注意的是有一從菜坪鄉采集來的石斧,而菜坪並未列有遺址;似遺漏遺址也不在少數。又看鳩山建設及治山二館。鳩山紅專大學建在鳩山附近的天王山上,並非在鳩山本身。出至文教衛生局,其曹□①館長現已下放,見一李同志。看他們的文物資料,才確證前日所記禹縣縣方有顧慮,不肯把資料完全拿出的話爲錯誤,因爲他們僅查得遺址四處,僅閭寨、谷水河二處與我們的調查有關,餘二處均係晚期;此外則與遺址無關。李同志冒雨陪我們出,將看傳爲禹王鎖蛟的石塔,但門已鎖,看守人不在,遂止。此物不問即知其非甚古,但似有藝術上的價值,所以我們也想看一看。登古鈞臺,臺現在第一中學中,爲一小磚石建的臺。此亦近建,但鈞臺在禹縣境内,古無異説,可不必斥責此臺的非古。一中西院兼有舊天寧寺遺留建築,琉璃瓦上蓋尚存,但有損毀。再西隔路有一輝煌建築,現爲醫院用,不知亦屬天寧寺否?據文教局的資料説,傳説普天下有四大天寧寺,禹縣即居其一;餘三均建自宋朝,而禹屬者尤古。出到舊黌學,大成殿現爲工人俱樂部,建築尚完整。院中有一元碑(未找出年月,僅據碑額記),一清康熙廿八年碑。時雨已漸止,遂返寓。接趙

---

①編者注:原於"曹"後空闕一二字。

芝荃信一封。

十一日，上午陰，時微雨。早晨他們往車站打聽往許昌汽車，歸言上午十點有車，問是否出發，答言出發。時留柳圻待購票，乃因彼未知決定，來電話詢問，遂把車站發牌子（領牌子才能買票）事耽誤，以致我們雖如期到而不能上車。此後因路滑，汽車上坡費力，遲至下午四點，才從站開出。後雨較大，公路尚好，於六點許到許昌。尋旅館，因開會人滿，不可得，時茶館招旅舍寄宿，遂往，每人一竹躺椅，有被褥，密排無隙地，也只好止宿。這些天在路中見運焦鐵礦石的，肩挑車推絡繹不絕。晚飯後在車站書亭內購《金星英雄》《增訂簡體字匯》各一本。

十二日，夜中僅矇矓約一小時，餘時不能寐，只好看《金星英雄》。三點半後，大家全起，四點四十分後上火車，五點七分開車。十點餘到鞏縣。站上無轉運人，進城，搬運行李全由自己；大部分行李資料已由柳圻直運洛陽。住招待所內。午餐午睡後，同西生到文□[1]部晤一班同志（杞縣人）。同出到文化館，晤一張同志（盧氏人）、郅同志（曾在洛陽受考古短期訓練）、牛同志。據他們所談，本縣前後對古物、古跡曾檢查五次。關於仰韶、龍山遺址，得塔坡、趙城、塢羅水庫三處。最後一處大約一畝餘，古物豐富，但今年修水庫，幾全部破毀，采集一部分陶片及石器。縣城附近有殷代遺址。羅莊離迴郭鎮，僅一二里，鎮有火車站，往可坐火車。縣城已請准遷於孝義，因彼處工礦業均繁盛，且較現縣址適中。同出到其對門的文物展覽室，藏古物比登、禹二縣皆較多，而

---

[1]編者注：原稿此字無法辨識。

室頗狹。塢羅遺物很多,且有不常見的。遂歸寓。晚張同志來約看劇,我因很倦,八點餘,已就寢,不往。晚同人商議明日上午到縣城附近看殷代遺址,下午到迴郭鎮,視察羅莊是否有夏代遺址可見。

十三日,今日同志中多嫌下午即離鞏太緊,遂改計劃於明天上午走。早飯後張同志來,同出過洛河到神堤北段,看劉鎮華舊居,觀其所經營子孫軍閥萬世之業。現為城關神堤中學校址。所謂殷代遺址,張同志並不知所在,問黨委會及中學各同志均不了了!遂請他們引上邙山頭上,冀有所得,乃終完全失望。下到中學午餐,並少休息,看報,遂出往石窟寺,約四五里即到。佛像破壞不少,但今日保護還周到。此地名寺灣,辦有小學。回寓晚飯後張同志又來約看劇,不好不去,只與他約我十點時就要回來睡覺。演劇的是睢縣的文工團,劇目為新編寫的《白蓮花》。前半演唱還好。我到十點鐘就出來,酉生也跟着出來。

十四日,早飯後即往上火車,路間過宣傳部,見班同志辭別。九點上車,路過孝義、黑石關,到迴郭鎮車站,黑石關未停車。文化館張同志同來。車站離洛河渡口約里許,無人搬運,行李由同人及張同志自運。過河後行李由一架子車代運,人步行,七八里後即至迴郭鎮。鎮北裏灘、外灘麥苗都很好。但聽説去秋洛河曾漲①水,裏外灘都被淹没,外灘新種的桃樹都被淹死!住到鎮黨委會中。午飯、午睡後同出到南羅莊,在大隊部少休息,出前行遇一鄭同志,是黨委派他引導我們看古跡的。同前過清易鎮,到寨

---

①編者注:"漲",原誤作"長"。

溝,時陽光很熾,村小兒有赤身的。我們又在隊部少休息,再前見漢代陶片,但周前陶片在道旁無所見。平地麥苗很好,在外什麼也看不到,又未便入內踐踏,即有陶片也不可見。聽說村人得石斧二,但未打聽出係何人所得,得自何處。時已過五點半鐘,即歸。歸時過北羅莊。到鎮已七點半許。晚餐後,張同志又來約看劇,我因已倦未往。羅莊高望嵩山,北望洛水,平坦的地面還不算太少,似可以容一都會。但今日毫無所得。

　　十五日,今日上午讓他們仍往羅莊附近檢查,不遠離羅莊。分爲北羅、南羅兩組:因昨日偏重南羅,今日上午工作偏重北羅;南羅組除檢查外,應盡力搜索石斧出土地。我未出,在寓看《金星英雄》。將午,北羅組還,無所得,南羅組問得石斧出土地爲南羅莊南二里餘白坡的紅薯窖內。村民挖窖,到深八尺許,見有似灰土層,內有此石斧,餘無所得。振華說細尋附近地面,並無陶片等物。下午我們又全體到白坡,酉生下窖細尋,僅見有深色土,他無所得,將土帶回研究。我又獨扒上原頭,四望附近地形。歸,三點許,天氣很熱。往車站,上車,赴偃師,社中以馬車送至車站,不受報酬。七點許到偃師,住招待所內。

　　十六日,早飯後與酉生到文教局,與一同志同出到文化館,見一專管文物的高同志,看本縣出土文物。後由高同志陪同,全體出到南三里餘的高莊,尋古亳遺址,除酉生在村中坑內得一鼎足外,餘無所得(有漢代陶片)。往西走一二十里,未見古代陶片。過洛河南,漸見陶片。至二里頭村,飲水(午飯在新寨吃)。後到村南里許,見前由五類分子勞動改造時所挖水塘旁邊,殷代早期陶片極多。高同志由聞挖塘時發現古陶片,往視察,遂發現此遺址。塘挖未成,由縣下令禁止續挖,保護遺址。村人言,此遺址很大,南北約三里許,東西更寬。村有一青年名趙法在,係高同志學生,得一石斧,一骨針,一漢代尖底罐。以前二件送本所。時已將五點,兼聞雷聲,北方雲起,遂急歸。至□□①,大雨一陣,入村暫避。後太陽已出,但雨未全止,又冒小雨前行。過洛河直到新寨,路還不難走(時雨完全停)。過新寨後,路極難走。泥黏鞋,不能拔,遂脫鞋赤腳踏泥前行。本僅五六里,而天黑,泥大且滑,遂覺無限遼遠! 八點半許到寓。

十七日,上午九點一刻到車站,將十點開;不到十一點即到洛陽站。下車後雇得一三輪,拉我及行李到工作站。同人因三輪不好雇,公共汽車今日星期等車過久,步行回站。下午休息。晚飯後同郭柳圻到周公廟公園一游。晚與趙芝荃同志談西行應籌備事項。

十八日,上午同振華、振海往理髮洗澡。返後向所内作報告,至晚始畢。也看《金星英雄》若干頁。

十九日,寫家信一封。把《金星英雄》看完。

二十日,早飯後同酉生到洛水邊一游。返同芝荃談向西出發事,下午看報。下午起風不小,溫度驟降低,時微雨。

二十一日,夜間雨不小。早晨時落霧絲。八點出外轉一個圈,泥頗大。下午多雲。與久恒、振華往游龍門。現大部分洞窟路已修好,與我前游時難易不同,且可多看幾處。龍門佛像雖破壞殊甚,而應鑽研瞻仰處仍多。亦到東山謁白樂天墓。東

①編者注:原於"至"後空闕約二字。

山看經寺門鎖，未能進入。到擂鼓臺。至萬佛溝因天將晚未往。

二十二日，晴。九點半後上火車站，但今日火車誤點，到十一點四十分才到。新安、澠池山區麥苗很次。到陝縣時將五點。雇一架子車，二婦女前拉，至城內尚義巷本所工作隊住宿。晚與陽吉昌同志談，將到十一點。

二十三日，上午看本隊所得古物。又由蔣忠義引導，到文教局接洽往雁翎關視察夏后皋墓事，又到南關文化館。時館因陝城將遷移，已正在拆房，入內少坐，見他們所擬購的趙子昂所畫百駿絹畫，亦未知真否。下午三點由陽吉昌引導，往看廟底溝及三里橋兩遺址，中隔澗水，脫腳以過。今日陽光下天氣很熱，但晚仍凉爽，棉衣又上身。

二十四日，上午仍由陽同志引導，看七里堡遺址。據陽同志說，此遺址原分三區：第一區最東爲仰韶遺址；再西爲第二區龍山遺址；第三區在最西，上層有漢代陶片，下層爲殷代遺址。三遺址平列，也頗奇異。下午四點餘往車站，將到雁翎關考查夏后皋問題。同往的有周振華、王國芳（本隊技工）、文化館中一黃同志，五點餘開車，六點餘自交口下車，步行往菜園，大約十一二里，七點半後到。住於菜園鄉黨委會內。

二十五日，天陰。從菜園鄉往雁翎關，有人說距離二三十里，有人說三十餘里，大約兩說均有理：主前說的指從小路走；主後說的指從大路走。路傍一河，小路不離河邊，路崎嶇，但較近。大路轉西南原上，可行大車，但遠五六里。向公社雇一驢，我用它代步。去時大半步行；回時大半騎驢。六點餘出發，十點餘到。到

大隊部少休息;即往探墓,一潘同志爲鄉導。墓在村東南里許,在
山邊一支阜上。我們從北方上,從南方下。北從少高處,再小下
到墓,路傾斜,鄉導走着,似走平地,我們却已惴惴畏懼。南直下,
較平易。墓上有花梨、棠棣及其他叢木數株。鄉人説,墓傍均係
沙土,但墓堆則係細土,無沙粒混合,細察,不謬。現堆有磚瓦
(少量),據説原有一小廟,現擬恢復。古器物全未露頭,所以也
很難辨別墓的真僞。鄉人全傳爲夏侯惇墓,但也叫作王墓墳兒,
也不知爲何王,但説他埋到那裏是爲把守關口。支阜下即一小
村,名南陵村。潘同志説,雁翎關也叫作南陵關。雁南音近,
翎、陵音僅陰陽平不同,傳訛也很可能。潘又説,關在東南約一
二里的山口;他的祖父年八十餘,記得他幼時,關上還有守關的
人(七十餘年前)。鄉人又説雁翎關爲分水嶺,關北水向北流,
關南水即向南流。大約出交口,大路兩旁即有原或山夾持,但
中間還有平川一二里。漸向前,路漸窄,到菜園村,路旁平川當
已不及里。再前更窄,過南縣村,平川將盡;到雁翎關村,水已
成涓涓細流,聽説上不遠即完。關東南通洛寧境。雖多山,尚
屬孔道,故從前有人把守。菜園村有小水電站,所以也有電燈。
聽説它是最早利用水電的一鄉。下午兩點餘下山返菜園村。
六點餘到。小休息,即又步行往交口車站,因爲氣象廣播説明
天有雨,故在菜園鄉未敢多停。九點半車從交口開,十點半許
到陝縣車站,到寓已十一點半。在從菜園村到雁翎關路上將到
南縣處路左有一漢代灰坑,內滿積陶片,有屬桶瓦的,有屬陶罐
的,質均厚,像是專積陶片處。

　　二十六日,起,收拾行李,十一點半往車站,擬由潼關轉車赴

運①城。約十二點半開車,三點餘即到潼關,換車,四點餘即開車過黃河,入山西境。將七點過解州站,見有大廟金碧輝煌,想爲關雲長廟,振華即説:"考古隊的住址爲運城解州關帝廟,莫非就是這裏?"我也疑惑是這裏,但未敢決定,並且覺得行李已發到運城,如在此地下車,無法取行李,遂徑往運城。此時雨落一小陣。至運城,七點餘下車。打聽此地果無"解州關帝廟",關帝廟乃在解州! 住於車站益群旅社。

二十七日,早起到街上一游,走盡北大街,東大街走極小一段。大街中馬路均用磚側立,扣縫斜砌而成,很爲平整。九點半又上車,回抵解州,我們的工作隊果在昨日所見的大廟裏。同志等説昨晚張彦煌又於昨晚動身到陝縣接我們! 使昨日決定在此間下車,何致有此段人力浪費! 午飯後休息。起游覽關廟,有本地一閆君引導講解。據他説此廟初建於陳隋之間,已有一千三百餘年歷史,而此地碑刻最古的僅爲萬曆□十□②年,大殿前鐵人上有嘉靖三十八年的記録,鐵焚裱爐的紀年當爲此廟最早的紀年,也僅爲嘉靖十三年,此廟的建築或在宋以後。他所説的時期未知有無證據。後與張子明談,他報告他們近一個月來所作工作。

二十八日,上午張彦煌自陝縣返,他竟白跑一趟! 看他們近一月考查中所得陶片。下午向張彦煌、張子明談將來工作條件。

二十九日,上午與同人談夏虚考查問題。下午看日本人蜂谷道彦所著的《廣島日記》。

---

①編者注:"運",原誤作"遠",據後文改。
②編者注:原於"十"前後各空闕一字。

三十日,上午繼續看《廣島日記》,至下午才看完。下午及晚參加此間同人的學習討論。接晞奕信一封。

三十一日,早起到城内一游,城内主要大街似爲東西一街,也像運城用磚鋪路。今日一切介紹手續已辦理完畢,計劃明日出發考察,山西隊派徐殿魁同出。可是市黨委開會,號召大家搶收麥,學校放假,機關幹部掃地出門,像我們這些機關,自議如何參加。自下月四日開始,一星期收割完,十日内場打完,十五日内完全入倉。我才感覺到這個時候談考查實在太不識時宜! 不但跑去求公社幫助,人家百忙中無法應付,就是我們自己也怎麼好開口呢? 開始我請求參加收穫,人家因爲我歲數大,不讓去,並且還要一人來招拂我,這怎麼可以呢? 並且我這十幾天中也悶的慌。過了這十幾天,天氣已過熱,很難工作,因此決定提早回北京。明日先到侯馬,參觀後往太原參觀,此後即回北京。

六　月

一日,早起即同周振華、徐殿魁往城東看鹽池。出城就已經望見,但走起來也還有少的路。走到後,看見有一位李同志,據他所談,這裏的鹽原來係硝鹽性質,所以質量不如海鹽;可是拿來製硝,卻是國内無兩,非常的好。解放前國内工業不振,需硝很少,並且鹽池分散在私人手中,資本家急欲牟利,只好製鹽。現在工業方面需硝很多,並且交通方便,青海礦鹽運來不太難,人民不缺鹽吃,所以現在鹽池主要是製硝,僅剩一小部分製鹽,這一部分,每年還要賠錢,只因爲顧及人民需要,不得不如此作。最近將來青海鹽來的更多，即當完全取消製鹽，專製硝，供全國工業的用途。又看到製硝的鋼鍋及鋼版。說是鋼，其實長丈許、寬正四尺的一個大方槽，在槽中火①過後，即放版上烤乾。現時這一切設備全在木棚下，□時②火色很重要，少不小心，就要爆炸，可以傷人，並把棚子炸飛。解放前，池周圍有土牆，防止盜鹽。窮人盜鹽，只要能出牆，即可無事；如在牆內被巡邏人發現，打死無罪；可是貧民太多，仍是結幫冒險偷盜。解放後土牆已無用，已經無人偷盜。回到工作站，已經九點，天氣很熱。吃飯後，收拾行李。向所方及家中均寫信一封，報告即將回京。午飯後同照像，即往車站。兩點半許開車，五點半許到侯馬，住於山西文管會工作站中。與主任暢③文齋同志談，知此地即爲晉國的新田都城。此附近爲晉國的中心地點，所以春秋時的遺址很多。市西四十里許有一地，名九原，出有墓葬，疑即春秋晉國叢葬區的九原。

二日，上午由暢主任及一楊同志陪從到站工作地參觀。站的工作主要是配合八七四（？）機械廠的基建。廠的規模很大，現在才開始建築。先看城牆遺址，地面上尚略見稍高。站曾發掘一段，夯土層還約略可見。次看數正在工作坑，因所用工人絕大多數即爲廠中工人，今日因廠中事務忙，幾全叫回，所以真正開工的不多。遺址均爲春秋或戰國的。很多互相打破。有一片地，出牙器很多，並有些牛馬骨，疑爲當日一製骨工廠。出有一種小圓錐形物，高約二寸，泥質，燒過；上點有很規矩的紅點，或三，或四，或

---

①編者注：原稿此字空闕右半，只寫一"火"字旁。
②編者注：原於"時"前空闕一字。
③編者注："暢"，原誤作"場"，後相同情況不再出校。

五;外有作⑧形的,圈也是多寡不等。出的很多,未知何用;暢主任等疑係當日賭具,也不敢決定。又看兩金代墓,用磚圈建築,磚花有刻的,有模製的,頗工整;上四周有斗拱,中爲一孔,以方磚覆蓋,磚下有鐵鈎,據説此類墓,此方磚下均掛一銅鏡,鈎就是掛銅鏡用的。前門很窄,必側身才能進去;中爲磚臺,臺當門處有缺,與門同寬,進深均約二尺許;臺上即置屍骨,多寡不一;凡此類墓均無棺椁,疑非漢人墓。一墓中有文字,也很幼稚粗陋。葬時爲大安四年。另一墓無文字。還有一墓聽説與前兩墓大同小異,因不容易下,就未再下。這一類墓,據説已出好幾十個,站内即移置一更完好的。時已十一點,即穿西侯馬村回站。午飯、午睡後,又參觀站所得古物,很特別的是出帶鈎範很多,各式各樣,疑係當日製帶鈎工廠。暢主任給我們講解,但他近因頭暈,下午剛往醫院打針回,陳列室中很陰,他後感覺畏寒,即回休息。後由關恩民同志領看一套金時戲劇演員俑,共五人,衣服有彩色;後引看站内所移金墓,也屬同一類型,但正面上層有戲臺。所看俑原即置於臺上,出土時有二人已墜到磚臺面上。晚與楊同志談此間遺址與夏代遺址的關係。補:站内金墓内背面門上寫有買地券,文頗長,叙述墓主購買此建築成墓經過,文爲大安二年所寫。晚即微雨。

　　三日,早起飯後,即往車站。暢主任昨晚惡寒發熱不退,請中醫診視,斷爲傷風,吃中藥一劑,今晨略愈,即起來送,至意可感;又將送往車站,斷然辭謝。關同志送至車站。九點五十八分開車,坐位很鬆。今日時雨時止。將晚車上溫度頗低。臨汾附近爲一廣大盆地。晋中部麥苗較南部爲遜,且尚青,可晚數日收割。晚九點四十八分車到太原,尚落小雨。幸暢主任來有電話,有文管會郭同志用汽車來接，即到迎澤賓館，宿焉。

　　四日，今日仍時雨時止，使人悶悶。十點半後，雨暫止，同振華出到五一廣場旁文化局打聽文管會地址。後到上官巷博物館，將參觀，但時已過十一點，不售票；並且看內容説明，文物部分占很小一部分；問售票人，她説這一部分現時整理，不開放，只好暫歸。博物館地址爲舊日文廟，看前院，亦整理楚楚。午飯後，稍休息，時雨還未全止，冒雨出游迎澤公園。賓館前爲迎澤大街。寬廣，有林蔭，氣勢雄偉，似係新開路，樹還未長大，兩旁樓房也還未蓋齊。此大街南與賓館門相對，即爲公園。今日因雨，幾無游人，僅迎澤湖畔有數冒雨釣魚人。湖南北長，面積很不小。因雨路滑，未窮至南端，但已可望見。由東門出，過并州路，又到五一廣場，看見西北房有一大廟，門前掛牌上字隔路看不清楚，越路往視，則爲博物館第二部，看它的內容説明，則一切文物都在這裏，大喜，遂進入參觀。館址爲呂仙聖祠，規模不小。廟內多傅青主所寫匾對。陳列品很豐富；從舊石器至明清，分期陳列，也很清晰。外有書畫、貨幣、工藝品等陳列。參觀將至六點半閉館時才出。歸，則郭同志三點時來，未遇，留字去，此時第二次來。他説上午因開會，故未來。我們已經決定明日上車回北京，他堅留，不得已，只好允其多留一天。補：上午自上官巷歸時，順便走進百貨商店一覽：樓房三層，很寬廣，但商品不豐富，多空格；即不空之格，看陳列狀況，也嫌拮据。

　　五日，上午到文管會，晤劉主任，劉離石人，是師大畢業生。看會中所藏古物。後由劉、郭兩同志陪從，到崇善寺及博物館第一部院中一游。寺爲明晋王朱棡爲其母馬皇后死後祈福所建，規模極大：現東邊文管會所用房，西邊佛教會所用房，南邊博物館一部所用房，皆原屬寺有。清同治間寺遭大火，張之洞撫晋時，將前部改建文廟，大成殿即占大雄寶殿遺址，所以現寺僅屬原寺的千手眼佛殿的一部。現文廟改設博物館一部。下午再到文管會，與全體同志見面，談山西省與夏代文化的關係。晚文管會請看山西北路梆子戲，戲目爲《斬趙王》。

六日，上午文管會郭同志來，請我們以小汽車游晋祠，力辭以小汽車往，不得，遂去。距太原約五十里，方向西南，小汽車半點鐘即到。晋祠主要爲唐叔虞祠及聖母祠（其母邑姜祠）。又因爲晋水發源處，兼祭水神。此外公輸子、吕洞賓及其他祠還很多。古柏、古槐及其他古樹還很多。後面倚懸甕山。因有水、有山、有古樹，故風景極佳，爲開封、鄭州附近之所無有。惜懸甕山上樹皆初栽，如山林成蔭後，當更佳勝。我們游祠後，又登山，未至頂，約登百公尺許。向下一望，稻田很多。祠外現闢爲公園，有湖，有假山，有各種花木。今日作鄉導的爲郭同志舊同事的王同志。十一點半，歸。下午休息外，未出。晚飯後，往車站，郭同志又來送。八點二十分開車。

七日，今日上午八點過後到北京。盧兆蔭同志用汽車來接，柱子前數日到京，也來接。到家興惜也前數日來，昨日也曾來接，此後休息。晚飯時秉琦來談。

八日，上午八點後往新街口澡堂洗澡。到所時已十一點。與作銘談。下午除與尚謙同志談外，翻閱《歷史研究》(4)數篇。

九日，早晨微雨。往東安市場附近買汽車月票。今日翻閱《歷史研究》《考古》各數篇。也看《紅旗》一兩篇。

十日，早晨仍微雨，下午晴。上午看《紅旗》。下午往北京醫院訪包爾漢及仲良。晚到吉祥看梅蘭芳主演的《穆桂英掛帥》。到家十一點已過；就寢時十二點已過。晚回家時見春書，她已來京兩月，我却第一次見到。

十一日，下午大雨一陣。看《和平和社會主義問題》數篇。因爲昨晚僅睡三點鐘的覺，所以上午非常疲倦。

十二日，寫《河南、山西調查工作簡報》，未完。看《和平和社會主義問題》一篇。

十三日，寫完《工作簡報》。看近日的《科學報》。

十四日，上午同興惜、柱子夫婦、小江到紫竹院公園一游。今日天氣很熱。在公園買到卷十二的《紅旗飄飄》一本。看幾段。

十五日，上午同尹達同志談此次考查經過。下午看《和平和社會主義問題》數篇。

十六日，看裴文中同志所著《第二次大戰前後世界各地對於人類化石的新研究》。

十七日，上午到外文書店取回第三本的俄文《小百科全書》。下午翻檢《四庫書目提要》看西漢人的著作我前次搜集所遺留的還有什麼。

十八日，往訪范文瀾同志，問他是否還能把我的《中國古史的傳說時代》搜出來，他說不容易。與曹聯璞談，請他暫時將此書借給山西隊看一個時間（先去信請他們同意只出借一月後再寄出）。借來《列女傳》及《列仙傳》，把前所搜集的關於黃帝及蚩尤的史料加進五六條。看蘇聯科學院哲學研究所所出的《哲學史》（新譯的）。夜間大雨一陣，下午也落雨一陣。

十九日，上午有人民大學新聞系報刊史教研室副主任黃河同志來訪問關於民國初年和“五四”前後的報刊情況，可惜我知道的不多，並且記憶不清。他借去《猛進》合訂本（僅有上冊），約七月底歸還。上午與周振華談夏代都城問題，才注意到禹都安邑或平陽的說法，《世本》內已有，並不始於皇甫謐。晚看報外，又看兒童讀物《小黑馬的故事》。

二十日，上午看報。下午聽傳達報告，關於節約問題。接方酉生信一封。

二十一日，夜雨，早晨仍微雨，後漸止。上午同柱子夫婦、小江游積水潭。全日翻閱《金陵春夢》，書爲揭露蔣介石惡濁事跡中的第一部（據說將寫出五部）。寫的不好，並有些錯誤，但也有些似屬可信而我從前尚未知的事實。

二十二日，往北京醫院檢查身體，再開始打奴夫加因針。到所時已將十點。看報。下午看《哲學史》。因天將雨遂提前數分鐘回家。下電車時雨已落下。後大雨數陣。晚看《我的第一個上級》。

二十三日，今日除看報外，看第三本的《教育詩》。

二十四日，今晨到醫院打針。想看前日透視和照像的結果，但醫院說還有心電圖未作，只好補作。到所時已將十點。看報。下午又看《教育詩》。與牛所長談工作經過。晚宿舍中開社會主義教育會議。

二十五日，天氣很熱。上午看報外，看《哲學史》。下午看第六期的《歷史研究》。晚看《人民文學》中的《摩雅傣》。

二十六日，早晨到醫院打針。看肺照像及心電圖結果，均屬正常,到所時九點一刻。上午看報,看《哲學史》。下午黨中開會報告中共中央各種指示。下班時雨不小。

二十七日,上午到音樂堂聽郁文同志作《關於黨員的義務和權利》的報告;下午到學部會議室開由張友漁同志主持的高級研究人員坐談會,内容仍爲如何緩和市場緊張問題。下午兩點半往學部時落雨一陣,後晴。

二十八日,再細看第一本的《教育詩》。上午領小江到動物園一游。晚宿舍内開會,討論傳達室用人問題,訂立愛國公約問題,並改選宿舍委員會。早晨往醫院打針。

二十九日,昨晚找腰間所帶的鑰匙,不見,疑爲昨早打針時遺失在醫院中,今早往尋,不見,到所,才知道不過是遺留在辦公室中! 看報外,看《哲學史》。下午開會,討論公社問題及市場緊張問題。接方酉生信一封。

三十日,早晨到醫院打針,遇邵力子,他也是打奴夫加因針的,已經打到第十二療程,據説在睡覺方面有效。上午看報外,再檢查並修改關於黃帝、蚩尤資料的錯誤數處,又添加兩條。下午寫給趙芝荃信一封。看《哲學史》。

七　月

一日,上午上班少晚,至所晚一刻。上午有《新建設》社的王慶成來談。下午看《哲學史》。工間操後牛所長傳達北京副市長關於物資供應的報告。

二日,早晨到醫院打針。到所時已八點四十分。看報外,看

13 號的《紅旗》數篇。寫一對日本人所寫的《〈逸周書·嘗麥解〉考釋》的審查意見。早晚看《敵後武工隊》。

三日,上午看報外,想起《世本》所談禹都安邑或平陽的説法,前些天已經找出來歷,現在又忘準在哪裏,就想找找,可是遍不得!下午僅看《敵後武工隊》。到東四南大街人民銀行辦事處取回賣書價四百三十二元。

四日,早晨到醫院打針,到所已八點廿五分。上午本屬學習時間,我却忘掉,後經周振華提出,乃於工間操後才去學習,係討論如何增産節約事。下午考關於夏代史料。

五日,上午與柱子、小江同游北海,划船,柱子獨划。下午往訪侍峰不遇,同寓人説他移居於其子的二龍路西京畿道五號家中。今日看完《敵後武工隊》。此書文藝水平略與《鐵道游擊隊》相當。它内中的數段也似乎有受後書影響的痕跡。又看《蔡文姬》劇本。

六日,早晨到醫院打針。到所時八點半。看作銘所①寫的澠池縣的考古調查報告及廣武鎮的考古調查報告。又看尹達的《中國新石器時代》。此次調查的典型陶片,已由洛陽站寄到。

七日,上午看報外,同作銘談。下午檢查此次調查所得的陶片。再看《中國新石器時代》。上午希白來談。

八日,早晨到醫院打針,到所時八點十分。看報外,匆匆把《中國新石器時代》翻完。下午翻閲關於西亳的史料及《考古學通論》。接《新建設》社信一封。

————————————

①編者注:"所",原誤作"作"。

九日,除看報外,檢查關於夏而有地名的史料,並抄錄起來。

十日,早晨到醫院打針,到所八點二十五分。工作同昨日。昨晚因看電視内放映的《大雷雨》,睡時已十二點,今日上午覺睏。

十一日,上午學習,討論我們組内如何節約的辦法。下午到市團校禮堂聽黨課,潘梓年同志講《黨的組織原則——民主集中制——及黨員個人與黨組織的關係問題》。昨晚及今日翻閲《銀色的猫》,是蘇聯記者記録訪美印象的小册子。

十二日,早晨雨,後漸晴。上午十點同韓里夫婦、稚岐、小牛、小波、小江同到北海划船。下午未出。早晨到醫院打針。

十三日,今日工作同九、十二日。下午大雨一陣。五點開會,報告如何保證工作人員能以六分之五的時間從事業務事。

十四日,早晨到醫院打針,並因第六療程已完,再次診查。到所九點一刻。工作約同昨日。後看幾頁《考古學通論》。晚看電視中所放映的改編的《望江亭》(關漢卿原著)。

十五日,天陰,後雨漸大。看報外,翻閲《考古學通論》。晚看電視中的蘇聯影片《春寒》。

十六日,黄河同志把借去的訂本《猛進》來還,並約明日來談。把《猛進》所載當日我寫的文字重翻一遍,看看當日所見如何淺薄,想想受病在哪些地方,也是有興趣,並應該作的事。開始寫《本年第二季度調查夏虚的初步報告》。看第十四號《紅旗》數篇。

十七日,早晨看《紅旗》一篇,上午看報後,再看《紅旗》,至下午三點把此期看完。繼續寫《調查夏虚報告》。上午見作銘,請他幫助我選擇應發表的陶片。

十八日,上午到團校聽關於整頓人民公社的報告。報告人的姓名及所屬的公社名字全未聽清楚，但因爲作報告人是有實際經歷的人，所以内容非常生動。下午看報外，開會討論潘梓年所講的民主集中制。散會後，又開會由牛所長傳達關於保密的指示。看《野火春風鬥古城》的小説。

十九日，上午仍到所參加一點大掃除的運動。出到東安市場舊書攤買一部《暴風雨》。下午續看《野火春風鬥古城》。

二十日，今日看報外，看完《野火春風鬥古城》。

二十一日，今日幾終日雨。因爲想在下午陪季芳到北大醫院就診腿痛，所以請假未上班，但下午因雨大，也到底未往。僅在家看《暴風雨》而已。

二十二日，陰，下午漸晴。上午看報，下午翻閱俄文《聯共黨史》（新出的）。

二十三日，今日天氣很熱。看報外，續寫《調查夏虚報告》。

二十四日，昨晚因看郭沫若回憶録的《洪波曲》，它主要是述抗戰初期在武漢時的工作情形，由於當日我也在武漢而見聞比他少的多，所以更感覺興趣。可是因此睡晚，眠不佳，僅入眠三小時。上午黄河同志來談。下午續寫《調查夏虚報告》。

二十五日，上午學習會討論各方面的浪費情形。下午黨小組開會。

二十六日，上午往訪侍峰，他的女人去世已三四月，據他長子説至今没有給他明説，但他不會不想到。據説他前些時鬧情緒，大約初感喪室之痛。現在較好，飯量還好，大約近日不①至於出

---

①編者注："不"，原誤作"还"。

大問題。今日閱《靈泉洞》小説。

二十七日，再到醫院開始打第七療程針。至所時九點六七分。續寫《調查夏虛報告》。大雨數陣。

二十八日，早晨因天陰，幫忙作飯的同志來晚，致到所晚二十五分鐘。續寫《調查夏虛報告》。昨日預報今日有大雨，但今日漸晴。

二十九日，昨晚温度很高，睡的不很好。早到醫院打針，到所時八點一刻。續寫《調查夏虛報告》。下午大雨。

三十日，昨晚十一時許入睡，十二時許秝岐母女來京，起，至今早三時後又入睡，將五時醒，故今日上午頗困倦。仍檢夏史材料，並寫《調查夏虛報告》一段。

三十一日，全日陰。早晨到醫院打針，到所已九點一刻。因查夏史材料，記近日看見一篇辯論西河的文字，乃遍查，終不得！記憶力壞，至以爲苦。

八　月

一日，下午大雨一陣。上午八點半後研究、技術、編輯三組開會研究如何消除浪費問題。下午研究組開會談如何保證六分之五工作時間的時間①。工間操後天氣燥熱，我遂請假未往開會。寫《調查夏虛報告》數行，看《暴風雨》數節。院中供應研究員、副研究員每人鷄各一隻，因上公共車帶鷄不便，遂雇三輪回家。院

①編者注：此處疑有衍字。

中此後供應研究員每人每月豬肉五斤，鷄蛋三斤，鷄一隻，於五日、十五日、廿五日備價往取。

二日，早到醫院打針。回後九點餘，同秔岐母女、柱子、小牛游動物園。下午往訪宰平，爲新吾詢問東洋灸法。看十五號《紅旗》一篇。

三日，上午大雨一陣，終日陰。續寫《調查夏虛報告》。接《新建設》社信一封。

四日，時雨時止。早晨冒雨往醫院打針。到所八點二十五分。續寫《調查夏虛報告》。看《紅旗》文二篇。將下班時仲舒來談。

五日，終日陰。續寫《調查夏虛報告》。

六日，下午雨，至六點才漸止。早晨到醫院打針，到所九點欠七分。續寫《調查夏虛報告》。雨六點後又大下，回家在北池子北口等車時，正碰上，下身衣（上身有傘遮蔽）履盡濕。

七日，漸晴。續寫《調查夏虛報告》。下午伯洪同志來談。

八日，上午到長安劇園，聽薛暮橋同志作《關於社會主義經濟問題》的報告。下午到所看報，開黨小組會，討論我的轉正問題，大家給我提意見。

九日，上午到醫院打針。因爲我們的兒女今日全聚於北京，機會不易得，下午全家到大華照像。晚與秔岐談我交心材料及入黨問題，至十二點半，始就寢。

十日，今日上午秔岐同上午回哈爾濱①。寫完《調查夏虛

①編者注：此處疑有誤。

報告》。

十一日，早晨到醫院打針，到所八點五十分。再改報告稿。下午楊作義來談。楊本在西郊工作時舊同人，但我已全忘記！他去以後問雲甫，才知道。雲甫比我大，他能記得，我獨不能記得。他對我説後，我追憶，才有點影子。復《新建設》社一封。

十二日，下午時微雨。寫請求轉正信。

十三日，昨夜終夜雨，上午仍不停。下午才漸漸小，至五六點鐘才停。因雨大到所時已將九點。雖穿雨衣而下身仍濕。上午看報。下午看幾頁俄文《聯共黨史》。開始給《新建設》社寫關於夏文化的文章。

十四日，早晨到醫院打針。到所八點三刻。上午吳汝祚自青海工作歸來談。下午繼續寫關於夏文化的文章。

十五日，上午學習並討論克服右傾情緒，厲行增産節約問題。下午黨内傳達指示，也仍是這個問題。晚同小江到北京展覽館及天文館一帶看月。

十六日，上午文濤來談。下午同桂愉、桂忱、小牛、小波、小江同游紫竹院公園。晚又大雨一陣。

十七日，早晨到醫院打針，到所八點四十分。上午仲良來談。下午金學山來談。繼續寫關於夏文化的文章。

十八日，昨晚睡不很好。今日終日雨，時小時大。到所時已八點二十分。把關於夏文化的文章末一段續完。因雨，提前十五分鐘回家，但此後雨即停。

十九日，早晨到醫院打針，到所八點二十分。上午看報。趙芝荃來談。下午看俄文《聯共黨史》。

二十日，上午仍微雨，下午陰。到所已八點一刻。看報外，爲《調查夏虛報告》加進一點材料。看《聯共黨史》。接魏樹勳自拉薩來信一封。

二十一日，早晨到醫院打針。到所已八點卅七八分。下午對徐茂森盜竊案宣判。看《聯共黨史》。

二十二日，早晨霧，後晴。全天黨中傳達八屆八中決議，並討論。下午秉琦來看陶片。

二十三日，上午仍到所（僅黨員），繼續談八中決議事。十點吃飯。十二點後再開會，至一點餘，始散。回家休息。四點許到廣安門大街買菜籽。

二十四日，上午八點半開會，傳達：1. 康生同志的指示；2. 克服右傾情緒，厲行增產節約；貫徹中央六一指示。下午三點仍開會，報告關於下半年政治工作的意見，關於改進工作方法、提高工作質量的意見。五點散會。秉琦再來看陶片。因恐天雨，提早十分鐘回家。晚雨。

二十五日，上午開會，談昨日所傳達周總理及康生同志指示的意見。下午兩點餘開會，歡迎北大新畢業來所工作的同志（十六人），我也說了幾句話。三點開會，各隊長報告檢查本隊浪費情形。

二十六日，全日開會，討論本所 60—62 研究工作計劃草案。看第八期《歷史研究》兩三篇。

二十七日，全日開會，繼續討論工作計劃草案。八屆八中全會的公報①及決議今日已發表。上午工間操後討論此公報及決

---

①編者注："公報"，原脫，據後文補。

議。科學出版社傅□①霖同志來,對於我的稿子提出幾點意見,有一點提的很好。下午工間操時,與雲甫談糧食問題,爭辯頗烈。他對於抗旱救灾的可能性信心很不足,並有點信浮言。因要八點到學部聽報告,故在所吃晚飯。晚潘梓年同志作報告,指示大家如何展開群衆性的討論。回到家不及十點,但睡時已將十二點。

二十八日,睡不很好。今日仍開會,討論培養研究實習員方案。下午工間操後,秉琦來細檢陶片。上午李子魁來談。晚與唐若愚同志談召集黨員開會。

二十九日,上午在室内學習。下午到紡織工業部禮堂聽張勁夫同志傳達八屆八中的兩項決議。回家時天雨。晚宿舍内黨團員在我家開會,商議宿舍中怎麽能作好衛生及其他各事。

三十日,上午往訪子衡,他已到所中,遂到所與談,又訪仲良談。下午四點後領小牛、小波、小江到官園公園游戲。

三十一日,全日開會,談提高工作水平事。

九　月

一日,上午給黑板報寫一篇《爲什麽帝國主義分子痛恨我們的總路綫、大躍進、人民公社?》。因匆匆交稿,自覺很不滿意。下午到復興門外公安學院禮堂聽周總理及彭真同志廬山會議報告録音。

二日,上午開會,繼續爲改進工作作較深入的研究。下午昨

_____

①編者注:原於"傅"後空闕一字。

日聽録音報告九黨員(實到八人)開會談對於問題的看法,明後
兩日仍將繼續談。

三日,全天開會繼續昨天的坐談。上午牛所長來,對於討論
程序有所指示。惟上午工間操後,此坐談會暫停,因參加隊長報
告會。

四日,上午繼續昨日坐談。下午聽各隊長報告,有林壽晉的
安陽,胡謙盈的灃西,黃展岳的長安漢城南郊,劉觀民的蒙古工作
(主要是遼中京)。

五日,上午九點到學部開坐談會,談八屆八中決議等事。下
午翻閱《十年內戰》,書爲《金陵春夢》第二集。五點開會,傳達院
中通知國慶節應注意各事。晚子衡的四子宇飛與趙芝蓮結婚,
往賀。

六日,十一點鐘,子衡在森隆請客,因爲我昨晚爲證婚人,成
了首席的客人。開飯後已十二點半鐘。回家下車時大雨。四點
後仍有小雨,同柱子夫婦、小牛往看《江山多嬌》電影,編排得很
好。翻完《十年內戰》。

七日,早起時還在微雨,後晴。上午仍開會,隊長報告。我於
最後報告,未完。下午繼續至四點完。此後看報而已。

八日,後半夜又小雨,至十點後始漸止。看俄文《聯共黨史》
的衛國戰爭的末節。

九日,全日開會談各隊中關於思想問題。

十日,全日開會談提高工作問題。

十一日,全日開會談各隊工作計劃(下半年的和三年的)。

十二日,全日開會談各隊工作計劃。但我今日全體未參加:

上午是我想幫助山西隊找一些文獻資料，並有黃仲良來談。下午黨內開會，傳達八屆八中決議文件（上兩次僅傳達大意，未見文件）。看《和平和社會主義問題》第9號文三篇。

　　十三日，上午同季芳、柱子繞道城外，至前門下車步行，至英雄紀念碑前，少息。又走至中山公園西，上車，歸。天氣很熱。下午出買鞋。晚飯後到所，黨中開會，選出席□□①代表，我無選舉權，得列席。

　　十四日，晨同季芳到北京醫院，季芳想檢查身體，看是否能打奴夫加因針，但醫院因檢修房子，新病人暫不掛號，遂先歸。我檢查身體，看是否應繼續打針，醫生說須先檢查肝臟，因今早已吃東西，須明早空肚往檢查，遂往所，到時將十點。看報。下午看《山西通志古跡考》。大雨兩陣，後仍微雨。

　　十五日，早往醫院檢查肝臟。到所八點一刻。與作銘、志敏同車到新歷史博物館參觀，僅盡西漢部分，已將午，遂返所。下午看十七號的《世界知識》數篇，再看《山西通志古跡考》。

　　十六日，上午看俄文《聯共黨史》，看報。下午再看《山西通志古跡考》。晚中開會，傳達學部兩指示，牛所長作檢查。

　　十七日，早晨微雨。到醫院看檢查肝臟結果，還正常，並再開始打針。到所九點半已過。看俄文《聯共黨史》一小段，看報。下午黨中開會，靳尚謙、王仲殊二同志作檢查。

　　十八日，上午看《聯共黨史》一小段，看報。下午黨中開會，夏作銘、王伯洪二同志作檢查。

————

①編者注：原於"出席"後空闕約二字。

十九日，早晨到醫院打針，到所時八點半已過。上午看報外，預備下午檢查材料。下午黨中開會，由我及盧兆蔭作檢查。我所暴露思想問題，引起批評很多，但我的思想還沒有想通。

二十日，上午領小江游北海公園，下午同稚岐、田景發往工人體育場看體運會競賽，回到家，在八點前後。

二十一日，早晨往醫院打針，到所時近八點三刻。看報。下午黨中開會，開始仍檢查我的問題，思想暴露的更清楚，也較前日想的更通一點。後程明軒同志作檢查，但無時間討論，推到明日下午。

二十二日，往參觀定陵的地下宮殿。後又到長陵游覽、飲水。四點後回，六點左右到家。

二十三日，早晨到醫院打針，到所八點四十分許。終日看兩日報及十八號《紅旗》數篇而已。晚黨內開會。

二十四日，今日除看報外，看《中國工農紅軍第一方面軍長征記》。下午兩點至五點餘聽黨中文件的傳達（與歷史三所在一起）。

二十五日，陰雨。早晨到醫院打針，到所時八點三刻。看報外，仍看《長征記》及《中國現代革命史講義》。本說下午兩點半到一、二所禮堂聽楊尚昆同志的錄音報告，但後因擴音器未修理好改期。

二十六日，仍陰雨。到所晚六七分鐘。仍看《長征記》及《革命史》如昨。下午一點到一、二所禮堂聽楊尚昆錄音報告，談八屆八中的反右問題。

二十七日，上午到所中，後又到東安市場，請舊書店代找我所遺失的俄文《列寧全集》第二十四冊。後到百貨大樓購買電石及

兒童玩的小氣球。又到子衡家一談。下午領小江到工業交通展
覽會一轉。

二十八日，早晨到醫院打針，到所時八點半。看報外，看第九
期的《歷史研究》。今日下午三點半慶祝十周年國慶典禮開始，
在電視中參觀。電視僅播劉主席的開幕辭，李濟琛代表民主團體
及工商聯所致的賀辭，蘇聯代表團團長蘇斯洛夫的賀辭。會還繼
續開，但未轉播。晚看《老兵新傳》的電影。

二十九日，上午同仲良談。下午翻閱高爾基所著的《俄國文
學史》。

三十日，早晨到醫院打針，到所時八點三刻。人事科囑分配
所中所得的觀禮券。下午落雨一陣。看十九期《紅旗》三篇。四
點一刻後即回家。

十　月

一日至三日，因係建國十周年國慶放假。一日四點多鐘即
起，吃東西後即到新街口北二條派出所集合，五點半出發參觀典
禮，但至商場北即不能再前進，遂在此處道西參觀。歸未到兩點。
二日早起時在大門外掃地，大汗淋漓。看《人民文藝》內所載短
篇小說數篇。下午五點許領小江到北京展覽館，參觀工業交通展
覽，僅匆匆一轉。三日，早同小江一起到醫院打針。出到東單公
園一游。又到東安市場一轉。出到外文書店，取第四本俄文
《小百科》。歸未到一點。下午霽野來談（他的夫人於一日即來
住家中）。晚同李太太、方仲、桂愉到展覽館劇場看常香玉演

《花木蘭》。

四日，上午十點後到東城蟾宮，看演《風暴》電影。下午霽野及仲良來談。李太太今晚回天津。晚又同晞奕、小江到新街口電影園看《在西雙版納的密林中》電影。

五日，早晨到醫院打針。到所將八點三刻。上午看報。下午改《調查夏虛報告》稿。看《二七回憶録》。

六日，早晨四點打過後，就接魏至的電話説他姥姥病重，我及季芳即起，吃點東西，就到她家。到時她由碧書扶着坐，對付能説不很清楚的話和喝水。時時吐痰。我七點半後回所，至所約八點二十分鐘。九點後接電話説已咽氣，再往，則正在找衣换衣。我也幫不上忙，將午歸。午睡後，往民族文化宮觀“十年來民族工作展覽”預展。

七日，早晨到醫院打針，到所時八點廿分。看報外，把《調查夏虛報告》稿改畢，交周振華重抄一部分。下午到歷史博物館參觀，後半因已過五點，仍匆匆看畢。歸後，聽説晞奕生了一個男孩。

八日，陰。上午看報外，看《波羅的海天空》小説。牛所長説院中布置繼續作檢查，過社會主義關，將至月底，然則今年不能外出作考查了。下午繼續看小説。改技術室所草畫的登封、偃師、禹三縣圖；看《世界知識》(19)兩篇。

九日，晴，但下午五點前後，大雨一陣。早晨到醫院打針，到所八點一刻。上午黨内開會，仍談繼續作檢查事，後又坐談楊尚昆同志的報告。下午到隆福寺街，買一花圈，到明日才能取。餘時繼續看《波羅的海天空》。

十日,今日除看報外,仍看《波羅的海天空》。下午四點左右出取花圈,自送到大羊宜賓胡同,未見義詮,僅見芯芬及訓若、顯廷。

十一日,上午領小江游動物園。下午義詮來,談。看完《波羅的海天空》。晚季芳同我與義詮談他所可承受的遺產事。此事開始我的看法也殊模糊,季芳看的比我清①楚的多。我們勸他細作考慮,到底要走哪條道路? 是要走拿自己的血汗挣飯吃的道路呢,或是仍走靠着先人剝削所得以生活的道路呢? 他去時十一點已過。

十二日,早晨到醫院打這一療程的最末一針,並請醫生診視,決定繼續打針。回所時十一點一刻。看報。下午到學部開保衛總路綫誓師大會。會上潘梓年、劉導生兩同志作動員及檢查結果報告。本所受嚴厲的批評。我個人由於此前對於此次鼓幹勁、反右傾運動的重要性幾乎毫無認識,聽報告後思想大受震動。

十三日,上午黨中開小組會,討論昨日分黨委所提出的兩個問題:保衛總路綫的重要意義;結合本單位或本人的情況檢查有哪些不合於總路綫的行動、言論或思想(大意如此)。下午黨支部開會,討論本所如何從落後的情況下追趕先進單位的問題,決定用一星期或十天的期間,全力籌劃並推動這個本題。晚繼續開會,原定牛兆勳同志作檢討,後改繼續上午討論。

十四日,全日及晚均開會,兆勳同志作檢討,上午尹達所長來。下午及晚大家對兆勳同志作批評。

---

①編者注:"清",原誤作"精"。

十五日,仍全日及晚開會。上午工間操前,劉導生同志來作指示。後兆勳同志即退出,預備再作檢討。大家繼續開會,談對於導生同志指示的意見。下午兩點半後,繼續開會,兆勳同志檢討未預備出,大家醞釀怎樣才能更好地對他提意見。早晨到所遲到五分鐘。晚兆勳同志作檢討。

十六日,陰。早晨到所遲到十分鐘。仍全日開會,給兆勳同志提意見。晚晌停開。

十七日,上午學習劉主席的《馬克思列寧主義在中國的勝利》。下午黨支部開會仍談對兆勳同志提批評事,才知道他上無組織,下無群衆,問題非常嚴重。

十八日,上午九點仍到所,兆勳同志再作檢討,大家繼續批評。至兩點左右,還未散會。我因還未吃午飯,主席命我先歸。吃飯後稍休息,出理髮。

十九日,到所晚五分。九點左右,黨中開一短會布置工作。看報外,看第二十號《紅旗》。寫《輯錄傳說時代的文獻中的史料計劃草案》未完。晚七點再開會,①

二十日,今日除看報外,看加里寧的《論共産主義教育》數篇,《考古》(第十期)數篇。

二十一日,今日除看報外,寫給兆勳同志一大字報稿。將《輯錄傳說時代的文獻中的史料計劃草案》寫完。

二十二日,早晨到醫院再開始打針。到所時八點半。看《和平和社會主義問題》數篇,翻閱徐仲舒的《禹鼎銘□②》。將晚雨,

①編者注:原稿此處以逗號結尾,似未寫完。
②編者注:原於"銘"後空闕約一字。

冒雨往文化部禮堂看《在西雙版納的密林中》及《中國猿人》電影。散場時雨已停,但地上有泥。

二十三日,夜間大風,溫度驟降。到所晚二十分。上午黨中仍開會,給兆勳同志提意見(昨日上午曾開很短的預備給他提意見的部署,談到晚間他作第四次檢討,但言開會時間另行通知。我待至晚六點半未接通知,以爲此會停開,遂往看電影,但會仍開,我今天只好看記録)。下午看報外,看《震撼世界的十日》。

二十四日,早晨到醫院打針,到所時八點二十分。忘記今日上午應集體學習,即在室内看報。工間操時周振華説他學習,我才想起。此後開會,盧兆蔭傳達關於西藏問題的四個報告,並討論。下午仍看《震撼世界的十日》。

二十五日,上午到革命軍事展覽館參觀。

二十六日,早晨到醫院打針,到所時八點半已過。除看報外,仍看《震撼世界的十日》。

二十七日,到所時晚五六分。看報,把《震撼世界的十日》看完。下午看俄文《聯共黨史》數頁。改《調查夏墟報告》排印稿,未完。

二十八日,早晨到醫院打針,到所時八點四十分已過。看報外,看俄文《聯共黨史》。下午黨中開會,討論參加學部所開"保衛總路綫、反右傾重點批判大會"事。有三重點的材料,別人在昨日下午、今日上午已看到,許景元今日午飯時才對我説,讓我下午去人事科看,可是下午即開會,我毫無所知!聽人説最重點爲董謙,餘二人休息時略看材料,才知道爲唐棣華、張鏞。晚飯後,才匆匆翻閲材料,並寫一大字報稿,未完。

二十九日,到所後完昨稿,看報。餘時看俄文《聯共黨史》。後想看郭沫若所著的《奴隸時代》,遍尋書架,未得,不知夾到何處! 晚黨中仍開會,計劃此後如何開會進行,才能使檢討更有力量。接周宛英信一封。寫顧頡剛信一封。

三十日,上下午均在團校禮堂開大會,批評唐棣華、董謙二同志。晚回所黨支部開會,坐談日間開會觀感。

三十一日,早晨到醫院打針,上下午仍繼續昨日大會,批評張鏞、董謙二同志。此後三人表示態度;最後潘梓年同志作總結,指示保衛總路綫、反右傾運動的方針及辦法。散會時已七點半,到家八點已過。

十一月

一日,仍到所,八點半黨支部開會,談論參加此二日的□□□①,散會時已將四點。

二日,早晨到醫院打針。到所八點二十分。黨支部開會,牛兆勳同志作第五次檢討。下午再開會一小時,商議運動進行程叙。後寫大字報。接頡剛復信一封。晚七點尹達同志來作動員報告,散會時九點半。

三日,上午除看報外,完成大字報一稿,寫第二稿,未完。下午兩點開黨團聯合會批評兆勳同志。晚七點鐘仍繼續開會,我回家時十點,會還未散。

---

①編者注:原於"的"後空闕數字。

四日，早晨到醫院打針，到所八點二十分。上午黨支部開會。下午寫完第二大字報稿，餘時看《青銅時代》及檢查所引書。晚醞釀交心工作。尹達來給大家講話，我九點十分出回家，時他還在繼續談。陰，時微雨。

五日，上午看報外，寫第三大字報稿，未完。下午開會靳尚謙同志交心。後又分小組醞釀。晚學習四川、黑龍江、河南三省開保衛總路綫大會，黨委向中央的報告及中央的批示。出回家時快到九點。

六日，早晨到醫院打針，到所時八點二十五分。上午除看報外，完寫第三大字報稿。下午及晚均開會給尚謙同志提意見，頗熱烈。晚飯後看《和平和社會主義問題》（11 號）二篇。出回家時九點半。

七日，上午學習鄧小平的《中國人民大團結及世界人民大團結》及林彪的《高舉黨的總路綫和毛澤東的軍事思想的紅旗闊步前進》。下午工間操前黨小組開會醞釀交心運動，後開大會給尚謙同志提意見。今日小孫十週滿月。

八日，上午同季芳、小江出到王府井大街購物，回時兩點已過。將晚有師大楊剑同志持白壽彝介紹信來談。係想批評錢穆的《先秦諸子①繫年》，請我幫助的。

九日，早晨到醫院打針，到所時八點半。上午看報。下午黨小組開會，盧兆蔭交心。後召開黨內外全體大會，尹達號召大家爲黨內整風大寫大字報，決定明後兩日，一切全停，每日寫大字報

①編者注："子"，原誤作"年"。

至少二十張。

十日，今日寫大字報，勉强寫够十張。

十一日，早晨到醫院打針，到所時八點四十分。上午寫大字報一張。本想再凑幾張，已擬定題目，但後覺太不重要，遂中止。下午翻閱第十一期的《考古》及《先秦諸子繫年》而已。

十二日，上午除看報外，審閱農業科學院所送來的培植水稻的講義，提出意見。下午寫大字報稿，未完。四點鐘後黨中開擴大會，研究出大字報問題將來發展的方向。

十三日，早晨到醫院打針，到所時八點三刻。上午除看報外，完寫大字報稿。下午兩點黨小組開會，陳淮交心。工間操後醞釀給他提意見。聽靳主任談他的經過，知道他思想落伍，顧慮重重，因此交心也很不老實。晚七點再開會給他提意見。九點後回家。

十四日，上午除看報外，學習周總理的《偉大的十年》。下午看《歷史研究》(10號) 數篇。晚兆勳同志作第五次檢查。九點後回家。

十五日，上午楊釗來談。四點半後獨出到太平湖濱一游，湖已闢爲養魚場。餘時看馬卡連珂的《塔上旗》。

十六日，夜因鄰兒啼哭，睡不好。早晨到醫院打針，並請醫生診查。到所十點。學習陳伯達的《無產階級世界觀及資産階級世界觀的鬥爭》。下午開小組會看對伯洪同志的大字報材料，又改討論兆勳同志的第五次檢查。晚伯洪同志作檢查。八點餘即回家。

十七日，今日除看報外，看聶榮臻的《十年來我國科學事業的發展》。餘時看完《塔上旗》。上午工間操後到王府井大街取放大的像片及購物。

十八日,上午除看報外,翻閱《考古學報》兩篇。下午黨小組開會,趙永福同志交心。晚仍繼續給他提意見。

十九日,上午開會同兆勳同志校對事實。工間操後開小組會,看關於徐錫台的大字報材料,並醞釀要給他提的意見。下午翻閱王玉哲的《中國上古史綱》。工間操後黨支部開會布置此星期及下星期的整風工作。看二里頭工作隊的初步報告。

二十日,全日黨支部開會,給伯洪同志提意見。今日風頗大。

二十一日,上午黨支部開會,程明軒同志作檢查。下午購《世界歷史》譯本第一卷,以後翻閱《序言》及“人類初開始時代”的歷史。

二十二日,上午領小江到北海公園一游。下午白壽彝介紹李隆基同志來談。

二十三日,到所晚四五分鐘。工間操前看報,後研究組開會,動員大家貼大字報,幫助黨整風。下午黨支部開會,給程明軒同志提意見。晚繼續開會。

二十四日,上午看報外,到會議室看大字報,未完,但感腳冷,遂出。把大家給我寫的數十張,略看一遍。下午黨支部開會,伯洪同志作第二次檢查,後黨小組開會,醞釀對他的意見。

二十五日,上午伯洪同志再作檢查。以後醞釀給他提意見。下午仍翻閱《世界通史》“舊石器時代”的一部分。晚給伯洪提意見。

二十六日,上午黨團合開會,兆勳同志作檢查。下午黨小組開會醞釀對他提意見。此後看報。

二十七日，上午參加所中招待吉謝列夫同志。下午翻閱《世界通史》中"石器時代"部分及"舊石器時代"一小部分。

二十八日，下午開黨團大會，給兆勳同志提意見，將八點才散會。

二十九日，上午八點半仍到所開會，傳達整風第二階段事項。後開小組醞釀，至十二點一刻歸。午飯後同季芳往參觀人代會大禮堂，柱子在外照拂。

三十日，早晨到醫院再開始打針。到所八點半。看報外，寫大字報稿一張。下午黨小組開會，陳作良交心，後醞釀給他提意見。晚作銘作檢查。看《中國古史的傳說時代》稿。

十二月

一日，到所時晚八九分鐘。上午黨内開會，給作銘同志提意見。下午在室内琢磨交心材料。科學出版社傅同志把《傳說時代》稿全送來。晚交心。

二日，早晨打針。到所八點半，上午開會程明軒同志再檢查。後醞釀給他提意見。下午打電話給出版社傅同志請她來，讓她把所錯排的一頁早日改正。兩點二十分往學部聽尹達同志傳達整風指示。晚再開會，給程同志提意見。回時換汽車月票。

三日，上午開會，討論昨日所聽的報告。下午仍開會，李遇春交心，並給他提意見。下午達三來，立談片刻。晚魏樹勳交心。早晨到所晚十分鐘。

四日，早晨到醫院打針，下電車，跌了一脚，鬢邊微傷。到醫院敷藥,並打一破傷風針。到所九點半。給樹勳同志提意見。下午未往開會。改《傳說時代》稿,晚改稿至八點半,歸。

五日,今日起晚,到所晚一刻鐘。學習胡繩的《又紅又專的問題是世界觀的問題》,施東向的《爲什麼世界觀的鬥爭是當前思想鬥爭中最突出的問題?》,紀耀時的《所謂自由、平等、博愛的口號》。此後即改《傳說時代》稿,至晚八點歸。

六日,九點半後與桂惀、稚岐、田景發、小江同出,我往醫院打針後,同再坐三路汽車,到廣渠門下車,出門又走二三里,沿途多新建設的工廠。歸到家將一點。

七日,今日全日改《傳說時代》稿,至晚八點完畢。

八日,早晨到醫院打針,到所八點三刻。看報。工間操後黨小組開會,許景元交心,並向他提意見。下午繼續開會,徐錫台交心,並醞釀給他提意見。晚仍開會,繼續醞釀給他提意見。

九日,終日給徐錫台提意見。晚陳淮交心。

十日,早晨到醫院打針。今早因家中火不好,等汽車及在醫院皆等候很久,到所已九點二十分。上午給陳淮提意見。下午趙芝荃交心,並給他提意見。

十一日,上午黨小組開會,黨員互相交換紛歧意見。下午繼續開會,談所中方針任務各問題。晚到團校禮堂開黨員大會,潘梓年同志對黨中整風第二階段動員報告。散會到家,十點已過。

十二日,早晨到醫院打針。上午開黨支部會議,坐談昨晚聽報告感想。下午仍開會,仍談所中方針任務等問題。後開全體會,傳達東城區本年徵兵指示及擬整理民兵組織問題。晚看《礦燈》電影。

十三日，上午八點半仍到所開會，布置此後如何掀起此一階段寫大字報的高潮。十點後少討論即歸。看報。下午午睡後往理髮。

十四日，今日寫大字報稿兩件。

十五日，上午到醫院打針，到所將八點四十分。上午寫大字報稿一件。下午與子衡、秉琦、道齡、得志談，將晚與仲良談，均關寫大字報事。

十六日，今日看報外，寫大字報稿兩件，一件未完。

十七日，早晨到醫院打針，到所時八點三刻。上午尹達同志作檢查。下午研究組開會，醞釀對他的意見，晚仍繼續開會。今日始穿皮衣。

十八日，到所晚約十分。除看報外，完寫大字報稿一件，另一件僅開一頭。下午夏、牛兩副所長對於學術路綫作檢查。晚仍開會醞釀提意見，但因今日雨雪，恐晚路難走，告假不參與。

十九日，夜睡不佳。早晨早到所。上午聽吉謝列夫教授講南西伯利亞及蒙古人民共和國考古。下午研究組開會討論三所長檢查。

二十日，上午到醫院打針。歸後，獨出到動物園門前一游。下午同季芳、田景發往看電影《女駙馬》。

二十一日，上午研究組開會，談將來的路綫問題。歡迎下放幹部回歸。下午吉謝列夫教授在歷史博物館講中國的殷文化與西方文化互相影響問題。

二十二日，早晨到醫院打針，到所時八點五十分。上下午均分小組開會，我分入研究群眾運動組，組共四人，上下午均開會。

二十三日，夜風頗大，睡不很好。到所時晚二十四五分。上午吉謝列夫同志來坐談。去時已一點。三點後又開小組會，係群衆運動與對外聯絡組合開。……①接頡剛復信一封。

二十四日，早晨到醫院打針，到所時八點三刻。上午僅看報。下午看《和平和社會主義問題》（十二期）數篇。群衆運動及對外聯絡兩組的討論報告整理出，開會討論補充。

二十五日，看報外，翻閱關於濮陽古跡的資料。看 24 期的《紅旗》文數篇。

二十六日，看報外，看完 24 期的《紅旗》，又看《和平和社會主義問題》一篇。下午兩點開會，聽回所的下放幹部的報告，他們得到公社方面的稱贊表揚，聽到很興奮。

二十七日，上午往訪介眉，又訪侍峰。下午獨出新街口豁子，後進西直門歸。晚看電視中的《降龍伏虎》話劇。

二十八日，上午看報。下午黨支部開會，伯洪同志作第四次檢查。餘時看《世界歷史》。

二十九日，到所晚五六分鐘。除看報外，看《世界歷史》，時時參考俄文原文，知道翻譯錯誤很多。

三十日，上午研究組開會，談有關將來方針的一切。下午寫寄三聯書店的《世界歷史》刊誤表的舉例，未完。工間②操後，再開會，談政治掛帥問題。晚在政協禮堂院中開晚會，有京劇、電影、舞會諸節目。我想看電影的《烈火真金》，遂往。但京劇《荀

①編者注：原稿此處空闕十餘字。
②編者注："間"，原誤作"程"，據前後多處日記改。

灌娘》演完後，已經十點，覺太晚，遂歸。

　　三十一日，全日開會，與群衆路綫組合開，所談均爲關於群衆路綫問題。晚所中開聯歡會。未九點歸。

一九六〇年

一　月

一日，上午獨到紫竹院公園，與糜岐一家相會，游至十二點，歸。下午同小牛、小波同到官園公園，聞有溜冰場，至則未見，歸。晚看電視《枯木逢春》。

二日，上午看電視《回民支隊》。下午獨坐 19 路車，到右安門，並出城游二里餘。晚看電視中的山東柳子戲的《孫安進本》。

三日，上班。上午研究組開會，讀報載外交部復尼赫魯照會、《展望六十年代》、《迎接一九六〇年大躍進》、《學習毛澤東同志的著作》等文。下午繼續開會討論中印邊界問題；工間操後，討論所中工作的問題。晚到中國青年藝術劇院，看《降龍伏虎》話劇。把《世界歷史》刊誤表的舉例寫完，並寫與三聯書店寫信①，

---

① 編者注：此處疑衍一"寫"字。

請它停止售賣此書。

四日，今日有風。上午小組再開會，繼續昨日的討論。下午研究組開會，討論此後三年規劃。後分爲小組，我在殷周組。晚繼續開會。

五日，上午繼續開會，我又參加新石器時代組。下午看報外，看《世界歷史》埃及古王國部分。

六日，今日除看報外，看《世界通史》。晚三組集合開會，各報告其所擬出的計畫。

七日，遲到約十分。上午第二組繼續開會，下午工間操前看報，後仍開會，均討論將來的工作計劃。晚仍開會，但我因胃近日不好，告假。

八日，遲到一刻。看報外，看《世界歷史》。近幾天喉嚨不好，因保護緊，已將愈，昨晚吃一柿子，將睡時又轉劇。今日有一點啞。

九日，上午工間操前看報，後到外文書店取《馬恩全集》14 卷（後檢未見 13 卷），又到市場，購信紙、信封等物。下午黨支部開會，談關於作規劃的問題。

十日，上午出到新華書店，想買大張中國地圖，不得。到大華，與季芳、柱子、晞奕、十週同照象。又買複方甘草合劑壹瓶。下午與田景發、小牛同到新街口電影院看《烈火真金》電影。

十一日，早晨到北京醫院，請檢查，並打針。到所時十點已過。第二組開會討論二組及一組整理出的規劃。下午工間操前看報。後研究小組開會，傳達下一階段工作日程及杜任之犯右傾的材料。晚仍繼續開會，八點半散，歸。

十二日，上午仍繼續開會討論，但工間操前，我不知道，故在室內看報，未往。下午及晚繼續開會討論，後晚會未開。晚及夜微雪一薄層。

十三日，早晨到醫院打針，到所時八點四十分。繼續開會討論，下午仍繼續。工間操後，黨支部開會，研究今晚明日討論程叙。晚研究小組開會，討論工作規劃草案。

十四日，到所晚一刻。繼續開會討論。下午兩點研究組合開會，討論三年規劃。四點許散會，仍分小組開會討論 60 年工作規劃。晚討論至八點半。

十五日，夜雪，終日微雪不止。早晨到醫院打針，到所時九點二十分許。全日繼續開會討論右傾三典型材料，與以批判。晚繼續開會。

十六日，到所稍晚。看報。工間操後，研究組合開會，討論二十日到學部開會時，本所代表盧兆蔭的發言稿。下午到學部一二所禮堂開會，聽一僑務委員報告印尼排華事。晚回所仍開會，討論三典型材料。時有微雪。

十七日，因誤看鐘點，五點即起床。仍到所開評獎會。下午仍開會，但我因室內無火，無法休息，遂請假歸。仍時微雪。

十八日，早晨到醫院打針。今日汽車非常擁擠，且因雪不敢走快，所以我於七點一刻即到汽車站，而九點十分過後才到所。終日開會，討論所中工作綱要。晚開會，係領導方面把給獎等次擬完，再交覆議。八點歸。仍時微雪。

十九日，上午小組仍開會討論工作綱要。下午開大會，宣布評獎結果，並發獎金。我得二等獎，獎名躍進，受之有愧。終日霏雪。

二十日，早晨到醫院打針。後到紡織工業部禮堂開批判三右傾分子大會，全日開會，晚在所中又開會一時。

二十一日，仍續開，但晚未開會。

二十二日，早仍到醫院打針。後到人民大禮堂聽李先念副總理報告第二個五年計劃提前三年勝利完成。下午仍到會聽批判三右傾分子，並聽潘梓年同志報告。晚到所開會討論，至八點半歸。

二十三日，上午大會結束。下午在所中開會坐談。

二十四日，七點起，想去洗澡，七點半澡堂開門，我前十分來到，在前到的已有一二十人！買票後，非等他人洗完不能開始洗，我不願等，遂歸。早飯後，到醫院打針。到百貨大樓買一自來水筆。回，取一理髮館牌子，以為下午再來理髮可不成問題，可是四點許往，仍非再等多時不可，我仍不願等，遂歸。看本年第一號《紅旗》一篇未完。看第一號《世界知識》數篇。

二十五日，到所時八點十分已過。黨小組開會，決定如何進行照鏡子及數同志交心問題，不久即散。看報外，看第一號《紅旗》數篇。下午開會，開始照鏡子。今晚本所同志在歷史博物館開晚會，晚飯提前在四點鐘開。看第二號《紅旗》。五點半往博物館。九點餘即出。入睡時已十二點鐘。

二十六日，到所仍過八點十分。全日開會，大家照鏡子，或交心。晚繼續開會。

二十七日，早晨到醫院打針。到所晚四十幾分。上午仍繼續開會。下午大掃除，我本想小幫忙，但搭不上手，並無工具，遂歸。

二十八日，今日爲舊曆元旦，上午到同宿舍熟人家賀年。下午領小江到北海一游。實甫夫婦來賀年。

二十九日，上午仍繼續賀年。上午子衡來賀年。下午因眼鏡丟掉，到精益配，但它放三天假，三十一日才營業。遂到圖書商場，買一張中國地圖。愛松來賀年。

三十日，早晨往醫院打針。到子衡家賀年。下午到所整理書籍。因俄文《馬恩全集》前曾取回第十四卷，但無第十三卷，疑壓在亂書中，故往整理，但終未找出。

三十一日，早晨往洗澡，上午仍繼續賀年。並到精益，因爲驗光人多，下午才能作。下午又往驗光。出再到圖書商場，買世界地圖一張，《新華字典》一本。到王府井大街外文書店，購《馬恩全集》第十三卷。

二　月

一日，早晨到醫院打針。到所已八點四十分。又開會。工間操後，告假寫思想報告，但終未寫，僅看數日中報紙。

二日，到所晚五分。上工間操後，小組開會，談論二月中工作布置，並討論。下午寫思想總結，未完。四點半後，又開會，談論大家對於評獎的感想。晚黨中開會，談二月內整風工作進行規劃。接桂璋信一封。

三日，早晨到醫院打針，到所時八點半已過。全日研究組開會，討論八年規劃、三年規劃及60年工作安排。

四日，全日繼續開會，更對八年規劃問題務虛解放思想來討論。晚復桂璋信一封。

五日，早晨到醫院打針，到所時八點三十五分。上午研究組繼續開會討論，也開一會布置下午開大會事宜。下午開大會，布置二月份集體編寫工作。晚學習我外交部復尼赫魯信件。

六日，上午繼續學習和討論我外交部復尼赫魯信件。下午一點半與傳說時代資料組同志談下星期開始工作計劃。兩點後黨小組開會談殷周組進行編寫十年考古事宜，及黨員的思想小結。五點提前開晚飯，五點半開始演記錄電影，爲卡佤族、黎族、彝族的風俗習慣。八點半以前完。

七日，早晨到醫院打針。後到子衡家談。回家午飯後，家人往民族文化宮看展覽，我因去過，在家午睡。起後張親家母來，談。家人回後，我出想理髮，但兩理髮館均無位置，遂出豁子一游。

八日，傳說時代資料組開始工作，共十二人。全日忙於安排工作。

九日，早晨到醫院打針，到所約八點五十分。上午傳說時代資料組開始工作。下午仍開會討論尼赫魯及達賴諸人。晚到吉祥劇園看院中爲歡迎及歡送下放同志所演的京劇《雪杯圓》及《三岔口》。

十日，上午看報外，招呼小組工作。下午看《世界通史》。晚黨中開會討論張子明同志轉正事。

十一日，夜中雨雪，將午晴。今日除看報外，餘時改正小組工作。

十二日，早晨到醫院打針，到所時八點五十分已過。仍改正小組工作。工間操後，小組商議躍進計劃。下午仍討論印度邊界及中緬和約各事。晚開大會，李遇春傳達農業部人民公社局長對下放幹部所報告的公社全體概況。八點一刻即散會。接河南省人民委員會通知人代會於二十三日開會，二十二日報到。

十三日，上午工間操前，黨中開會，談寫思想小結事。餘時均改正小組工作。看二里頭工作報告。

十四日，早飯後，想到新街口一帶理髮，因人多，仍未能理。歸家後領小江到月壇公園一游。這一帶是我第一次走到，覺得布置還有可以改善的地方。午飯後，午睡，起，出往西，得一理髮館理髮。

十五日，上午把思想小結寫完。下午翻閱《蘇聯共產黨歷史》，後與小組中人談。

十六日，上午看報外，與小組人略談工作。下午到天橋劇場，聽整風總結大會上文學、近代史、經濟各所的總結及數青年發言。

十七日，到東四工人俱樂部繼續昨日會。上午仍爲青年發言。下午潘梓年同志作總結報告。老科學家發言，我也說了一點。將六點散會。晚有電影，我因累未去看。

十八日，全日整理小組工作。接西北大學寄來張西堂赴文一封，葬期已過，無法弔唁。晚研究小組開會，討論潘梓年同志所作的總結。

十九日，全日改正小組工作。下午有自然科學史研究室的周世德同志來談。接南陽專署來一電報，請出席省人代會。晚繼續昨晚會討論。所中交來北大同學集體所編考古學講義，明日開會討論，隨便翻閱與我研究有關部分。晚風頗大。

二十日，今日風仍不小。上午改正小組工作，並參加考古學講義的討論，我發言後即退席。下午黨中開小組會，稍參加後，即退席，到政協禮堂參加譴責美帝與蔣政權"協議"竊盜故宮重要文物事。

二十一日，上午到所，對小組布置工作。下午在家休息，整理携帶物品。將八點往新車站上車，柱子送往。九點十分開車。二十二日，約十點到鄭州報到。下午無事，在寓看《紅旗》及《和平和社會主義問題》。到紫金山公園一游。二十三日，下午開預備會。廿四日上午正式開會。吳芝圃在北京開會，大會由趙文甫主持。會共開六日，至廿九日下午閉會。

三　月

一日，上午牛蛟來談，後往訪劉鴻文，他往開省委會，不遇。原擬後訪趙文甫，但因他也在忙着開會，遂取消此議。到治理黃河展覽會及農業展覽會參觀。下午往文物隊，見許隊長，談因途中雇不到三輪，往來均步行。歸，整理什物，即往上車。約六點開車（正點爲五點十分）。

二日，上午下車時約七點（正點爲五點半），到家約八點。上午休息，下午上班。小組中又添人抄録，以期早日完畢。

三日，上午看報，看《紅旗》（4號）。下午續看《紅旗》。陳爾駿來談。

四日，看報外，改正小組工作。晚黨支部開會，選舉新幹部七人。我未轉正，爲列席。上午佩青夫婦來談。

五日,上午看報。下午到學部聽劉斗奎同志作杜秘書長在所長會議作的總結的傳達報告,後又作更好地組織人民生活的傳達報告。晚看電視中所演的《海鷹》。

六日,早晨洗澡,上午在家平白菜窖。下午午睡外,又到新街口商場買一塑①料奶瓶。晚看電視中所映話劇《十二次》。

七日,上午看報。下午翻閱《蘇聯共產黨史》。晚討論所長會議總結的報告,名爲討論,實只漫談。接辛樹幟寄來其所著的《我國水土保持的歷史研究(初稿)》。

八日,除看報外,終日忙於幫助小組工作。晚聽林澤敏同志關於北京市整理流動人口辦法的傳達,後黨支部又對於鞏固整風成績,繼續全年躍進的辦法加以討論。接國際書店信説《小百科》又來一本,囑往取。晚回家後又看電視中所映的京劇《百歲掛帥》,覺得很有意思,一直看到底。上床時已十二點。

九日,終日忙於幫助小組工作。

十日,上午到所,結束昨日工作。十點到學部開坐談會。下午在所中開大會,總結此次躍進工作。晚續開。

十一日,上午研究組開會討論此次群衆集體工作等事。下午殷周小組開會討論對象略同。終日風頗大。

十二日,上午繼續昨日下午會。下午集體學習並討論。到外文書店取回第六本俄文《小百科》。

十三日,上午獨出到陶然亭公園一游,樹木大約已長起來,我從前説它整理以後,頗像北海,實則除人工湖近似北海,而岸上地

①編者注:"塑",原誤作"素"。

方寬廣,有耘樹餘地一方面更勝北海。餘時校對《中國古史的傳說時代》的校樣本。

十四日,上午把《傳説時代》校對畢,交還科學出版社,囑它印一刊誤表。下午開全體坐談會,討論貫徹方針任務問題。

十五日,除看報外,終日忙於檢查小組寫成的卡片。晚汪集生到寓來訪,談次,知道他大跌筋斗。像他這樣説話絶靠不住的人,跌筋斗自在意中。今日看《和平和社會主義問題》(□號①)兩三篇。

十六日,工作同昨日,但開始感覺到工作或已走了彎路。接義詮信一封。

十七日,上午繼續前兩日工作。下午看《紅旗》(6號)數篇,續寫《我爲什麼要堅持作工間操?》未完。前所抄有地名的夏代史料,失去第一頁。張彦煌要借抄,因補寫出。

十八日,全日開躍進誓師大會。

十九日,把《我爲什麼要堅持作工間操?》寫完交出。餘時檢查小組所寫卡片。

二十日,上午到歷史博物館聽齊燕銘副部長關於博物院的報告。中午同食堂的同志們歡迎周至珍一起聚餐。下午在歷史博物館還有王冶秋、尹達二同志的報告,但我未往聽。獨出到豁子外游,剛出豁口,即起東門,後微雨,遂返。又過積水潭小游,遂歸。晚看電視所映《共産主義凱歌》的話劇。係揉合丘財康、平陸二故事而編成者。

---

①編者注:原於"號"前空闕一字。

二十一日,終日檢查小組寫成的卡片。午間佩青夫婦來談片刻。

二十二日,終日檢查小組寫成的卡片。

二十三日,終日檢查小組寫成的卡片,開始把經注中無用的各條棄去。

二十四日,上午仍檢查卡片;下午到學部聽張勁夫副院長在所長會議作總結時的發言録音。昨夜睡不佳。

二十五日,上午看報外,仍檢查卡片。下午雖仍檢查,仍因周振華請假,有缺條無人作記録,我也就隨翻閱各禮書,無大進展。

二十六日,上午到中華醫學總會禮堂聽劉文伯同志關於組織人民生活問題的報告。下午開坐談會談此問題。

二十七日,上午到中關村,想看稚岐夫婦,可是他們不在家。出訪趙九章同志。坐談片刻,出,再到稚岐家,見門上仍掛鎖,遂廢然返。後他們進城,據他們説,後一次稚岐當在家,但他們門上常掛鎖,遂致有誤。下午出到新街口,想買一噴壺,但帶錢不够,遂到護國寺一游。今日廟會,人不太多,但買零食小攤附近,仍排隊頗長。

二十八日,全日改正小組卡片。下午許順湛隊長來所,與談,並送他一本《中國古史的傳説時代》。還有一位同他來,大約爲河南文化局内一科員或科長,介紹未清,亦未再問。

二十九日,全日改正小組卡片。

三十日,改正小組卡片。下午兩點五十五分後聽人代大會李富春副總理的報告,但聽的不清楚。晚看《爲了六十一個階級弟兄》電影。

三十一日，上午看報，工間操後集體看文件，仍是李富春同志報告，後討論。下午仍繼續討論，後黨中開會，報告有撞騙人民銀行二十萬元及興起衛生運動事，餘時仍改正小組卡片。

四　月

一日，上午看報，主要是李先念同志預算報告及《論帝國主義是現代戰爭的根源，並論各國人民爭取和平的道路》。下午開大會，仍屬昨日黨中所報告各事。會後又開小組會討論。

二日，下午開黨小組會一點多鐘。餘時除看報外，仍改正小組卡片。

三日，上午復白家大姪女信，並給她寄二十元。下午遍尋菜子，各處或無貨，或已賣完，終不可得。領小江到官園公園一游，時風頗大，不很痛快。

四日，上午打掃屋子；下午改正小組卡片。晚黨中開會，傳達毛主席在天津開會時的指示。

五日，再到醫院檢查身體，到所時已九點四十分。上午僅看報。下午及晚集體學習並討論組織人民生活問題。

六日，全日除看報外，改正小組卡片。晚開小組會，討論二十萬元撞騙案。

七日，全日除看報外，改正小組卡片。晚集體學習並討論譚震林同志的報告。

八日，早晨到醫院驗血及檢查眼部，到所時十點半已過。看報。改正小組卡片。

　　九日，上午工間操後，下午工間操前，黨中開會，傳達保密指示，並討論。工間操後，開大會，傳達並動員。

　　十日，上午在家作衛生工作。下午給振煥寄二十元療病。並給晞奕寄各文學雜誌。宿舍中開大會談辦食堂、用工友及成立公社各事。

　　十一日，上下午均開會談將來保密及治安各工作應如何進行事。

　　十二日，早晨到醫院看結果，一切都正常，並開始再打針。到所時已將九點半。工間操後仍開會繼續昨日的討論。下午整理好幾年沒整理過的抽屜。

　　十三日，全日整理抽屜，仍未完。

　　十四日，早晨到醫院打針，到所九點二十分。上午仍整理抽屜。下午集體學習周總理關於國際形勢的報告並討論。

　　十五日，仍整理抽屜，下午始完。把找出的邵力子及朱家驊所來的勸阻不離"國民參政會"及國民黨的信件交給黨負責人。後稍讀《矛盾論》的一部分。又與雲甫談。

　　十六日，早晨到醫院打針，到所八點二十五分。餘時改正小組卡片。

　　十七日，全日在家作衛生工作。將晚，獨出，順積水潭及什剎後海南沿，游至前海，坐公共汽車回家。

　　十八日，早晨到醫院打針，到所將八點廿五分。看報外，改正小組卡片。

　　十九日，上午看報外，改正小組卡片。下午及晚皆學習並討論技術革新與技術革命問題。

二十日，早晨到醫院打針，到所時將八點廿五分。今日報載有《列寧主義萬歲》一文，讀完，已至下午。後改正小組卡片。接到科學出版社送來《中國古史的傳說時代》的稿費兩千一百九十七元八角。我對此款不能受（因係工作自身已得薪金，不能再受報酬），但當審慮用途。

二十一日，上午看第八號的《世界知識》數篇，餘時看報。下午集體再學習《列寧主義萬歲》。天木來，才知道孟和已成古人！他想叫我替經濟所同人作一幅挽聯，因不擅長，且明日即要，不敢應。

二十二日，早晨到醫院打針，接吉謝列夫來明信片——賀五一節。到所時八點二十分。看報，讀《沿着偉大列寧的道路前進》的社論。下午到人民大會堂開列寧誕生九十周年紀念大會。

二十三日，上午到中關村，開審判三盜竊犯大會。裴秘書長會後發言，也談及城市人民公社的意義及院內的辦法。回家吃午飯，後到所，看報。工間操後知正在開會坐談上午的報告，即往，但未多時即因要大掃除散會。

二十四日，上午到醫院打針，小江同去；出後到東單公園玩一會兒。歸後又出到新街口新華書店問《列寧全集》譯本是否還有書，它僅有兩本，我已經有的，並且說其他書店也沒有書。下午看《敵後武工隊》。宿舍中開大會商議食堂事宜。

二十五日，上午到所後幫助作一點室內清潔事宜。看報。與林澤敏同志談。下午集體學習《列寧主義萬歲》《沿着偉大列寧的道路前進》《在列寧革命旗幟下團結起來》三文件，並提問題。

二十六日，早晨到醫院打針，到所時八點二十五分。接到河南《歷史研究所集刊》一本，翻閱一兩篇。看報。下午到外文書店，取回第十五卷俄文《馬恩全集》。又購第二十七、八卷俄文《列寧全集》，但二十六卷已缺，只好暫待。仍學習昨日所習三文件。工間操後，大家往學新歌，我回室仍看報及《集刊》。晚因今日風，温度降低，我穿衣較少，學習請假。

二十七日，上午再翻閱河南寄來的《集刊》；看報。工間操後聽説下午檢查衛生團（津、滬的）要來檢查，再作掃除工作，我也幫助周振華作一部分。下午因前林澤敏同志囑把在河南同他們意見不同的經過寫出來，遂開始寫，但未完。復吉謝列夫信片一。

二十八日，早晨到醫院打針，到所時八點十分。報未來，看《敵後武工隊》。九點到中山堂，公祭孟和先生，後又送喪到八寶山。因今日未安葬，送至即還。下午看報，看《敵後武工隊》的未完部分而已。李承晚已滾下臺，南朝鮮的群衆反抗美李集團的運動正在蓬勃發展。我首都民衆今日下午在天安門集會支持南朝鮮愛國運動。想美帝還將有挣扎，南朝鮮運動雖一定得最後的成功，但任務仍艱巨。下午遵黨組織命，把所收得稿費到東四南人民銀行另行儲蓄。

二十九日，上午到正誼路團總部禮堂聽潘梓年同志所作學習關於列寧的三文件的報告。下午看報外，把在河南意見不同經過寫完，同我在河南所擬的發言稿全交給林澤敏同志。又因前所寫關於堅持工間操一文不很合適，今日重寫，未完。

三十日，早晨到醫院打針，到所時八點二十分。開會坐談昨日所聽潘同志報告的體會。十一點半散會，看報。下午繼續看報，並把昨日所改寫的堅持工間操一文寫完，交與許景元同志。

五點因明日五一節，提前封門，即歸。

五一六月

五月一日，上午領小江去看韓里，因爲他救鄰居火，傷足。未到，即見他同小牛已能出行活動，甚慰。下午休息，掘地，想在院中作一瓜棚豆架。（早晨曾出想買水果及花盆，在婦女商店前排隊多時，進去後，見有不太好的梨，想買，店員説這是爲病號備的，問我要醫院證明，我遂出，到別櫃，買點糖及餅乾。到護國寺，打聽花盆，花廠人説他們現在也買不着，順承門附近也可能有云云，遂歸。）

二日，早晨到醫院打針。後到子衡家談。歸家時十一點半左右。下午張親家母來。今日禮拜一，因補昨日五一節假期，仍放假。

三日，上班，黨中開會，傳達社會學部開會的指示。餘時看報，《紅旗》第九號數篇。晚在人民大會堂有晚會，我因穿衣過少，工間操後即回家換衣。晚會未完，我因不願坐夜，先歸。出時風頗大（五六級），氣温頗低。

四日，早晨到醫院打這一療程的最末一針。到所時八點三刻剛過。看報，再看《紅旗》內一篇。下午及晚仍集體學習《列寧主義萬歲》一文，並討論。

五日，今日除看報外，看完《紅旗》九號。又看《和平和社會主義問題》數篇。

六日，除看報外，少改正一點小組卡片。下午工間操後，研究組開會交換工作意見。晚黨開小組會,談組織生活問題。近日身體不很好,晚晌不吃藥,睡眠即不能好,情緒頗爲低落。

七日,黨中先開會,報告學部黨委決定事宜。後研究組即開會,互提意見。下午到建國門□□内①開傳達學部所召開的香山會議的經過及指示。

八日,上午看黨中一文件及昨日報、今日報。因韓里已往上海,往音樂學院接小牛、小波來寓。下午未出門,晚又送他們回音樂學院。

九日,北京有百餘萬民衆在天安門開會,支持日本人民反對復活日本軍國主義,我也前往。十點半從所内出發,到松公府夾道南口集合。入場已十二點二十分左右;三點開會。五點少過散會。因人多車輛不通,步行到家,頗覺疲乏。報載赫魯曉夫因美人抵賴其侵略蘇聯領空行爲,却未知其飛行人員未死,而胡亂造謠,遂把全部事實和盤托出,致使美帝慌亂手足,對世界輿論大丢其人,至爲可樂。接孫一楫信一封,並寄回他所借的《中國新石器時代》。

十日,下午有歷史博物館二同志(一杜姓,另一姓忘却)來問關於原始社會及傳說時代的歷史資料如何陳列和説明才可以使主題突出等事項。餘時除看報外,改正小組卡片。晚聽對於核武器防護方法的報告。

十一日,上午除看報外,改正小組卡片數條。下午及晚仍學習《列寧主義萬歲》,並討論。

---

①編者注:原於"内"前空闕一二字。

十二日,除看報外,改正小組卡片。下午五點半後開會傳達關於防火及技術革新等事。

十三日,上午工間操前聽同人討論所擬的技術革新各種辦法。操後看報。下午改正小組卡片。

十四日,改正小組卡片,完成《呂氏春秋》部分,但改抄工作未完成。下午工間操前黨中開會,談組織生活問題中各種事宜。學習《列寧論反對修正主義》,未讀完。

十五日,上午僅作理髮一件事,出去兩次,又等待一點多鐘,但終於理到髮,也很痛快。下午午睡後,領小江到北海一游。晚出買一牙刷,並整理書架,就寢時十一點已過。

十六日,全日改正小組卡片。①

六月②十六日,上午收拾東西,下午坐長途汽車回城內寓所。十七日上午在家休息,下午到所,但由於忘帶鑰匙,而周振華又往幫助農民割麥,不能進屋,遂歸。十八日,開始上班。十九、二十、廿一三天開學部黨代會,我爲列席。廿二、廿三、廿四、廿五四天看前兩期的《歷史研究》及《考古學報》一篇,《和平和社會主義問題》數篇。又看黃展岳所寫關於西漢長安南郊建築的文字,並參考《明堂大道録》。

廿六日,上午收拾住屋後,領小江到動物園一游。門前及園內遇見反對美帝的宣傳隊兩起。下午休息後又領小江到新華書店,購得第一卷《馬恩全集》譯本,至第二、三、四三本,據説已賣完。給小江買兒童讀物三本。又到新街口百貨商店鞋帽部買鞋

①編者注:原稿此後空大半頁。
②編者注:"六月",原誤作"五月"。

一對。午間糜岐、稚岐夫婦及小孩均來。

廿七日,上午到北京醫院請檢查,並打一針。此後打針將就近由轎子胡同門診部作。到所時九點已過。看《參考消息》後,看第十二期《紅旗》。下午工間操後,開會向從麥收回來的同志傳達劉道生、潘梓年二同志在黨代會所作的報告及總結。晚到轎子胡同門診部問,他們打針從上午八點起至十一點止,鐘點不合適。保爾康診療所又已併入新街口北大街公社醫院,也不合適。明日當謀轉到王府大街附近的診療所或醫院。

廿八日,今日看《參考消息》外,全日均翻閱《蘇聯共產黨歷史》(譯本)。讓周振華到隆福醫院打聽是否可把北京醫院的打針轉過他們這邊,回答是可以。

廿九日,早晨到隆福醫院辦理手續並打針,到所時將八點半。看《消息》外,起一大字報稿子,未完。下午集體學習昨日所發表的各國共產黨及工人黨在布加勒斯特所發的公報,及今日《人民日報》對此公報所發表的社論,並討論。

三十日,看報外,上午看許順湛一文及作銘同志所寫的《再論考古學文化的定名問題》。下午開會研究反對官僚主義計劃問題。

七　月

一日,早晨到醫院打針。九點後開會討論作銘同志的文章,對於我的理解很有幫助。下午看報。後仲良來談,鼓勵周振華學俄文。

二日，上午除看報外，九點開會談學習紀念列寧三篇文章的總結，可是我這幾天就沒有作發言提綱，所以無法發言！當趕緊再細看一遍，作出提綱。下午黨中過組織生活，聽幾件報告。

三日，這幾天天氣很熱，所以未能多作事。早飯後領小江到北海划船一點多鐘。下午未出。晚參與宿舍中食堂工作集會。

四日，早晨到醫院打針，到所時將八點三刻。九點後開所務會議，下午黨中開會，談今後改革計劃。

五日，上午看報外，僅與周振華談，分析他的錯誤思想，希望他能深思後改正。下午看郭沫若所寫的《武則天》。鄭振香來談。

六日，前日划船，致髀肉有脱皮處，昨日傷處不結痂，總流粘水，必須不坐多躺，才皆結痂，所以今天僅到所取報，又到醫院打針，即歸。看報及看十三號《紅旗》外，未作他事。

七日，上班。上午看報外，此後翻閱《通鑑》所載武則天事。下午再閱《列寧主義萬歲》文。

八日，早晨到醫院打針，回所八點半已過。因昨晚睡時已過十二點，所以今日精神頗睏。上午及下午睡兩次，才歇過來。看報外，看十三號《世界知識》而已。

九日，今日除看報外，讀列寧的《論對馬克思主義的諷刺和"帝國主義經濟主義"》。

十日，早飯後，全家到動物園一游。九點後回寓。以後及下午主要是爲求理髮而鬥爭。直到下午六七點鐘才算理到！柱子從青島回來。看海倫·尼爾林及斯科特·尼爾林所寫的《今日美國》。

十一日，早晨到醫院打針，到所時八點二十分。看報外，仍看

《今日美國》。看新版《列寧傳略》的序言和最後一章。接伯恭信一封。

十二日，除看報外，看佐林著的《蘇聯外交政策的列寧主義原則》。看完《今日美國》。看《國家與革命》。

十三日，早晨到醫院打針，到所八點四十分。今日繼續看《國家與革命》。晚到南河沿文化俱樂部看電影，晞奕同去。義詮來寓，去時已十一點多鐘，入寢時十二點已過。

十四日，讀完《國家與革命》後，讀《無產階級革命和叛徒考茨基》的在《真理報》所公布的簡本，又開始讀其全本。

十五日，早晨到醫院打針，到所時八點廿五分。上午黨團員開會談繼續反官僚主義運動事。下午看報外，續讀《無產階級革命和叛徒考茨基》。李廣欽來問關於阿房宮遺址事。晚仲殊同志結婚（在本所），本擬參加，但因今日大雨，恐晚歸不方便，遂預致賀先歸。

十六日，早起時有風，天氣很涼。後漸晴，遂又轉熱。讀完《無產階級革命和叛徒考茨基》。讀《大難臨頭，出路何在？》。

十七日，早飯後，領小江到韓里家，知麇岐已從天津調到北京來。又領小牛同小江出復興門，坐無軌電車三四站下車。本意是看莊稼，但這一帶市街間的小片莊稼不能代表廣大農村的莊稼。十點餘即回寓。下午復伯恭信一封。並給他寄三十塊錢。

十八日，早晨到醫院打針，到所時大約八點半已過。全日開會，繼續揭發官僚主義作風及本所的重大缺點。晚方有時間看報。

十九日，今日繼續昨日會。下午工間操後決定大家分工寫大字報。下午大雨一陣，後見日光，但又陰欲雨，恐落大雨，提早於六點前回寓。今日翻閱北大學生集體所著《中國考古學》的商周部分。晚看中國青年(□□①)兩篇。晚又大雨。

二十日,夜又大雨一陣。早晨到醫院打針,到所時八點二七分。看報外,看完第十四號《紅旗》。上午繼續開會,討論過去數②的變化及優缺點等問題,我因來晚不知,未參加。下午工間操前,繼續上午會。

二十一日,全日看《中國考古學》的商周部分。晚就寢時已將十二點。

二十二日,早晨到醫院打針,回所時八點卅七分。全日看完《中國考古學》的商周部分,又翻閱石器時代部分。

二十三日,早晨有寒意,兼有小雨,後晴轉熱。自下午工間操以前,全開會討論《中國考古學》商周部分的寫作,準備對它提出的意見。

二十四日,早晨到醫院打針。回寓早飯後領小江到紫竹院公園一游。下午未出,洗汗衣一件。

二十五日,上午工間操前,開大會傳達學部對於反官僚主義運動的布置。操後看報。下午操前研究組開會談上午的布置及本組應如何進行。操後學習《中國革命及中國共產黨》及《新民主主義論》中關於中國史的部分,又翻閱《考古學報》(1956年)郭院長文兩篇及唐立庵文一篇。

二十六日,上午到醫院打針。上午小組開會……③下午到北

①編者注:原於括號內空闕約二字。
②編者注:原於"數"後有一插入符號,但未見補字,似有脱字。
③編者注:原於"會"後空闕數字。

京劇院聽學部所開反官僚主義繼續動員會。

二十七日，上午北大師生來，聽取我們對《中國考古學》的意見，我們都參加。下午看報外，翻閱《十年考古》的戰國部分。

二十八日，小組集體學習陸定一同志在文藝工作者代表會上所作的報告。下午仍開會學習毛主席關於學習歷史及其方法部分，又學習陳伯達《遺產的繼承》。

二十九日，上午集體學習並討論關於人性論的問題。下午午睡後，到醫院打此一療程的最末一針。回所學習毛主席關於生產力及生產關係問題、關於經濟基礎及上層建築問題、關於階級問題。最後一節未看完，即開始討論檢查刊物應從哪些方面注意的問題。

三十日，上午到民族文化宮，聽潘梓年同志指示複習《列寧主義萬歲》等三篇文章所應注意的要點。回所後看報。下午研究組開會，談論此三篇文章的精神，關於赫魯曉夫在布加來斯特的發言同我們的論點是否有原則上的歧異。會中人大約主張有原則上的歧異，我看不出來，爭論甚力。

三十一日，全日未出門，在寓收拾屋子，洗汗衣，刨地預備種菜等類活動。晚與柱子談昨日爭論，他爲我分析問題，使對看法上有些改變，但根本點無變動。

八　月

一日，上午開大會，繼續上星期六的爭論，我表明我修正的各點並繼續主張的點。下午仍開小組會，繼續爭論。今晚很熱，什麼也不能做。

二日，上午小組繼續開會，學習與爭論有關文件。下午仍開會，爭論前問題未休，但問題已比較集中。

三日，上午仍開大會，仍爭論赫魯曉夫在布加來斯特發言的精神是否與列寧的精神有原則上的歧異。下午小組開會，對於此問題仍爭持不下。

四日，看報外，看十五號《紅旗》文三篇。又重複學習《沿着偉大列寧的道路前進》和《在列寧革命的旗幟下團結起來》。

五日，上午看報。下午盡力看赫魯曉夫在布加來斯特發言在《真理報》內所載的俄文原文。

六日，上午仍看赫氏的發言。下午過黨組織生活。由於在河南開會時想在大會上發言原稿上在"贊成首長報告"前面加入"基本上"三字，遂致引起相當嚴重的誤會，頗出我意料之外。提早吃晚飯，後到東四工人俱樂部，看《戰上海》電影。

七日，上午領小江到動物園一轉。餘時也收拾一部分屋子。學習毛主席《論歷史科學》中的論階級部分。

八日，上午集體複習《列寧主義萬歲》。下午仍開會討論。對於赫魯曉夫發言是否同"三篇"的精神有原則上的歧異問題，我同大家的看法仍有距離，但比前兩天的距離似已較小。

九日，上午看報外，預備答復五個與"三篇"內容有關的問題。下午開會討論。

十日，除看報外，全天都從事檢查 1958 年《考古通訊》中的文章，看它是否有與馬克思列寧主義不合的地方。晚看《〈太陽照在桑乾河上〉究竟是什麼樣的作品?》，才感覺到從前讀此書時思想的落後。

十一日，上午除看報外，工間操後小組開會談檢查刊物思想的結果，我於十二本中僅檢查了四本，成績最差。下午三點到紡織工業部禮堂聽潘梓年同志關於學習"三篇"的報告，還存在着未能理解之處。

十二日，上午看報外，到隆福醫院看耳朵上的小包。下午看何其芳所著《關於詩歌形式問題的爭論》。又看駁巴人的人性論的文章兩篇。

十三日，上午到國務院禮堂聽周總理在文代關於國際形勢問題、國內形勢問題、理論問題報告的轉播（從九點半開始，一點半以後畢）。回所看報。後再看張國民、黃炳所寫《批判王淑明同志的人性論》，覺它還不够有力。接到河南分院寄來《歷史研究所集刊》一份。六點時提前回寓。

十四日，上午本意想同唐若愚同志談談食堂與公社各問題，但他家中無人，遂領小江出往韓里寓，但路上遇見糜岐與小牛、小波，遂同出，後糜岐同小牛回家，我領波、江乘電車，到釣魚臺下車，想看看莊稼，可是釣魚臺爲機關占用，不能進游，遂又上電車，到動物園一轉，回寓。午飯後未出。

十五日，上午研究組開會，研究所中精簡人員問題。散會後看報。下午看報外，又看《文藝報》中駁斥"人性論"文章數篇。

十六日，上午看報外，看所中關於精簡人員所出的大字報。下午看完第十五期的《紅旗》。

十七日，早晨到阜外醫院檢查身體，看應繼續打奴夫加因針與否。醫院説應再檢查膽固醇，明天早晨應不吃東西往檢查。到所時將九點三刻。工間操後仍研究組開會，談論原則歧異問題。下午繼續開會討論。

十八日，早晨到醫院檢查膽固醇，到所時八點廿分已過。看報外，看十六期的《紅旗》。下午繼續開會。晚到音樂堂看河南梆子改編的《武則天》。回到家時十二點已過，就寢時一點已過。

十九日，早晨仍到醫院，看檢查膽固醇結果，據言正常。回至所，九點二十分（在醫院，遇壽彝，談移時）。後集體輪流看《十年考古》稿。我看西周銅器群、夏代的探索諸部分。下午工間操時（因雨未能操）後，討論。

二十日，早晨到隆福醫院再開始打奴夫加因針。到所時快到八點五十分。集體看《十年考古》。工間操後開會討論。下午先開大會傳達國家號召增產糧鋼並節約事。後黨、團、工會分開討論此問題。

二十一日，上午領小江到景山公園一游，並進少年宮參觀。時有微雨。下午與唐若愚同志談食堂與公社問題。

二十二日，早晨到醫院打針，到所還在上班時前。上午看報。下午看《十年考古》稿，並看關於周處墓出鋁材料兩篇。

二十三日，所中集體到革命軍事博物館參觀，八點以前到館前集合，八點半後進內。內容豐富，有點走馬看花，後半更甚。我到下午三點出，軍器一館並未進入。回所中取本日報，即歸。本擬晚飯後往人民劇場看演《滿江紅》，但已覺累，急着早睡，遂不往。

二十四日，早晨到醫院打針。上午看報外，再學習李富春同志的《高舉總路綫的紅旗繼續前進》。午飯後學習陶鑄同志的

《關於過渡時期的規律問題的商榷》。下午小組開會討論。

二十五日，上午看報外，看《十年考古》。下午小組開會，仍討論李、陶二同志的文章。

二十六日，早晨到醫院打針，到所時八點六七分。看報外，僅看第三部分的《星火燎原》。

二十七日，看報外，看《哲學史》。下午過黨小組的組織生活。

廿八日，早晨收拾屋子。到醫院打針。並取回今日報。上午領小江到紫竹院公園一游。下午看報。晚到新街口買牙籤；又到新華書店買《在毛主席周圍》《跟隨毛主席長征》《革命老人徐特立》《跟隨周副主席十一年》，又買《彝山春好》一本。晚讀《革命老人徐特立》，未完。

廿九日，看報外，學習毛主席著作數篇。早晨醒後即讀完《革命老人》。晚讀《在毛主席周圍》。

三十日，早晨到醫院打針，到所時八點二十分已過。工作如昨日。又讀完《在毛主席周圍》。晚讀《跟隨周副主席十一年》，未完。

三十一日，工作如昨日。上午工間操後往外文書店，仍交涉買俄文《列寧全集》第三十六卷事。後到市場買一點食物，又買《賈思勰和〈齊民要術〉》《徐光啟和〈農政全書〉》二小冊子，回來後翻閱完畢。也讀完《跟隨周副主席十一年》。

九　月

一日，早晨到醫院打針，到所時八點半已過。看報外，上午查補《傳說時代》材料兩條,下午到人民大會堂的小會堂聽李富春同志的報告録音。晚與唐若愚同志談公社進行事。

二日,看報外,檢查史料卡片少許。看畢第 17 號的《紅旗》。

三日,早晨到醫院打針,到所時八點半。看報。工間操後小組開會討論與蘇共分歧事。下午繼續開會討論。我與同志們仍有不少爭論。

四日,上午收拾屋子,領小江到北海公園游,回時到新華書店,給他買小書四本。

五日,早晨到醫院打針,到所八點廿分已過。看報外,檢查史料卡片。上午白萬玉病愈來談。

六日,看報外,工作如昨日。上午商錫永來談。下午開會傳達節約糧食。

七日,早晨到醫院打針,到所八點廿分。工作如前二日。

八日,工作如前日。

九日,早晨到醫院打針,到所時八點廿分。工作如前日,作完《戰國策》部分,開始《竹書紀年》部分。

十日,今日仍晚到所一刻鐘。上午工間操後,下午工間操前開會討論反對修正主義問題。下午工間操後繼續前日工作。

十一日,早晨到醫院打針,小江同往。下午到新街口買牙刷、牙膏,還想買一對鞋,但因未帶購貨證,未能買。到新華書店,買韓雪野所著的小說《歷史》一本,《續范亭的□□①》一本。

十二日,工作如前日,開始《管子》部分。下午王新吾來談。

①編者注:原於"的"後空闕二字,應爲"故事"。《續范亭的故事》,南新宙著。

晚到蟾宮,看《征服世界最高峰》電影。

十三日,早晨到醫院打針,回所時八點半已過。上午僅看報。下午到歷史博物館參觀,爲他們提意見數事。遇張政烺、胡厚宣兩同志。

十四日,今日研究組開會,談本所應行整改各事。

十五日,早晨到醫院打針,回所還早。上午工間操前看報。此後全日研究組繼續昨日的開會。

十六日,仍如前日工作,《管子》部分還不完。

十七日,早晨到醫院打這一療程的最後一針,到所時八點三十五分將到。上午看報外,預備下午討論材料。下午研究組開會,討論時代劃分問題。

十八日,上午領小江到玉淵潭公園游,也遇到韓里同他的小孩。下午仍領小江到先農壇,想看民兵運動會。問守門人,才曉得昨日看錯日期,運動會已於上午結束。遂到天壇一游。

十九日,仍如前日工作,完《管子》部分。

廿日,仍如前日工作,開始《山海經》部分。我前工作不够清楚,致抄錄人多作無益工作。

二十一日,上午看報外,仍繼續前日工作。下午學習《實踐論》。也參考《惟物論與經驗批判論》的第二章第四、五兩節。

二十二日,上午看報外,又批《實踐論》,涉獵一遍,但仍未能深入。下午開會討論。

二十三日,上午研究第二組開會,徵集(1)《考古》第九期的稿件,(2)今年内每人寫一篇的稿件。我對於(1)無能爲力,對於(2)承認寫一篇《井田新解》。此後僅看報。下午學習《矛盾論》。

二十四日,上午所中舉行此次學習測驗,共出六題,每人必須作五題。我六題雖都有答,其實仍是答五題。下午所中大掃除,我因家中近來衛生作的太差,因先回家,午飯後,並未休息,即開始掃除,但計劃不好,一下午四間房並未作完。

二十五日,陰,時微雨。上午仍補一小部分掃除,但仍不完全。下午領小江到積水潭一轉。

二十六日,陰雨,天頗寒。上午看報外,上下午均對前日測驗結果,分組開會,自行並互題意見。我前日答復後自覺不錯,經今日互比結果,覺得雖還無大錯,可是簡略、籠統、不明確,遠不及幾個青年同志的答案。經此次評比,獲益不少。

二十七日,上午到學部聽關於節約糧食的報告。下午看報,仲良來談。閱讀《反杜林論》引言部分。

二十八日,今日幾全日陰雨,溫度頗低。看報外,閱讀《毛選》第一卷文數篇。因雨提前在五點剛過,即回家。與雲甫談。

廿九日,上午開大會,牛所長報告此次整風總結。下午研究組開會,討論此總結。

〔這幾天內有一杜理程同志從西安來搜集李自成起義資料,給他寫向劉大年同志介紹片一(此事當日忘記,十月五日補記,故日期不準)。①〕

三十日,上午黨小組開會討論節約糧食及為二右派分子摘帽子事。下午開大會宣布此事,五點前即回家。

———————

①編者注:此為天頭文字。

十　月

一日，上午到天安門觀禮。游行於十二點即完畢，一點半以前，即回到家中。

二日，上午出到新街口及護國寺，買一錢包及鞋。餘時在家給小江講故事。下午四點後糜岐來接我及季芳到田景發家看天安門放烟火。我同小江在糜岐家吃晚飯，季芳則帶飯在景發家吃。晚在景發門前，看民族文化宮及民族飯店的燈火；看天安門前的烟火也正合適。九點前因小江已想睏，即回。

三日，早飯後往洗澡理髮。下午四點後領小牛、小江到中山公園一游，回寓時約七點半。今日補昨天星期日的假期，所以繼續放假。

四日，早晨到阜外醫院檢查身體，以便繼續打針，到所時九點半已過。全日看報外，讀第四卷《毛澤東選集》數篇。下午金學山來談。

五日，早晨到醫院打針，回所時八點二十五分左右。全日看報外，把第十九期的《紅旗》一氣看完，又讀《毛澤東選集》五篇。

六日，早晨由於阜外醫院前天未給我治療證，今天又去問它要。回到所時八點二十五分。看報外，全天讀第四卷《毛澤東選集》。晚……①

七日，早晨到醫院打針，回所時將八點十分。讀《毛澤東選

---

①編者注：原稿此處未寫完。

集》,看報。下午研究組再對學習《列寧主義萬歲》的三篇文章作總結,並討論如何學習第四卷《毛澤東選集》的問題。

八日,今日看報外,全日繼續讀《毛澤東選集》。

九日,早飯後,領着小江出,先到醫院打針,又到東單公園一游,又到百貨大樓給小江買積木。我出去時帶《兒童文學選》一本,可是在往東單公園時電車異常擁擠,書遂遺失,乃到東安市場另買一本,並買 58 年新出的一本,又給小江買《朱總司令①的故事》一本、《動物的秘密》一本、《劉胡蘭》一本。下午在家看報。

十日,今日除看報外,再讀第四卷《毛澤東選集》未完部分。上午大約初讀完畢。下午看十九期《世界知識》。從圖書室買《中國共產黨的三十年》一本、《中國共產黨簡要歷史》一本,翻閱後書一部分。接關宅來信一封,約原北大四館同學在本月十五日中午聚餐。

十一日,早晨到醫院打針,回所時八點半。上午看報,接京師大學堂同學信一封,約於十六日中午在關宅聚餐。十一點後,研究組②開會,研究節約糧食事,我自報再減三斤,爲二十四斤(下午黃展岳來,説所方意見,給我再添一斤,爲廿五斤)。下午僅再翻看《傳説時代》,此本我已翻閱並改誤數次,現在翻閱,仍有錯誤未改,校書如掃敗葉,果然不錯。下午天很陰沉,恐怕下雨,提前於五點後即回家。

十二日,上午除看報外,學習《中國革命與中國共產黨》的前節,《家庭私有制和國家的起源》的第九章。下午到紡織工業部

①編者注:"令",原脱,據實際書名補。
②編者注:"組",原脱,據前後文補。

禮堂聽劉導生同志作學習《毛澤東選集》第四卷的動員報告。畢後到王府井大街新華書店想買一本何幹之的《中國共產黨史》（我原有的遍找不見），但無書，到醫藥公司，購丙種維生素一瓶。

十三日，終日陰雨。上午九點以前雨小停，到醫院打針。看報外，魏效祖來談。下午黨支部開會，傳達節約糧食新的措施。後小組開會，未完。我因怕天黑路滑，提早半點回家。上午曾學習《關於正確處理人民內部的矛盾問題》。給關宅信片一，對十六日聚餐事暫辭。

十四日，上午看報外，翻閱《世界通史》關於舊石器時代部分。下午開大會布置學習《毛澤東選集》第四卷事宜。後又開研究組會討論小組如何保證學習好。

十五日，早晨又雨，後漸止。到醫院打針，回所時八點十分。上午研究組開會，討論學習《毛澤東選集》第四卷意義和計劃。下午黨內過組織生活，仍談同類問題。今日早晨五點即起，學習林彪的《中國人民革命戰爭的勝利是毛澤東思想的勝利》、《紅旗》社論《在戰略上藐視敵人，在戰術上重視敵人》、《〈毛澤東選集〉第四卷介紹》、《人民日報》社論《毛澤東思想是中國人民大革命勝利的旗幟》四篇以備討論。從五點起學習毛主席著作的辦法當堅持下去。下午風頗大，氣溫雖只降低至十一度（室外），但因風大覺很寒。

十六日，早晨五點後起，本擬學習《毛澤東選集》第四卷，可是昨晚忘帶回家。不得已，遂學習阿爾茨霍夫斯基的《考古學通論》若干節。早餐後看見晞奕所買的《毛選》在案頭，遂把《抗日戰爭勝利的時局和我們的方針》及《蔣介石在挑動內戰》仔細地讀一遍。糜岐及小孩回來,遂領小波、小江到官園公園一游。下午休息後略收拾住房。

十七日,五點起讀《毛選》一點多鐘(此後能堅持學習,即不再記)。到醫院打針,回所八點將廿五分。看報。十點坐所內汽車到人民大會堂聽周總理對國內外形勢的報告。散會時三點已過。回所,吃過午飯,已過四點。再看報。精神疲倦,於五點一刻提早回寓。

十八日,上午及下午看報外,翻閱《世界歷史》。下午工間操後看何幹之的《中國現代革命史講義》內關於第三次國內戰爭部分。

十九日,早晨到醫院打針,回所時八點三十五分。看報外,作學習《毛選》討論發言提綱。下午開會討論。

廿日,全日除看報外,餘時均圍繞《中國共產黨的三十年》學習。晚到北京劇場看話劇《以革命的名義》。

二十一日,因昨晚睡晚,又因近數日睡的不很好,睡前服藥兩片。夜睡很好,醒已近六點,故今早未能學習《毛選》。到醫院打針,回所時八點半。上午看報外,翻閱……①,下午黨小組開會,討論周總理的報告。

廿二日,上午開會繼續學習《毛選》第一單元的討論。下午兩點半黨中開會給作銘同志轉正問題提意見。

廿三日,早飯後到醫院打針。後到子衡家問病,他前幾天病痢,現已大癒。又到李遇春寓少談即回。下午同季芳到天橋劇

①編者注:原於"閱"後空闕數字。

場,看《甲午海戰》話劇。

廿四日,上午繼續早晨《毛選》的學習,看報。下午翻閱第7期《考古》。接孫一楫信一封並其所著的《中國古文獻和古代黃河流域的晚期原始社會》。

廿五日,早晨到醫院打針,回所時八點五分。繼續學習《毛選》,看報。前文奎堂的夥計,現在中國書店服務的劉滿進來,兜買舊書,把舊藏圍棋譜及《三朝北盟會編》《建炎以來繫年要錄》殘本的各一本交給他。下午仍看報。學習《毛選》中的《中國共產黨在民族戰爭中的地位》。又讀《歷史研究》5期中的《爲保衛歷史科學的黨性而鬥爭》,讀《歷史科學必須在毛澤東思想的基礎上前進》,未完。

廿六日,上午看報,中國書店的劉同志同一孫同志來,看法文書籍,約明日上午再來取去整理議價。下午開會討論《毛選》第二單元。

廿七日,早晨到醫院打針,回所時八點半左右。看報。中國書店劉同志來把法文書及一小部分中文書捆好取去。下午開大會傳達周總理報告精神,散會後,各小組分別開會討論。晚仍將繼續討論,我請假先回。

廿八日,上午繼續昨日開會。下午仍繼續開會,三點鐘開大會,大家發言表示決心。晚仍開小會,繼續作深入工作。

廿九日,上午仍繼續開會。下午黨支部開大會,各黨員對赴農業第一線表示決心,工間操後開大會表示決心,我也表示可到任何地方去。

卅日,早飯後往醫院打針,小江同往。回收拾屋子和移置器具。下午中國書店劉滿進到寓,取去一部分考古及其他書籍。四點後到紅星電影院看《大家都來支援農業》電影。回寓時七點半已過。

卅一日,今日看報外,翻閱《考古學通論》。又看《歷史科學必須在毛澤東思想的基礎上前進》,仍未完。自今日起上午八點半上班。

十一月

一日,早晨到醫院打針,回所時八點三刻。看報外,看王文清所草《中國歷史》原始社會部分稿。因内引《紀年》,我未見此條,遂翻閱《統箋》《義證》《古本輯校》《今本疏證》諸書,終未見此條。

二日,今日早晨與全日幾全翻閱《意大利共產黨簡史》(除看報外),後再看原始社會史稿,因翻閱尼科爾斯基的《原始社會史》。

三日,早晨到醫院打這一療程的最後一針。回所時八點四十分。看報外圍繞看原始社會史稿翻閱各書。今日天陰,頗寒。近數日睡眠不佳,早晨只好仍六點起。

四日,上午開會,討論如何改寫原始社會部分史稿問題。下午開會仍談到農業第一綫及節約糧食問題。今日晴,温度增高。

五日,上午開會,討論作三年工作總結事。午飯時因無粥,僅供白薯,我未吃,僅把帶來的饅頭乾配一碗白菜湯吃下去。看報。想讀《德意志意識形態》,圖書室無書,外文也找不出,聽説外文書店有法文本,於工間操後提早出去前往,可是他們又已賣完,只好購一俄文本,我看着又要大費力了。

六日,上午早飯後,收拾屋子。與季芳、小江同出到契園看菊花。下午往訪介眉及侍峰,介眉痊癒,可喜;侍峰病更劇,神智時昏時清,不大能説話,很可慮,不過他飲食與睡眠還好,當還能支持相當長的時間。

七日,上午到吉祥劇園,聽宣傳部王仲義(?)同志對學習《毛選》第四集報告。散會時已將一點。回所午飯後午睡。後看報,佩青夫婦來談。

八日,上午看報。下午石興邦、吳汝祚、陽吉昌三同志來談原始社會史稿編纂大綱。

九日,上午到學部開專家坐談會,談國內外形勢、節約糧食、精簡人員等事。下午兆勳同志來談我入黨轉正時思想上應注意的問題。後看報而已。

十日,今日除看報外,參加北大來七八個學生來與本所人員商討原始社會史稿寫法的集會。會散後翻閱《世界通史》埃及部分。

十一日,除看報外,曾看《世界通史》埃及部分,《家庭、私有制與國家的起源》的第四版序言。主要的是看黨內傳觀的《北京工作》(未完)。工作太亂,此後必須力改。

十二日,早晨遲到五分鐘。上午研究組開會,仍談幹部下放思想準備問題。下午黨內組織生活念中央對於農村指示二文件,並坐談有關問題。

十三日,上午出到人民市場,把收音機送去修理,到電視器材供應□①,請他們的修理部派車取電視機修理。到新街口買茶葉,到溝沿口人民銀行把中國書店支票存放,但因過期未能辦。下午給桂璋、徐莊的志三寫信各一封。

十四日,昨晚因十週又發熱哭鬧,睡眠不佳。上午翻閱《家庭、私有制和國家的起源》;看報。下午看完《北京工作》。

十五日,今日看報外,上午曾翻閱第八期的《考古》。下午繼續讀《家庭、私有制和國家的起源》。

十六日,今日看報外,仍讀《家庭、私有制和國家的起源》兩節。翻閱第二十二期的《中國青年》內的兩篇關於解放戰時歷史的文章。因晚上將在政協禮堂歡送此次奔赴農業第一綫幹部,提早將半點鐘回家。晚係學部開會。潘梓年同志及一下放同志講話。

十七日,看報外,讀完《家庭、私有制和國家的起源》。閱《國語》景王鑄大錢條。

十八日,上午再把《家庭、私有制和國家的起源》中關係易洛魁氏族部分讀一下,還有不能完全瞭解的地方。看報。下午開會歡送所內奔赴農業第一綫同志。

十九日,除看報外,午飯後出到中國書店,請他們改支票日期。看孫一楫所寫的《中國古文獻和古代黃河流域的晚期原始社會》。

二十日,上午到人民市場,取還修理的收音機。下午曾領小江到新華書店,給她買幾本小書,我也買一本袖珍《中國分省地

①編者注:原於"應"後空闕一字。

圖》。餘時在家看小説《創業史》。這幾天咯嗽頗劇,明日當到醫
院診視,弄點藥吃。

廿一日,早晨到阜外醫院檢查身體,回所時約九點二十五分。
看報外,仍看《創業史》,完畢。今天風頗大。

廿二日,今晨室外結冰頗厚。上午看報後,寫思想檢查以爲
求轉正工作的預備,寫至下午下班時仍未完。

廿三日,除看報外,學習《毛選》第四卷的第二單元。將晚因
本區停電,提早約半點鐘回家。曾讀第廿二期的《紅旗》一篇。

廿四日,到所晚十分。除看報外,下午吳汝祚來談。繼續寫
檢查完畢。看第廿期《中國青年》內的《戰鬥的道路,勝利的道
路》,未完。

廿五日,早晨又到阜外醫院要治療證(我這一次又忘記
要!),回後,到隆福醫院打此療程的第一針。回所時九點三刻。
上午看報。下午把檢查稍加改正,交給林澤敏同志。看完《戰鬥
的道路,勝利的道路》,又看完《中國人民革命勝利經驗的基本總
結》。今日下午風頗大。

廿六日,今晨五點後即醒,但聽到打七點才起床,實爲多少年
來的第一次,此後當力戒,不能使成習慣。到所約晚十分。上午
開會討論《毛選》四卷第二單元各問題。下午仍開會討論農業指
示十二條。

廿七日,上午僅在家收拾房間及爲小江講《兒童文學選》內
的數段。下午僅往洗澡並看《文學評論》中的數篇。

廿八日,早晨到醫院打針。回所時九點五分。看報外,讀
《反杜林論》中的"內容大要"及各篇字。

廿九日,到所晚十幾分鐘。看報外,再讀《反杜林論》的《引言》,續讀《分類先驗主義》及《世界範疇論》。

卅日,早晨到醫院打針,回所時八點三十五分。上午僅看報。下午開會討論學習《毛選》四卷第二單元有關毛主席戰略思想問題。

十二月

一日,到所時晚六七分。看報外,看第二十二期《紅旗》可以說是一篇。下午讀《反杜林論》中的《自然哲學》四篇,因爲我的自然科學知識貧乏,不能完全理解。晚晌本擬讀未讀完的《紅旗》中的一篇文章,但因電燈停電,看書不便,只好提早睡覺。

二日,早晨到醫院打針,回所時八點五十分。讀《反杜林論》的《道德及法　永恒的真理》一章。看報。下午學習《毛選》四卷中第三單元中文數篇。

三日,上午開會討論農業指示十二條。下午兩點黨小組開會,討論並檢查我的轉正問題,小組內同意轉正,並命我把同志所提出的意見歸納起來作更詳確的檢查。晚同晞奕到電影院看《南征北戰》的電影。

四日,夜間微雪,早晨漸止。早飯後同季芳到高井胡同投選舉代表票。十一點許領小江到糜岐家(韓里往天津省母,不在),在她家午飯。三點後同她母子出,經太平湖附近,現已闢爲公園,尋溫家街舊寓,經過四十年,完全無法復識! 從象來街豁子出內城,沿護城河西行。河內水位頗高,未結冰。過城角後北行,河中有冰。到復興門外，上 19 路車，返寓前到新街口新華書店爲小江買《紅色少年》三册。歸後給她講一條故事。

五日，早晨到醫院打針。九點到文聯禮堂開學部召開的委員擴大會議。發言者有郭院長、潘主任及周揚同志。十二點半後散會。午飯、午睡後，僅看今昨兩天報紙。

六日，今早電車開得極不合理，以致到所晚廿餘分鐘。九點到華僑大厦繼續昨日的擴大會議。發言的有吳辰伯、馮芝生、朱孟實、呂叔湘、金龍蓀五人。下午看報。工間操後研究組開會報告食堂的變動，並請大家提意見。因爲下班時電車太擁擠，不容易上車，提早三十多分回家。

七日，上午擴大會議繼續開會，發言的有包爾漢、賀子昭、秋浦、嚴中平四人。下午仍開會，發言的有魏建功、呂澂、陳放、尹達四人。

八日，早晨到醫院打針。上午擴大會議仍開會，發言的有丁梧滋、李佩蘭、馮展(?)三人。下午在團中央會議室開會，聽田□□①同志對學習《毛選》第四卷的報告。

九日，夜睡的很少。除看報外，繼續讀《反杜林論》中的《道德及法　平等》《道德及法　自由及必然》《辯證法　量與質》三章。提早一點回家(此後如無變化，即不記)。

十日，早晨到醫院打針，到所時八點五十分。研究組開會談《各國共產黨及工人黨代表會議聲明》問題。下午兩點半開全體會，傳達勞逸結合指示，後又坐談(分組討論此問題)。

---

①編者注：原於"田"後空闕約二字。

十一日，今日上午在家。下午四點後風頗大，出到新街口南大街，想配一開門鑰匙，但鋪子無材料，須自己找一舊鑰匙，才能代爲修理。

十二日，起的稍晚。早晨又到醫院打針，回所時大約九點一刻左右。上午看報。下午三點到華僑大廈開學部委員擴大會議的閉幕會。潘主任及郭院長致詞。

十三日，全日除看報外，繼續讀《反杜林論》的《辯證法　否定的否定》、"哲學"的《結論》、"政治經濟學"的《對象及方法》、《暴力論（上）》四節。

十四日，早晨到醫院打針，回所時八點四十分已過。看韓雪野著的小説《歷史》中的幾節。看報。下午繼續讀《反杜林論》中《暴力論（中、下）》二節。

十五日，今日上午九點後開所務會議。此外看報，繼續讀《反杜林論》中的《價值論》，但意義尚未明了，當再讀一遍以求明了。

十六日，早晨到醫院打針，回所時將九點。看報；陽吉昌來談。下午學習《各國共產黨和工人黨代表會議聲明》的前兩段及《五七年莫斯科會議的宣言》。因下午風大，提早三刻鐘回家。到家後又學習此次的《告世界人民書》及五七的和平宣言。

十七日，上午小組開會討論此次《聲明》的第一段中的問題，下午看報，並學習《中共中央關於轉發湖北省委和福建省委兩個文件的重要指示》及沔陽、閩侯兩縣整社的報告。閩侯報告未學習完，提前回家。晚把未完部分學習完。

十八日，上午領小江到王府井大街購買馬恩列斯像、年畫、月份牌及俄文《列寧全集》第三十九冊。下午未出,給小波、小江講故事而已。

十九日,早晨到醫院打針,回所時九點已過。上午僅看報。下午翻楊寬所著《秦始皇》小冊子。看《紅旗》(24 期)中的《適應形勢的發展,加強黨的建設》。

二十日,上午看《紅旗》(24 期)中其他各文,看報。下午繼續看報,看完此期《紅旗》。又把《反杜林論》中的《價值論》讀一遍。

二十一日,早晨到醫院打針,回所時八點三刻已過。上午看報。下午因室內火滅,太寒,於兩點左右回家。繼續讀《反杜林論》的《單純勞動與複雜勞動》《資本及剩餘價值(上、下)》,但仍須再讀。

二十二日,今日看報外,開始寫思想檢討(寫給支委以備討論轉正時的材料)。上午佩青來談。

二十三日,早晨到醫院打針,回所時八點三十七分。看報外繼續寫思想檢討。

二十四日,上午小組開會討論聲明中第三、四段中問題。下午仍寫思想檢討。

二十五日,上午在家,看電視中所放映的《聶耳》電影;下午領小江到紫竹院公園一游。今日陰曆適值我的生日,家中給我預備些好吃的東西,田景發亦來。

二十六日,早晨到醫院打針,回所時八點四十分已過。看報外,終日寫思想檢討。晚許景元同志來電話說明日上午支部開會討論我轉正問題,囑早去。

二十七日,今晨六點即起,約七點半即到所,把思想檢討寫完。十點後開支部會討論三人轉正:作銘、我及杜弗運。上午作銘及我作過檢討並宣讀支部意見。下午杜弗運作檢討及聽支部意見。三人均允許轉正。散會後約四點即歸。又把檢討重抄。

二十八日,上午看報外,仍抄檢討。下午到首都劇院聽周揚同志在學部委員擴大會議發言錄音及劉導生同志報告。

二十九日,早晨到醫院打針,回所時將九點。看報外全天抄檢討。今日風頗大,溫度早晨七點左右院內在零下十度略下一點。

三十日,上午看報外,仍抄檢討。佩青來談,下午才把檢討抄完。三點半後研究組開會談昨今兩日《人民日報》所載今年我國工農發展形勢。晚把檢討摘要寫到入黨檔案中。

三十一日,上午到學部開坐談會,劉導生同志詳談國內形勢。下午所中開大會,歡迎下放勞動歸來幹部,及賀新年。

一九六一年

一　月

一日，上午領小江到玉淵潭公園一游。下午往服務所換電車票，理髮。

二日，上午問秉琦病。下午領小江到北海公園一游。

三日，今日因家中火不好，吃早飯晚，到所時已將九點十分。全日看近三天的《人民日報》，又看今年《紅旗》第一號數篇。

四日，上午研究組開會，討論周揚與導生兩同志的發言。下午看報及看完此期《紅旗》的最後一篇。收周國亭信一封。

五日，早晨到所已八點三刻。除看報外，把《反杜林論》中的《資本及剩餘價值（上）》又讀一遍。下午工間操後與仲良談，並將近數日所得到的關於鍾、黃、郭、蘇諸人的節約食糧後情況向組織報告。

六日,到所八點三十五分左右。看報外,讀《反杜林論》的《經濟的自然法則　地租》及《〈批判史〉論述》。後篇未完,亦多不懂。

七日,上午集體仍討論《聲明》的第四段民族解放問題。下午兩點半後,在黨中過組織生活。

八日,上午領小江到動物園一游。下午碧書、義詮夫婦及魏至的小女小紅來。她們走後,義詮留談至晚。他現在對於從前地主的生活似乎已經有較深刻的認識,開始憎惡,乃一可喜的進步。

九日,上午僅看兩天的報。下午休息外,把《反杜林論》的《〈批評史〉論述》再讀一遍。

十日,看報外,讀《反杜林論》中的"社會主義"部分《歷史》《理論》兩節。上午佩青來,讓我看他所寫關於忠恕的稿子,並無精義,僅可作爲談資,可以不寫。

十一日,看報外,讀《反杜林論》中的《生產》,又開始讀《分配》,但魏樹勳及仲良來談,故未能續讀。

十二日,看報外,把《反杜林論》讀完。上午邵望平來談。

十三日,看報外,看雲甫所寫《補水經注滹沱水》文,未完。

十四日,上午研究組開會,討論中共中央關於農村人民公社當前政策問題的十二條指示,我昨天完全無預備,雖發言却自己很不滿意。下午兩點後在黨內過組織生活。

十五日,上午領小江到景山公園游,因有風,温度頗低,未上山,僅在兒童體育場看小江玩一會(走天橋六次)。下午收拾屋子。

十六日,六點半起,整理報紙,未作操。加以火不好,出門時已八點三十幾分。到北京醫院檢查身體,遇導生同志。回所時已十一點十分左右。終天看報。補得《列寧全集》5、9、10三本,《馬恩全集》第五本。讀列寧的《向敵人學習》《社會主義和宗教》兩篇,後篇引起我的深思。

　　十七日,早晨到隆福醫院再開始打針。回所九點。看報。工間操後研究組開會討論送學部的本年工作計劃,我無意見,未發一言。下午再看雲甫的補溽沱水文,仍未完。《光明日報》的丘挺同志來希望我能對古代傳説或神話爲該報寫一點文章,答應考慮後答復。

　　十八日,上午到中宣部禮堂聽一録音報告(由於我開始忘却,到王府大街站下車後才想起,急往,又走錯兩次門,所以遲到,不知報告人爲誰,但聽口音,可能是周揚同志)。下午看報及看第二期《紅旗》文三篇。

　　十九日,早晨到醫院打針,回所時八點三刻已過。看報,把第二期《紅旗》中各文看完。讀列寧的《土地問題和"馬克思的批評家"》,由於我不懂級差地①租一詞,有一節未能理解,遂暫時跳過去。

　　二十日,昨日所方通知今日上午九點到院部聽八届九中全會的傳達報告,我同作銘都按時往,但此次傳達僅限於正式黨員,我們二人轉正文件還未批下,經指示回所等待所中傳達。看報。讀《土地問題和"馬克思的批評家"》一段。下午把書架整理一番。光明報丘同志同一張同志來談爲該報寫稿事,答應關於古代傳説

————————————

① 編者注:原於"地"後衍一"地"字。

爲它寫些短稿。看本所《關於方針任務的請示報告》草稿。

二十一日，早晨到醫院打針。看報。下午到豐盛胡同□□□禮堂①聽潘梓年同志關於學習八十一國共產黨聲明的報告。

二十二日，上午約十點同季芳領小江往糜岐家，聽韓里等所演奏的音樂會。在他們那裏吃午飯。飯後又看《冰上姊妹》電影。四點半許回家。去時在電車上遇一刁婦因與賣票人口角，阻撓電車開動時間過久，嚴屬斥責，但是由於我思想慢而性情急的缺點，斥責多不得當，未能服人。

二十三日，早晨到醫院打針。上午看報，下午看《科學報》及第一期《世界知識》。

二十四日，夜間雨雪寸餘。上午九點後，研究組開會討論《方針任務的報告》草稿。下午看報，開始寫《關於古代傳説的漫談》。

二十五日，早晨到醫院打針。上午看報。下午看俄文《世界歷史》（第七本）數段。工間操後研究組開會討論潘梓年同志的報告。

二十六日，上午看報。又接光明報館寄來報兩份，下午也看一下。看《紅花崗畔》，係述 1927 年 12 月廣州起義事，所述似屬實事，似體裁頗象小説。看《世界歷史》數段。

二十七日，早晨到醫院打針。上午看報。看《世界歷史》數段。下午兩點半開大會，動員參加農業第一綫。工間操後，開小組會討論並表示決心，我也很想去，也表示決心，但恐領導方面不答應。

---

① 編者注：原於“禮堂”前空闕二三字。

二十八日,上午小組開會,念了關於農業指示的文件數件。下午黨小組開會,漫談思想問題,我因爲未午睡,非常困倦。工間操後,未開會,看報。提早半點回家。接劉厚滋自福州來信一封。

二十九日,上午在家收拾屋子。下午到所取報。到王府井大街新華書店,購得《二十史朔閏表》(前有的失掉)一本,《越南史略》一本。想補去年第八期的《世界知識》不可得。晚看報。

三十日,早晨到醫院打針,回所時八點五十分。看報;翻閱《越南史略》。續寫《關於傳説的漫談》。接政協秘書處信,約明日下午兩點半在該會文化教育組開會討論抗議美國派軍艦劫運我國存臺灣文物赴美罪行事。今日中午後飄一陣雪,此後風頗大。

三十一日,夜間睡不很好,起的較晚,到所已經八點五十分左右。學部吳同志來談,他新到院圖書館工作(聽他的口氣,似乎爲領導工作)。看報。下午到政協禮堂開會。

二　月

一日,早晨到醫院打針,回所時約八點五十分。續寫《關於傳説的漫談》。丘挺同志來,把稿給他。看報。下午伯陶夫婦來小談。學習《毛選》四卷中《丟掉幻想,準備鬥爭》等四篇文字。晚讀《惟心歷史觀的破産》。

二日,晨醒後在床上學習《在中國共産黨第七屆中央委員會第二次全體會議上的發言》。上午看報。下午學習《在晋綏幹部會議上講話》《一九四八年的土地改革工作和整黨工作》。工間操後與子衡談。

三日，晨醒後看第三期《中國青年》數篇。到醫院打針。上午看報，因夜睡不很好，精神困倦。下午楊錫璋來談關於寫我國原始社會史時如何處理傳説時代資料事。學習《毛選》第四卷一九四八及四九年各篇。想先理清各事變及戰役進行前後，所以並不一定把一篇讀完。

四日，上午研究組開會討論農業指示十二條。下午到天橋劇場聽一老幹部賈（?）同志報告三八作風問題。

五日，夜雪下的比前次較大。晝仍雪。上午僅看報及給小江講故事。下午往柳家大門看周振華病，但他已搬家，未見。晚耘岐同小洪自哈爾濱回。

六日，上午聽甘肅隊報告工作，兼長江隊工作一部分。下午仍聽長江隊報告。早晨有霧，八點後電車到景山一帶忽大霧瀰漫，車輛均不敢快走。我也因途中稍遠即看不見，未敢往醫院打針，午飯後才往打。

七日，上午聽山東隊、山西隊報告，下午聽洛陽隊、安陽隊報告。

八日，早晨到醫院打針。回所後看報，遂忘九點有工作報告。工間操後，才往聽內蒙工作報告的後半。下午翻閲《世界歷史》（俄文及譯本），查埃及和兩河間古代灌溉工程的叙述。

九日，今日全天聽陝西隊的工作報告：分漢唐城、灃西、寶鷄三組報告，後又有一檢查工作報告。下午丘挺來，仍商議寫稿事宜。

十日，早晨到醫院打針。今日看報外，看完第 3、4 期合刊的

《紅旗》。餘時僅翻閱《教育詩》。

十一日,昨夜十一點因桂愉從杭州回來,後又因小洪的説夢話及哭,睡眠不好。上午看報。下午三點後在黨中過組織生活。提前一點鐘回家。

十二日,上午到王府井大街外文書店,買《現代俄羅斯文語詞典》。此書已出十本,我從前只買三本,現該書店缺第四本,只好設法補足,因寫二條交秔岐及桂愉,囑他們到哈爾濱及上海的外文書店訊問。下午午後小睡,起時秔岐母女、桂愉、小牛、小波同往官園公園,我也隨後往。

十三日,早晨到醫院打針,回所時將八點三刻。上午看報外,翻閱《現代俄羅斯文語詞典》中的例言以便將來檢查。下午所中掃除。因想到中國書店,找劉滿進,問他所説爲我的百衲本廿四配補缺本事,遂提前一點鐘出,往訪不遇,囑其店夥傳話,請他回來後給我通一電話。晚同桂愉到大柵欄大觀樓看立體電影《麗江游記》等短片。

十四日,上午九點開大會,慶祝明日的春節和歡送第二期奔赴農業第一綫的同志,我也在會上説幾句話。餘時看報。下午翻閱《世界歷史》的第七卷。工間操後,即回家。

十五日到十七日爲春節①放假三天,十八日把十九日的星期放假提前一日,所以今年春節共放假四天。十五日晚人民大會堂有晚會,我有參加券,因除夕夜睡的不够,午間又未睡,本不想去,但因大家都説新排演的《滿江紅》很好,我還未看過,就前往;可

①編者注:“節”,原誤作“秋”,據後文改。

是開演以後,才知道因主要演員李少春病,此劇停演,僅以雜
□①、相聲等節目補充,遂早回家,以便早睡。

十六日,上午在宿舍中到各家走走。下午小牛、小江等往玉
淵潭公園游,打電話問我願去否,我出乘公共汽車到動物園門口,
擬換電車前往;但因等車人過多,遂止不往。進動物園西半一游。

十七日,上午同季芳到子衡家一叙。出,乘公共汽車出建國
門一游。進城後又到新車站門前一游,無票不能進站,遂乘電車
歸。下車再到宿舍中各家一叙。

十八日,下午同季芳、秔岐母女到天安門廣場及中山公園游。
唐花塢中花盛開。

十九日,今早因秔岐與小洪、桂侖均於五點即起,預備上車
站,我雖未起,却睡的很不够。今日上班。到醫院打針,回所時九
點已過。看報(此五日的)。下午讀列寧的《社會民主黨在民主
革命中的兩個策略》,未完。

二十日,上午看報,繼續讀《兩個策略》,仍未完。接着寫《關
於古代傳說的漫談》。提早半點回家。

二十一日,早晨到醫院打這一療程的最末一針,回所時已將
九點十分。全日除看報外,繼續讀《兩個策略》完畢。

二十二日,上午九點後,聽作銘同志所作關於去年工作成績
評價及今後工作應注意事項的報告,很篤實。下午除看報外,僅
與子衡談。

二十三日,上午到革命軍事博物館,對於解放戰爭,結合《毛

①編者注:原於"雜"後空闕一字。

澤東選集》第四集學習,作重點的參觀。從九點到將十二點匆匆
看畢。即與子衡同先歸(別位同志繼續參觀)。到家,午飯,休息
後,即在家學習《毛選》數篇。

二十四日,看報外,繼續寫《關於古代傳說的漫談》數段。

二十五日,上午看報。下午在黨小組過組織生活。昨夜僅睡
着兩點多鐘。

二十六日,昨夜也僅睡三點鐘。看《第四十一》。此係中篇
小說,表明新舊思想體係雖有具大力的男女愛情從中牽合,也無
法調和。上午領小江到琉璃廠一轉。到榮寶齋購對筆一支。廠
甸廟會則早已完畢。下午在家收拾一部分屋子。

二十七日,上午看報。下午想回劉厚滋信,看他的來信,才恍
惚記起他曾寄來《所推測古文奇字》一册,因又檢出,再看一遍。
因用糧每月加一斤,所發表格須於戶口所在地辦事處訂正後,明
日即交還所中,提前半點回家。

二十八日,夜眠仍不好。上午看報,下午復劉厚滋信一封。

三 月

一日,上午看報。下午看《紅旗》五期的《民主革命中的農民
問題》及列寧的《論立憲幻想》。光明日報社送來我所寫的《漫
談》,希望用《漫談古代傳說》的大題並每段加一小題,繼續寫下
去。並送來印樣請校,即爲校對。後丘挺同志來,我答應他們所
提的辦法。他留今日《光明報》一份。看上面所載的史學欄。

二日,看報外,把《紅旗》五期各文看完。又看《歷史研究》一

期的兩篇。早晨到所已經八點半（自昨日起,已改八點半上班）。因想到燈市口買硫酸銨,下午提早半點鐘下班,但未買到。

三日,上午看報。尹偉璋來談二里頭發掘情形。下午看《歷史研究》兩篇。又把《家庭、私有制與國家之起源》的《日耳曼人國家的形成》節讀一遍。

四日,上午看報,九點後黨團員開聯合會,報告本月學習計劃。提早十一點鐘吃飯。下午一點在天橋劇場聽張勁夫副院長的録音報告,由於我的聽官不好,所聽到的也不過十分之一。

五日,上午收拾屋子後,領小江到紫竹院公園一游。下午在家參加田景發等掘挖土地的工作。

六日,上午看報外,仲良來談丁瓚同志願與我換房子事,須與家中商量,才能作出決定。十點半後參加歡送赴東北七位同志的會,我也説了幾句話。下午繼續看報,並讀《家庭、私有制與國家的起源》中的《克勒特人和日耳曼人的氏族》一節。

七日,上午工間操前及下午均小組開會,討論張副院長報告。餘時看報。昨夜僅睡眠兩點多鐘。終日精神不好。

八日,全日繼續昨日討論。昨夜睡的很好。

九日,上午集體學習《紅旗》(3—4)中薄一波及廖魯言二文,並坐談。將十一點即回家,午餐後到人民劇場聽廖魯言的録音報告,但聽了廿分左右,僅聽得幾個名詞,未能聽到一句! 因爲再聽無益,即又回家。稍休息,餘時看《教育詩》第三本而已。

十日,看報外,仍看《教育詩》。把《家庭、私有制和國家的起源》中的《日耳曼人國家的形成》節再讀一遍。

十一日,今日上午有報告,昨日看入場券,看見人民二字,未往下看,以爲仍在人民劇場,今晨八點半到那裏,並無一人！再看券,才知道爲人民大會堂！幸時尚早,急往,到時還餘十分鐘。陳毅副總理作國際形勢報告。散會後,回家午餐。後午睡一會兒。起,四點許又往所取報。後到國際外文書店,又到東安市場舊書店一轉,未得所求。到對門書店購得《〈氾勝之農書〉今釋》一本,回曆□□①一本。

　　十二日,上午看昨日報,收拾屋子。小牛、小波來,遂領他們倆及小江到景山公園一游。

　　十三日,上午看報。下午到東安市場舊書店,想把去年第八期《世界知識》(遺失)補齊,但在大堆舊《世界知識》中遍尋,却無60年的,遂返。工間操後,聽尹達同志所作考古發掘與理論鬥爭的報告。

　　十四日,昨夜因風大動門響,只睡着約三點多鐘。早晨大不好,致到所時已在八點三十五分左右。上午看報,新吾來談。下午看《家庭、私有制和國家的起源》、《世界通史》、《中國歷史》中原始社會時期初稿中關於婚姻制度部分,覺《初稿》抄録《起源》,並未提出考古學方面的證據,殊失《起源》的本意。昨晚及夜中看《南海潮》劇本。

　　十五日,看報外,看《古代社會》及《家庭、私有制和國家的起源》中的有關婚制及氏族部分。

　　十六日,上午到北京醫院檢查身體,以便再開始打奴夫加因針的療程。回所時已將十一點。看報外,看《中國歷史》的奴隷

①編者注:原於"曆"後空闕約二字。

社會初稿,以便後日討論。奉所方命約仲良、子衡等於明日下午工間操後到夏所長室討論陳毅副總理的報告。接孫一楫信一封。

十七日,上午先到北京醫院驗血,回所時約八點半鐘。看報外,看完奴隸社會初稿。下午工間操後同黃、郭、蘇三同志在前院北屋坐談陳毅副總理的報告,作銘因身體不適,未來參加。我轉正的事,今日上午林澤敏同志來告已被批准。

十八日,上午小組開會討論共產風、浮誇風等是否可避免的問題。昨夜中已經微雨,今日微雨終日,雖不够大,然點點入地。下午到學部開會。本定作銘同我兩人去,但作銘因病未往。在會上決定每兩星期在星期六上午在學部開學習會一次,參加完全自由;如不願參加,就仍在本所參加學習。此後各所代表報告在所內討論陳毅副總理報告的概況,並有人對此問題發言;並對"百花齊放,百家爭鳴"問題發言。最後決定下次仍就此"二百"問題,進行討論。

十九日,晴。在家收拾屋子後,同季芳、晞奕母子、小江到動物園游。出鳴禽館後,季芳與我們相失,先歸。

二十日,上午到北京醫院看檢查血液結果,據説大致很好,但膽固醇多二度(102)。回所已將十點。小組開會討論奴隸社會初稿。下午丘挺來談,看報。晚黨支部開會,討論訂立三項紀律、八項注意計劃。

二十一日,上午到政協禮堂聽傳達周總理關於國際和國內形勢的報告,知道我們因天災而輸入二百多萬噸糧食,更感覺到有節約用糧的需要。回家吃午飯,休息片刻,到所,看報而已。

二十二日,早晨因早飯晚,到所已晚二十分鐘,又到隆福醫院打此療程的第一針,返所八點三刻已過。看報。下午兩點高廣仁同志作參觀高碑店、閰家務諸公社整社的報告。

二十三日,看報外,看王玉哲所著的《中國上古史綱》,並參考他書。

二十四日,今晨又因飯晚,到所已晚三十多分鐘;又往醫院打針,回所時九點十分已過。看報。下午與安志敏談石器時代各種問題。三點在會議室歡迎顏誾來所工作,他是一個人類學者(早年學醫)。昨夜僅睡兩點鐘。

二十五日,昨夜睡的很好。今早因天雨,初擬不到所,後因雨已小,仍出,到所時已將十點。開大會,牛所長念關於整社的四個文件。下午開小組會,討論此四文件並討論中美關係問題。今日因雨,溫度頗低。

二十六日,上午把原來及此次由《光明報》所得的稿費交儲蓄所存定期三年另摺存儲。同晞奕母子、小牛、小波、小江到官園公園一游。返,提早吃午飯,後到東郊工人體育場看大型歌舞、雜技、京劇表演。昨夜睡不很好,下午即睏,晚很睏,九點過即睡。

二十七日,上午到所約晚半點鐘,又到醫院打針,回所時□□□①。看報。十一點半提前開飯,後到長安劇院於一點半鐘開始聽潘梓年同志對國內形勢所作的報告,非常精彩。對於我們原來所有模胡不清楚的問題,幾乎一掃而光。

二十八日,到所時八點一刻已過。九點後並全下午均小組開會,討論昨日所聽潘同志的報告。

────────

①編者注:原於“時”後空闕二三字。

二十九日,早晨到醫院打針,回所時八點三刻。看報。翻閱《中國上古史綱》。預備明日關於夏代考古應注意點的報告。

三十日,上午除看報外,預備下午報告的材料。下午兩點開始作報告,長約兩點半鐘。後與作銘談我上半年工作計劃,請他考慮。把《中國考古學導言》的稿本看完。昨夜只睡三點鐘的光景,今日天氣已很暖。

三十一日,早晨到醫院打針,回所時八點一刻已過。看報。九點後開所務會議。先談出席諸人的工作,作銘説此季二里頭不開工,晉南配合山西省侯馬的工作,對夏墟調查工作暫停,我因此只好放棄出去工作的意思。後又對百家爭鳴發表了不少意見。下午顏闇同志有報告,我因四點須往政協禮堂開會,中途離會場不便,故未往聽。三點半出,到政協三樓西客廳開會。到的有芝生、建功、頡剛、周梅蓀、尹贊勳諸人,談搜集北大史料事。主席爲楊東蓴(?)。即在那裏吃晚飯。

四　月

一日,上午到北海慶霄樓,開學部召開的中心學習會。潘梓年同志又繼續他於星期一所作的報告,答復兩個問題。劉導生同志談他對於"百花齊放、百家爭鳴"的意見,均很正確。此後大會即就此"二百"問題展開討論。我也對於中國封建社會何以比西方長的普通説法提出疑問,並略陳我的看法。開會人有一部分即到仿膳午餐,餐後仍繼續談。我因未帶糧票,仍回家午餐。午睡後在家看報而已。

　　二日，上午領小江出，將游紫竹院公園，走到西直門，因候車人過多，遂止。步行到北京展覽館，進内，但因衣着少薄，看一廳，即出。在館外坐下，曬太陽，並爲小江講《紅色少年》一節，遂歸。下午在家看《中國青年》中所載的《王若飛同志在獄中》，對於他的樂觀主義及在任何地方都能積極工作各點異常敬佩。理髮。

　　三日，早晨到醫院打針，回所時八點□□①。上午看報。下午看《大公報》中所載《王若飛同志在太原獄中》。此前對若飛先烈知道的很少，這兩天的學習才對於他偉大的襟懷有所領會。

　　四日，上午看報。提早一刻鐘吃午飯。飯後到學部歷史所禮堂聽張副院長對於整風所作的録音報告。今日風頗大。

　　五日，早晨到醫院打針，回所時將八點半鐘。看報。翻閲丁山所著的《中國古代宗教與神話考》，他雖説受疑古派的影響過深和判斷過速，但搜集的材料殊豐富，很可利用。看第七期《紅旗》文三篇及他篇的一部分。今天風更大，溫度殊低。因昨日把棉鞋穿回家，今早未穿來，又感脚凉，提前四十分鐘回家。晚往電影院看《洪湖赤衛隊》電影。上午丘挺來談。尹偉璋來談。

　　六日，上午看報外，再學習《目前形勢和我們的任務》的一部分。下午三點到人民大會堂聽彭真同志對於九中會議的傳達。五點散會，即回家。今日仍有風，但比昨日較小。

　　七日，早晨到醫院打針，回所時八點五十分已過。看報。下午把七期《紅旗》文看完。看列寧的《哲學日記》。今日風比昨天大，室内覺寒，因提前二十分回家。今日間斷地再看《創業史》。

────────

①編者注：原於"點"後空闕約二字。

八日,上午小組開會,談最近學習國內外形勢所得的收穫。下午兩點半後,黨中開會,坐談前天所聽彭真同志的報告。餘時看報。

九日,僅上午出到新街口,想買報,也未買着。全日在家看《創業史》及看電視中的第二十六屆世界乒乓球競賽。後一項在晚晌,因爲已爲總決賽,並且是中國與日本的決賽,所以大家全很關心,並很緊張。到我們家看決賽的擠滿室內,直到約十一點鐘宣布我國男子獲得競賽冠軍及女子獲得亞軍的時候,大家才鬆一口氣!

十日,昨夜因服藥,睡眠還好。但感覺有點傷風,喉頭不舒服。早晨到醫院打針,到所時將九點一刻。全天看報,翻閱第三期《考古》及中華書局送來的兩份《古籍整理出版情況簡報》而已。提早幾分鐘回家。

十一日,上午看報外,看所中交來于省吾所著的《西安半坡出土彩陶盆人頭圖案畫的探討》,文主張此人頭爲蚩尤像,雖未必能成立,但還能自完其説。下午到歷史博物館看其所放映西藏谷格王國的遺跡。遇鴻庵,據他説此王國建於唐後期,至十□①世紀始爲英人所滅。廣播員據本地人傳説,却説此遺跡係八百年前所毀棄。

十二日,早晨到醫院打針,回所時約八點五十分。上午看報。下午看《德意志意識形態》。這幾天傷風仍不好,身體這樣脆弱,令人意短。提早二十五分鐘回家。晚報載今日蘇聯宇宙飛船載

————————

①編者注:原於"十"後空闕一字。

人上天,報告"飛行正常,我的感覺良好"。

十三日,今早廣播報告蘇聯宇宙飛船已經在"預定地區着陸",這真是人類開始進入宇宙,一個劃時代的偉大事件。今日報十一點後才送來,滿紙與此事件有關的新聞。今日看報外,看第七期的《世界知識》完畢。又看《德意志意識形態》數頁。早晨看完《創業史》的最後部分。昨晚和今早服銀翹解毒丸,但傷風仍未全愈。

十四日,早晨到醫院打針,回所時將八點半。時報未來,看老舍所寫短篇小説數篇。看報。下午看《農村人民公社工作條例草案》。翻閲《左傳》數頁(關於改變軍制)。

十五日,上午到學部開坐談會。下午黨支部開會傳達文件及討論趙芝荃同志轉正問題。昨夜睡眠不佳。接歷史研究編輯部信一封,希望我把在上次坐談會中所提出的中國封建社會長期停滯原因的個人看法寫出來登出,以便大家討論。

十六日,上午領小江到陶然亭公園一游。

十七日,早晨要到醫院打針,已快到門口,才想起忘帶藥,因急返取藥再往打針,立時即打。今日忘帶錶,所以不能知回所何時。看報。下午到懷仁堂聽周總理關於國内外形勢報告的録音。

十八日,傷風仍未能全愈。上午看報,看第八期《紅旗》文數篇。下午到政協禮堂聽錢學森、蔡翹、趙九章三同志關於蘇聯發射載人宇宙飛船的報告。

十九日,早晨到醫院打針,回所時八點半已過。繼續看《紅旗》内文;看報。看《北京工作》(380、381兩期)。

二十日,上午黄石林來,與談我對於中國封建制度特别長的原因的意見,囑其對此問題也仔細想一想。他還拿來鄧拓等的《論中國歷史的幾個問題》。看報。下午翻閱鄧書;又看《世界通史》(俄文)中關於資本原始積纍部分及讀《資本論‧所謂原始積纍》章。

二十一日,早晨到醫院打針。上午看報。下午梁午峰來談。繼續讀《所謂原始積纍》章。

二十二日,全日研究組開會,討論農村人民公社工作條例六十條草案。

二十三日,今日因夜間微雨,天氣轉寒。上午僅到新街口,想買一份報,但已賣完,不可得。下午午睡後,領小江出,本意要□①地壇公園,但因風大,氣候寒冷,到安定門後,只好進城到所取着外套後即歸。

二十四日,早晨到醫院打此療程的最後一針。上午看報。下午找魯國封地大小的材料;繼續讀《所謂原始積纍》及……②

二十五日,上午看報。由於找不着眼鏡,疑惑昨日忘在醫院裏,往尋不得,下午才在毛毯内尋出。下午看《論中國歷史的幾個問題》内的後三篇(關於近代資本主義萌芽的問題)。

二十六日,上午看報;寫對於于省吾所著《西安半坡出土彩陶盆人頭圖案畫的探討》的審查意見;翻閱張頷所著《晉國晚期都城新田究竟在什麽地方?》一文。下午三點後研究組開會討論呂振羽所著《從遠古文化遺存看我國各民族的歷史關係》一文。

二十七日,上午看報;工間操後到中醫院,想醫治拉蛔蟲的毛

---

①編者注:原於"要"後空闕約一字。
②編者注:原稿此處未寫完。

病,可是大夫勸我先檢查,再講吃藥與否。下午翻閱 50 年的《新華日報》;看范文瀾同志所寫的《論中國封建社會長期延續的原因》;看第 382 期的《北京工作》。

二十八日,上午看報。下午翻閱王亞南①所著的《中國地主經濟封建制度論綱》。看 383 期的《北京工作》。

二十九日,上午到學部聽姜君辰同志傳達周揚、陸定一二同志在大高教材編選會所作的報告。往前匆忙到所,取一記錄本,但忘帶筆,仍無法作記錄! 下午繼續開會,討論農村人民公社工作條例六十條草案。中午前後風大,下午落雨數點,氣溫降低。

三十日,上午開會討論昨日所聽報告。下午看報。因田景發的父親將到家中,提前三刻鐘回家。今日本星期日,因明日爲國際勞動節,次日需要休息,所以同今日交換,今日仍上班。

五　月

一日,上午領小江到北海公園“海”北岸,各學校所組織的游藝節目,均在海北及西岸,我們未到西岸去。下午在家,提早吃晚飯,後又領小江及作銘夫婦同其公子往天安門觀禮臺上觀晚會。等放二次花炮後,就提前回家。走到北池子北口,才坐上電車,到家約十點三刻。

二日,上午在家收拾房間。下午到平安里旁服務站換月票。

三日,上午看報。下午再看《晉國晚期都城新田究竟在什麽

---

①編者注:“南”,原誤作“男”。

地方?》。

四日,上午寫《晋國晚期都城新田究竟在什麼地方?》的審查意見。看報。下午開始寫《井田新解並論周前期的士農不分》。仲良來談。看《編寫定陵試掘報告計劃綱要》。

五日,上午看報外,此後全日看《中國歷史》初稿的封建部分的第一本,勉強看完。

六日,上午到北海慶霄樓開學部召開的學習會。中午在仿膳聚餐。下午到豐盛胡同聽胡副部長關於市場供應的報告。報告很明確,可解決問題。晚邵達成來談。

七日,上午收拾屋子後,領小江到紫竹園公園一游。下午午睡後,往訪介眉。

八日,上午看近三日的報。下午看《中國歷史》初稿的隋唐部分。

九日,看報外,繼續看《中國歷史》初稿的宋元部分。又看《中國考古學導言》初稿,未完。

十日,看報外,爲《中國歷史》初稿已看過部分提意見,由黃石林寫出。下午北大三同志來,我所同志給《中國考古學導言》提意見。

十一日,因昨日下午風大,今晨微雨,溫度降低。後漸晴。看報外,繼續看《中國歷史》初稿明清部分,仍未完。

十二日,看報外,繼續看完《中國歷史》初稿的明清部分,又看魏晋部分,未完。

十三日,上午看報,下午少看一點《中國歷史》初稿魏晋及南北朝部分。兩點半後開大會,靳尚謙報告所中處理周欽祺事件,牛照勳同志報告所中工作現狀。工間操後研究組開會討論周揚同志的報告。

十四日，收拾屋子後，領晞奕母子及小江到動物園一游。下午張親家母來。與唐進同志談。

十五日，上午繼續寫《井田新解》。下午又少寫一點，即看這兩天的報。

十六日，工作略同昨日。外開始看第9—10期的《紅旗》一篇。接上海劉子静信一封。

十七日，工作略同昨日。仍看第9—10期的《紅旗》兩篇。

十八日，工作略同昨日。但上午仲良來談多時，看第9期《世界知識》一篇。

十九日，工作略同昨日。看《世界知識》一篇。下午因鳴雷，恐下雨，五點半後即回家。

二十日，上午開會（研究組）討論紅與專的關係；下午繼續開會，討論史與論的關係。

二十一日，上午收拾房間，領小江到地壇公園游。下午午睡後張親家母來。同她及晞奕母子、小江出到大華照相，我抱十週，小江侍側照一張，晞奕同其母子照一張。

二十二日，看報外，仍續寫《井田新解》。下午工間操後翻閱洪業所寫《春秋經傳引得序》的大部分。

二十三日，工作略如昨日。上午萬玉來談。

二十四日，今日把文章寫完，題目改爲《井田新解並論周前期士農不分的含意》。

二十五日，看報外，又把昨日寫成的文看和改正一次。下午又把《中國歷史》初稿的原始公社部分翻閱一遍。

二十六日,上午看報。給黃石林説,使他寫,爲《中國歷史》初稿原始公社部分提意見。下午新吾來談。工間操後往東安市場,買信紙信封,並買《中國工農紅軍第一方面軍長征記》一本,本年農曆書一本。出到外文書店,補買第十六册的《馬恩全集》。

二十七日,上午到政協文化俱樂部(我初以爲在政協禮堂,到那裏問,才知道南河沿舊石達子廟也有一處,今日會在後地)開學部學習會。今天發言的有金龍蓀、侯外廬、賀子昭、顧頡剛四人。金、侯二人大談乒乓球賽(二十六届),並找出來有通於科學研究各事,見解精警,使我非常詫異。會後,即在俱樂部會餐。後又到東安市場,想買昨天所見的中學所用的中國地圖集、世界地圖集各一本,可是僅買到世界圖,至中國圖昨日陳列很多,今日却已賣完,不可得了。又買馮漢驥的改校譯本《古代社會》一本。回所後看報。六點因未午睡,精神困倦,提前回家。

二十八日,上午給十弟寫復信一封,並給他寄錢二十元。領小江到紫竹院公園游,並爲小兔茠草。

二十九日,上午看報。下午黨內數人開會,談改善田野工作及培幹問題。看第十期《世界知識》多篇。

三十日,看報外,把前寫文又看過和改正一些。寫信與尹達同志,並把前寫文送去請他審查改正後送《歷史研究》發表,以便大家討論。下午看《世界知識》。看《中共中央軍委擴大會議關於加强軍隊政治思想工作的決議》。看《資本論》中《資本主義積纍的一般法則》章若干頁,但不很了了!

三十一日,看報外,隨便查一點有關封建社會的史料。下午黨內數人開會談紅與專關係問題。

六　月

一日,看報外,終日翻閱有關中國封建社會特別長的材料。

二日,上午到北京醫院檢查身體,以便再打奴夫加因針。回所時已十一點。在醫院及途中仍閱封建制停滯問題的史料。看報。下午孫作楫來談。看孫作雲所著的《饕餮形象與饕餮傳説的綜合研究》,未完(係所中送來審查稿)。

三日,早晨到隆福醫院,開始這一療程的打針。回所時約八點一刻。上午學習時仍討論"論與史"和"古與今"等關係問題。下午續看《饕餮紋的研究》文,完畢。看鄧拓同志所著的《中國長期封建社會農業生産關係的變化》,未完。

四日,上午收拾房間外,即領小江出,過所中,取今日報,及昨日吃飯剩下的菜角子,後到朝陽門外日壇公園一游。日壇同地壇一樣,皆壇墻已拆,修整内完好的建築並不賣票,任人民自由游覽。朝陽門也完全拆除,附近城墻也拆除不少。下午午睡後,理髮。看第十一期《紅旗》數篇。到新街口新華書店買得《辛亥革命時期兩湖地區的革命運動》《楊靖宇》各一本。晚看前書數節。

五日,早晨到醫院打針,回所時約八點四十分。看報外,邵友誠來,請代譯沙畹的燉煌簡書的若干條内的解釋,下午才完畢。後續看《辛亥革命時期兩湖地區的革命運動》小册子完畢。此小書用階級分析當日的事變,相當成功。

六日，看報外，仍翻閱關於《饕餮紋的研究》的材料。下午寫出審查意見。看《北京工作》（□□）①完。復劉子静信一封。

七日，早晨到醫院打針，回所時八點五十分已過。看報外，看束世澂所著的《中國的封建社會及其分期》。今日陰，時聞雷聲，有小陣雨。

八日，看報外，看完《中國的封建社會及其分期》。又讀恩格斯的《論封建制度的解體及資産階級的發展》。

九日，早晨到醫院打針，回所時八點五分。看報。翻閱過去的《歷史研究》，看是否有關於封建社會的材料，有些無關的文章，也隨便看看。

十日，上午到南河沿政協文化俱樂部開學部學習會。前定討論培幹問題，實際卻討論周揚同志報告中的六種關係問題。下午回所，看報。讀《資本論》中的《近代殖民學説》章。畢後，又復看《所謂原始積纍》章數頁。

十一日，昨夜因天熱，睡只二三點。上午領小江出到稚岐寓，約他們夫婦二人同游中山公園。下午午睡仍因天熱，僅睡一點多。晚十點即睡。

十二日，昨晚較凉爽，睡頗酣，醒時已四點餘。晨到醫院打針，回所時將八點四十分。上午看報時仍沉沉想睡。下午僅翻閱錢穆的《先秦諸子繫年》而已。

十三日，上午仍看《論中國封建社會"長期停滯"的問題》及其有關的資料。看報。下午仍看報。工間操後因天陰有風，預報

①編者注：原於括號中空闕約二字。

也説有雨,我今日未帶雨衣,遂提早回家。接劉子静來信一封。

十四日,早晨到醫院打針,回所時約已近九點。終日看報外,僅翻閲舊作《中西文化的試探》稿。

十五日,看報外,開始寫《從另一個角度看我國封建社會長期遲滯問題》。

十六日,早晨到醫院打針,回所時八點三刻。看報外,僅搜集封建社會的史料。下午工間操後翻閲《世界通史》的第二卷下册(中譯本)。

十七日,昨夜只睡兩三點鐘。上午到長安劇院聽導生同志對紅專問題及團結非黨幹部、"二百"問題的報告。回家吃午飯。後即到所,看報。三點後黨小組開會高心漢、薛玉堯二同志入黨問題。五點過後散會。因天陰提高①回家。

十八日,天陰,時微雨,僅上午領小牛、小波、小江到新街口買魚肝油丸,餘時全在家。下午中國書店的工友魏君(或衛)來,把無用的舊書報賣給他一部分。

十九日,早晨到醫院打針,回所時八點半。上午看報。下午續寫《從另一個角度看我國封建社會長期遲滯問題》一小段。

二十日,看報外,繼續寫《從另一個角度看我國封建社會長期遲滯問題》,把昨天所寫的完全改寫。下午孫作楫及人民日報社理論部的曹紀瑞同志來談。晚與季芳同到首都劇場看演《蔡文姬》。看《歷史研究》第三期《論康熙》一篇。

二十一日,早晨到醫院打針,回所時八點五十分已過。看報。

———————————

①編者注:"高",疑爲"早"或"前"之誤。

因昨晚睡時已過十二點，所以今日精神很困倦。下午看馬克思《答維拉·查蘇里奇的信和草稿》。看三期《歷史研究》三篇，但所得不多。

二十二日，看報外，看李亞農所著的《中國的奴隸制與封建制》。下午一時與黃石林談。

二十三日，早晨到醫院打針，回所時八點五十分。看報外，仍看《中國的奴隸制與封建制》。除一小部分外，幾乎全體看完。下午又寫《從另一個角度看我國封建社會長期遲滯問題》一段。《歷史研究》社的胡构立同志來聯繫稿子。

二十四日，上午研究組學習會仍談紅與專的問題。下午黨開支部會通過高心漢及薛玉堯兩同志爲預備黨員。

二十五日，上午到革命博物館看預展，下午未出。

二十六日，早晨到醫院打針，回所未誤上班時間。看報外，續寫《從另一個角度看我國封建社會長期遲滯問題》。將下班時伯符來談片刻。

二十七日，看報外；把《井田新解》稿從尹達同志處取回，再改一遍。接劉子靜信一封。

二十八日，早晨到醫院打針，回所時九點五分已過。看報外，續寫《從另一個角度看我國封建長期遲滯問題》。把《井田新解並論周前期士農不分的含意》交給胡构立同志，請他轉交黎澍同志。

二十九日，看報外，續寫前文。上午佩青夫婦來談。

三十日，早晨到醫院打針，回所時八點卅五分。看報外，續寫前文。因爲晚晌在人民大會堂有晚會，我又須回家換衣，下午工間操後即提前回家。

七　月

一日，昨晚晚會十一點以前即畢，到家約十一點半。睡時約已十二點半。共睡約三點鐘。上午研究組開會念昨晚劉少奇主席的報告。人民日報，上午未來，我工間操後未再往開會，又睡約一點鐘，下午三點學部學習會在人民大會堂江西廳開會討論劉昨晚的報告，我的報告本子留在家中，午餐後本擬回家取本，林澤敏同志勸我休息，替我借牛照勳同志的本子，於是又睡眠一時，起與作銘同往。

二日，上午領小江出，本想到紫竹院公園一游，但因在動物園門口換乘車月票，帶錢不夠，票也留換票處，無餘錢買郊區車票，遂不能往，僅到動物園西墻外爲小兔拔一些青草，步行回家。天氣很熱，下午僅往取回月票。上午《思維史研究》叢刊編輯王方名來訪。

三日，早晨往醫院打針，回所時八點廿分。佩青來談。看報。下午看列寧的《弗里德里希·恩格斯》。又續寫前文一段。

四日，看報外，看自然科學方面所擬的工作綱要十四條稿。下午黃石林來談其將來工作計劃。翻閱第一期的《學術資料》，五點後往蟾宮看《兩條路綫的鬥爭》電影。

五日，早晨到醫院打這一療程的最後一針。回所時八點十分。看報外，續寫前文。下午歷史研究社的俞同志來訪。

六日，看報外，續寫前文。

七日,看報外,把《從另一個角度看我國封建社會長期遲滯問題》寫完。

八日,上午到所時急着看報,就忘記了星期六的集體學習,工間操後,才往參加。但只漫談近日所看的電影及文藝作品等。下午三點,黨內的組織生活談各人的思想及批評和自我批評等項。

九日,上午同季芳、小江到玉淵潭一游。下午僅到銀行存款及買牙糕。天氣很熱。

十日,上午及下午,除上午與黃石林談外,大部分時間看報。下午餘時翻閱第二期的《學術資料》數短篇,第十三期《世界知識》數篇。

十一日,微雨時止時落,繼續終日。看報外,看十三期《紅旗》一篇。看列寧的《在全俄東部各民族共產黨組織第二次代表大會上的報告》及《資產階級如何利用叛徒》。看《史學資料》(內部資料,不定期刊物)。因天雨,過六點即回家。早晨到所也因雨遲至八點三刻。

十二日,看報外,看十三期的《世界知識》。看第三號的《學術資料》。

十三日,看報外,看第四號的《學術資料》。

十四日,看報外,看第五號的《學術資料》。下午工間操後開大會報告最近一段學習的成果,並布置本月及下月學習的進度。

十五日,上午九點學部學習會在北京飯店新樓開會。談的主要問題是培幹問題,尤其是此問題中學習外語問題。下午看報。讀列寧的《偉大的創舉》。

十六日,上午同季芳、晞奕到新街口電影院,看演《紅旗譜》。

下午因天熱,未出。

十七日,夜間大雨,北京附近雨季來到了。上午到所時已將八點五十分。終日看報。下午黃河同志來還所借的《猛進》訂本,談多時。

十八日,看報。上午一喻同志來,談我近日所寫二文有部分應改正事。下午開始改正。下班回家前到外文書店取到俄文的《馬恩全集》第十八、十九兩卷。接民族學院研究所信一封,爲商議《辭海》中徐夷、徐偃王兩條稿件事。

十九日,看報。檢查有關徐夷、徐偃王的文獻。繼續改正前文。中午大雨一陣,後漸晴。

二十日,看報外,看第十四期的《紅旗》兩篇。再讀《改造我們的學習》及《論持久戰》,後者未完。

二十一日,看報外,仍繼續改正前文工作,讓黃石林把改得太亂的張頁再抄一次。

二十二日,全日雨,時大時小。上午開學習會,討論“二百”問題。下午黨內開支部大會,選舉支部委員。《歷史研究》社的胡同志來,把我所寫二文改稿取去。因天雨,剛過五點就提前回家。

二十三日,晴。上午領小江到景山公園一游。下午理髮,到新街口買一小刀及爲季芳買蘇打片。

二十四日,上午到學部看政府對工作指示(未發表的文件)。下午看報。看第六號的《學術資料》一部分。

二十五日,上午看報外,與黃石林談。下午看完《學術資料》第六號,又看第七號的一部分。

二十六日,看報外,看完第七號的《學術資料》。讀《1948 年至 1950 年的法蘭西的階級鬥爭》。

二十七日,看報外,繼續讀《法蘭西的階級鬥爭》。

二十八日,上午仍到所,把書籍略檢查、整理、入櫃。復民族所爲《辭海》內兩條稿提意見信一封。回家吃中午飯。因夜間睡不足,頗望下午多睡一會,但仍未能多睡。再到所,把劉子静稿取回,以便帶往烟台閲看。回家,到新街口下車,買刮鬍刀片。到家,檢點什物,始知家內尚有。八點後,所中有車來接,到作銘同志家接他,因時尚早,到他家小坐,才同他夫婦及一小孩坐車到車站,九點四十分開車。我們同行四人,但只買到二軟席卧鋪,作銘同我坐軟席,夏夫人同小孩坐硬席。

二十九日,夜睡不很好。晨起已入山東境,到處患澇積水;先旱後澇,灾情頗重。十點前到濟南下車。在車上才知道所乘車爲直達青島快車,到蘭村不停,所以必須在濟南換車。濟南到烟台只有兩趟慢車;一下午兩點多鐘開,次日早六點前後到;他一晚十點多鐘開,次日下午一點餘到。作銘問我意見,我無成見,轉問他,他因到後還需要打聽地方,怕六點過早,不容易,遂定乘十點餘車。到本所工作站,人員均出發到各處,僅餘二同志看門:一唐姓,男,一韓姓,男,均二十餘青年。在站午餐。前後均休息。三點後,坐公共汽車到趵突泉游。參觀大汶口古物展覽。後到博物館,晤秦館長及文物處王主任,館、處合署辦公。在館見前在梁山泊地區發現的洪武□□①年所造大船。聽説船上發現有武器,疑係當日兵船。前擬運北京陳列,後因體大無法運,拆卸又怕不容

①編者注:原於"洪武"後空闕約二字。

易再對起,遂留藏此地。在館晚餐。後小談,由館派車,送至車站。聽鄭曉梅説,近因魯北重災,車站上頗有小孩結隊拿行客東西,秩序不太好云云。

三十日,夜睡較好。醒後已過濰縣。魯東晚秋苗還好,可望豐收。上午才讀完《法蘭西階級鬥爭》。到烟台後,因未知市委交際處在何處,想打電話問,遂耽誤點把鐘。車站上並有二騎自行人來招攬生意,説三輪車雇不到,市委交際處離此地有六七十里遠,我們由於他們説話離奇,斥去之。後問車站民警,他説離此地僅二三里,並代雇兩三輪車,遂往。晤導生同志。還有本院同志多位,認識我,我却記不得他們。晚飯後有晚會,演山東梆子《打胡林》一劇。演的頗好,所用語言,極近河南。經他們介紹山東黨政要人多位,可是我記憶力差,很難記憶。散劇後,回又洗澡,入寢時已將十二點。

三十一日,上午同作銘一家人到市内一轉。歸後,小睡。下午讀《湖南農民運動考察報告》。補作前三日日記。又出到各處小轉。秉琦今日到。晚飯後與作銘、秉琦小談。讀《中國的紅色政權爲什麼能够存在?》《論反對日本帝國主義的策略》。早寢。

八　月

一日,今日仍讀《毛選》一集《井岡山的鬥爭》《關於糾正黨内的錯誤思想》《星星之火,可以燎原》《必須注意經濟工作》《怎樣分析農村階級》《我們的經濟政策》各篇,但未能精。下午兩點餘同作銘一家、秉琦到浴場。我本無意入浴,但經秉琦慫恿,也入浴,並曬太陽。秉琦說入浴、曬太陽、以沙擦皮膚,可治皮膚癢病云云。

二日,讀《關心群眾生活,注意工作方法》《中國革命戰爭的戰略問題》。後一篇未完。下午仍同作銘、秉琦、元胎(元胎昨晚來到)到浴場入浴。晚見楊一之及其家人。上午寫家信一封。復孟範成信一封。

三日,讀完《中國革命戰爭的戰略問題》,又讀《中國共產黨在抗日時期的任務》。下午同元胎、秉琦到浴場入浴。晚在院内看演電影《鐵道衛士》。後續演《紅旗譜》,但我未看。

四日,上午同秉琦、作銘父子、元胎、楊一之父女游烟台山。山不高,高度僅可比北京的景山及瓊島。途中沿海有船石,路途頗險。有人題詩,最古者爲康熙丁丑。餘爲同治年,題名者有洪鈞。據說有"船石"二字刻石,則未見。山上有烈士紀念石柱,烈士題名的有八九十人。外有一亭。讀《爲爭取千百萬群眾進入抗日民族統一戰綫而鬥爭》《反對日本進攻的方針、辦法和前途》。下午同元胎、秉琦、作銘到浴場入浴。今日天氣悶熱。

五日,上午元胎來談,交際處楊處長來談。也翻閱《毛選》第二集内數篇,不但非精讀,連讀也談不到! 這樣學習經典著作,實在得不到益處,後當努力改正。給周國亭寫回信,未完。下午同作銘父子、秉琦往浴場入浴。今日温度很高,入浴人多。

六日,讀《實踐論》《新民主主義論》。下午同元胎、秉琦、作銘父子到浴場入浴。晚看演電影《水上春秋》。

七日,夜睡不足。上午同楊一之談。讀《中國共產黨在民族戰爭中的地位》《五四運動》《青年運動的方向》。下午大雨一陣,但因旱日久,尚望繼續下。出同作銘、秉琦、元胎、□小姐①同參觀張裕釀酒公司及□□加工廠②。張裕有六十八年歷史,自具千餘畝葡萄園,所釀酒大部分出口。廠出品每年可換外匯美元百數十萬。在廠工人三百餘人。再讀《蘇聯利益和人類利益的一致》。讀《〈共產黨人〉發刊詞》,未完。晚肚子有點瀉。

八日,讀完《〈共產黨人〉發刊詞》,又讀《關於國際新形勢對新華日報記者的談話》《反對投降活動》《必須制裁反動派》《論聯合政府》,末一篇未讀完。下午同多人往參觀程明制鎖廠。後又游玉皇頂。回後遇吳汝祚、薛金度及其他同志二人新自蓬萊、黑山島來,進行考查工作。明日或可往棲霞。今早又瀉一次。日中還有些活動,晚全愈。

九日,上午看前數日的報。睡午前覺。下午續讀《論聯合政府》,仍未完。與元胎、作銘、秉琦、楊一之一家同到浴場入浴。晚看今天來報。重要的是郭沫若所作《序〈再生緣〉前十七卷校訂本》及《再生緣》著者陳端生年譜、陳的丈夫范菼充軍伊犁的經過。隨多人到大眾劇院看演《趙美容觀燈》。劇前半是一悲劇架子,後半却又編成喜劇。睡時已將十二點。

十日,因夜睡少,日間多睡。餘時把復周國亭信寫完。因長達四頁,故直至晚才寫完。開始看劉子靜所著《中國古代神話之研究》。今日下午大雨。

十一日,續看《中國古代神話之研究》,完畢。他對於從外國翻譯過來的材料引用頗多。文字頗多不檢應修正處,但大致還

①編者注:原於"小姐"前空闕一字。
②編者注:原於"加工廠"前空闕約二字。

好,有點用處。又開始看他所著的《華夏與戎狄蠻夷》。下午兩點餘天氣還好,與元胎同到浴場入浴,此時北偏東處已有雨。約十幾分即出冲水。後正着衣,未畢,即雨。到浴場辦公室少避。後雨稍停,即出,歸途中,避雨三次。最後在科學技術委員會避時,大雷雨。幸五點半雨止,即出疾歸,路間多流水,不易走。回到寓時六點已過,後又大雨一陣。晚肚子又有點瀉。

十二日,把《華夏與戎狄蠻夷》看完。此書寫的較差,實未能得問題要領。《神話研究》寫的還可以,但所引書真偽不辨,須加删改。復劉子靜信,與他提意見,未完。晚在院中看電影《秋翁遇仙記》。今日肚子有一點活動,但未瀉。喉頭發癢。

十三日,今日把《華夏與戎狄蠻夷》再看一部分。讀恩格思的《德國維護帝國憲法的運動》。晚在院中看電影河北老調《潘楊訟》。今日風發味更重,請醫生診視。服藥。

十四日,上午同作銘、秉琦、元胎、一之參觀鐘錶廠。此廠建立於 1915 年,爲工人李東山所創辦,從時間説,爲自辦鐘錶廠的最老的。現在有上千工人,自造、本國造、外國造的機器很不少。產品以鬧鐘爲大宗,大部出口。試製手表,未完全成功,故尚未出售。出同游公園,俗稱南花園,雖不算廣大而花木自楚楚可觀。下午把《德國維護帝國憲法的運動》讀完。接到家中寄來四十元。

十五日,讀馬、恩合著的《國際述評(一)》、恩格斯著的《10 小時工作問題》及《英國的 10 小時工作制法案》,馬、恩合著的《中央委員會告共產主義者同盟書》。下午四點半後隨便出走到車站附近。今日天陰,多風,頗有秋意。海浪亦頗洶湧。接黃石林信一封。

十六日,今日同四十餘人游蓬萊。大家坐一大車,我同作銘、陳部長(山東省委統戰部部長,臨淄人)共坐一小車。沿路秋苗還好。此間農村還有很多瓦房。蓬萊離烟台八十一二公里。九點過後到。蓬萊原有二城,一水城,爲保護當日水師之用。上午游名勝蓬萊閣。有碑説閣建於宋崇寧時,他碑則説建於嘉祐時。有陳摶所題福壽二字碑,有東坡書碣,此二宋人筆跡未必可靠。至閣建於宋嘉祐或崇寧時,大致足信。有明碑多坐。正廟爲海神廟,偏殿陳列近年附近出土古物。有春秋物,出自國夫人墓。有漢磚及漢白陶甕多件。並陳列前清文廟中祭器。閣三面可望海,並能見海市蜃樓,據説前十許日尚見一次。又説晴朗氣候,北可望見老鐵山。到縣委會,陳部長從縣領導人瞭解本地農業情况及指示工作。據他們所説,此地今年原定畝產 340 斤,但因化肥供應不足,指標恐難完成。種的花生特好,望豐收。山東糧食還有困難:不願向中央請求援糧,可是由於麥歉收,河北三區秋也有灾,還不容易辦到。三點後又同游戚繼光祠。神主題武莊公,匾額却題武毅公,未知何故。祠規模不大。前有二石坊。又同游宋慶祠,比戚祠弘闊,庸人多有庸福,在前蓋信。回到寓,未六點。

十七日,上下午讀幾頁《德國農民戰爭》。上午交際處的李同志來説,下午可同王院長(上海一醫院的院長)同游威海,我有一點猶豫,李竭力慫恿,也就答應同去。下午三點半後動身,至威海,六點剛過,住於市招待所。王院長爲此間海陽縣人。沿途秋苗均好,聽説曾此西邊偏下兩場雨,所以莊稼較好。晚同此間吳書記到温泉洗澡。聽説此建築屬於海軍,另有一處屬陸軍。

十八日,昨夜因蚊帳無法遮嚴,蚊蟲進帳,睡極不佳。早飯後,仍同吳書記出游環翠樓。樓建於一小山包上,登臨可見威海全城。樓在敵人退出時破毀,下層餘墻,上層僅餘柱。但登臨一望,仍很暢觀。下到郊外陶家夼(音匡)村,村離市約四五里,全屬山地,雖有地四五百畝,但種糧的不過四五十畝,餘均種果樹。以苹果、葡萄爲大宗。家家院内外均種葡萄,果實纍纍喜人。果園很好,但山水下時成灾,小受影響。每畝平均約收八千餘斤,頂好的可到兩萬斤。去年每人分九十多元,今年估計可達百一十元之譜。曾入一家,院内室内全整潔。我們回途中,仍遇有兩吉坡車來參觀,大約此村爲附近各村中最好的。回市内參觀一織毯工廠。此廠原爲一製麻繩工廠,58年大躍進,一躍而爲織毯廠,但原制繩廠仍在旁保存工作。所織地毯大部出口,一女工答問説出口到蘇聯,言次很有自負之感。又參觀陸軍浴池。下午三點後,即回烟台。榮(城)烟路南,山雖不太高,而連亘不斷。出烟台市範圍後,就進牟平境,再後就進威海市範圍。在威海山區有不少的造林,雖尚未壯大,數年後當有顯著的成效。牟平境内較遠高山,林木似很少,但距路近的小山頭,也開始造林。晚演電影粤劇《關漢卿》,因爲精神疲倦,看至八點半鐘,即回洗浴後就寢。

十九日,夜眠甚酣,上午又睡一次,前夜所欠的覺才行補足。全日繼續寫對劉子静書的意見,完畢。接晞奕信一封。説季芳於十五日往哈爾濱。晚演電影,據説正片爲《野玫瑰》,但僅演紀録片及短片《含苞待發》,微雨,遂停下。

二十日,繼續讀《德國農民戰争》。晚讀《毛選》三卷中的《學習和時局》，又把附錄的《關於若干歷史問題的決議》讀一部分。

二十一日，上午同秉琦、作銘、一之家人參觀此間博物館。館原爲福建會館，上題天后行宮。梁柱雕刻頗工，據說一切材料，均在閩雕刻好，用船運來，又說：中途船沉一隻，否則修築當更好。陳列有一部分，頗多僞品；真物所定名稱及時代均有問題，作銘給他們改正一些。出到"新世界"百貨店一轉。下午又同秉琦、一之家人、王院長等坐船游扁擔島。船行時並撒網提魚，但所得均小魚。島兩頭高，中間狹長，真像扁擔。上有新房二棟，聽說是海產生物的養殖站。回寓六點半已過。晚演電影《秦娘美》，但不久即落雨，遂停止。

二十二日，夜中及今日氣候頗熱，晚有風，才較涼爽。上午同作銘、秉琦、一之家人參觀西沙旺苹果園。園在寓所西南，約十里。所看的爲國營場。可種園地爲一□①四五□畝，已種者不過八□多畝。國營場自種者不過□□畝。此地產苹果百分之八十運香港出口，年約二百萬□。從 58 年起，已把從前由美國與□□所占據的市場奪回。也種一部分葡萄，主要賣給張裕公司，作成酒再出口。下午勉強《關於若干歷史問題的決議》讀完。到浴場入浴。

二十三日，夜中及日中雖多雲，並且中午落雨一小陣，而悶熱異常；雖把《毛澤東選集》第四卷展到面前，也不過隨便翻閱，未能細讀。下午三點在寓前下海一冷浴，才覺輕快。晚演電影《空印盒》。前加片爲山東電影製片廠所攝的《爐前戰鬥》及《花生

---

①編者注：本日日記標"□"處，原稿皆爲空闕。

□□①保豐收》。

二十四日，今日晴空無雲，但有風較涼爽。看第 15—16 期的《紅旗》文兩篇，第三篇未能完。下午獨到浴場入浴。晚看山東省京劇一團所演京劇。入寢時已十二點。

二十五日，今日把第 15—16 期的《紅旗》文約略看完。上午同作銘、秉琦、一之一家參觀罐頭廠。廠爲 51 年所建；前一二年支援抗美援朝，此後即專營出口。飛輪牌行銷資本主義國家，牡丹牌及他牌行銷新民主主義國家。工人最多時達一千七八百人，現僅有八百餘人，餘均回農業第一綫。經營魚蝦、肉類、水果、蔬菜四大類。也因原料不充裕，開工僅達設備能力的一半。工人幾全爲女工。也有不少技術革新事項，但還很有潛力，有些不難走到機械化的工序，還需積極努力。下午同秉琦到浴場入浴。今日太陽時隱時現，且有風，海水較涼。後又同到百貨商店。秉琦想買胡桃粉，今日上午剛售完，遇一之，也是受托買此物，不可得。晚演電影《革新迷》及《草原風暴》。

二十六日，上午同作銘、秉琦、一之參觀水産公司所屬加工廠的冷藏庫。冷藏室內有的在零下十二度左右，有的在零下二十度的光景，有一部分地區卻達零下三十一二度。我們到這些區域參觀片時，也需穿戴他們所預備的棉襖、棉褲、皮帽。室內冰枝懸掛天花板上。冷藏魚類一部分出口，一部分行銷國內。室建於 58 年，國家對全工廠投資 600 餘萬元。下午同秉琦到浴場入浴。晚把《德國農民戰爭》匆匆讀完。

①編者注：原於"生"後空闕約二字。

二十七日,上午檢點行李,開發賬目。下午仍同秉琦到浴場入浴。歸後,提早吃飯。六點後即往上船,以爲過七點即將開船,實則船開時已將九點。

二十八日,船到龍口時,有不少人上船,此後即不再停船。

二十九日,早晨將四點時,我起小解,即見船已早到塘沽新港(後秉琦説船兩點即到),但因無潮水,不能過閘,停泊閘外。入閘後又因天津浮橋必須到十一點半才行吊起,停泊多時。到天津碼頭已中午十二點。到老車站買票,却因人多擁擠,僅能買到六點十分的票。到北京新站時已八點一分。桂愉夫婦到站迎接,到家將九點。吃飯後休息,談論,就寢時已將十二點。

三十日,因桂愉明日即將到杭州去,我也因船上睡眠不足困乏,未上班。上下午均補睡。晚飯後同桂愉夫婦、十週到北海擬划船,但剛上船數分鐘,即見閃電,聞雷聲,急歸,快到門前,即落雨,急走入門,未淋大濕。晚入寢時仍過十一點。

三十一日,今日因桂愉上午七點即將上車到杭州去,五點即起,我也此時起來。開始上班。上午看報。下午因所內毯子等物已拿回家,無法午睡,故午飯後不久即回家。但到家後亦未睡着,翻閱《革命回憶錄》而已。

九　月

一日,看報外,看聶榮臻同志《關於自然科學工作中若干政策問題的請示報告》、中國科學院黨組《關於自然科學研究機關當前工作的十四條意見(草案)》及中共中央的《批示》。下午錢臨照同志來談。接桂璋信一封。

二日，上午集體學習並討論公社實用條例六十條。下午兩點半後開大會傳達聶榮臻同志對本院□□①會議的報告。餘時看報。接人民出版社送來稿費 116 元的支票並《歷史研究》(4)三十本。

三日，今日天陰，時有微雨。上午到新街口南大街，想刻一牛角名章，但因不能很快刻出，未成交。晚接杭岐來電說其母明日下午三點到北京。

四日，上午看報。並到王府井大街人民銀行取款。下午到車站接季芳及小江下車。我又回所，與雲甫談他的退休事，並把此事向林澤敏同志報告。此時約四點半，即提早回家。又到郵電局發一電，給杭岐，報告旅途平安。

五日，到所時已八點四十分左右（此後遲到在一刻鐘以內的都不記）。研究組開會，坐談關於聶副總理報告的意見。下午把此期的《歷史研究》題字送與各同志，請他們對於我的文章提意見。與子衡談。

六日，上午看報，再把《歷史研究》送同志。與作銘同志談雲甫的著作問題。下午看此期《歷史研究》文兩篇。看《關於哲學社會科學研究機構當前工作的十條意見（草稿）》；看《史學資料》文一篇。接劉子静信一封。

七日，夜陰雨。上午仍微雨，氣溫頗低。下午漸晴。上午看報外，把劉子静的《華夏與戎狄蠻夷》稿再加幾條眉批，並把全稿

---

①編者注：原於"院"後空闕約二字。

寄還他。下午看《中國通史》奴隸社會部分稿。工間操後,想查我打奴夫加因針,打過幾個療程,未完,夢家來,爲我文提意見。

八日,看報外,看《中國通史》原始社會部分稿中有關傳説部分。續看奴隸社會部分稿並注意見。

九日,上午到南河沿政協俱樂部開學部的學習會。下午到長安劇院,聽崇文區(或朝陽區,已記不清)秦書記所作關於人民公社的報告,很能解決問題。

十日,上午領小江到景山公園一游。下午又領她到官園公園游。

十一日,上午看報,並繼續看奴隸社會部分稿,仍未完。下午原寫稿的史學所的□同志①來所,本所研究組同志給他提意見。

十二日,看報外,繼續看奴隸社會部分稿並提意見完畢。今早到所時七點二十分。

十三日,上午本所同志爲《中國通史》原始社會部分稿題意見。下午黨內開會,談《關於哲學社會科學研究機構當前工作的十條意見(草稿)》的意見。

十四日,看報外,檢查舊日記中關於打奴夫加因針的材料,計算出來從前已經打了十九個療程。看林壽晉所作的《虢國的國別》,並提一點意見。把《從另一個角度看我國封建社會長期遲滯問題》的打印稿找出,改正錯字,並送給《歷史研究》編輯部,請他們照改。

十五日,早晨到北京醫院檢查身體,看是否可以繼續打奴夫加因針,醫生説可以,並且勸我於下星期四下午到醫院對身體作

①編者注:原於"同志"前空闕一字。

全面的檢查。我當然答應並同他們約定。回所時已將九點三十五分。上午看報。下午看斯大林的《新的環境和新的經濟建設任務》《和德國作家艾米爾·路德維希的談話》《和紐約時報記者杜蘭特先生的談話》《和羅賓斯上校的談話》。

十六日,夜眠不佳。上午學習會談上禮拜秦書記關於人民公社的報告。下午黨中開會念中央所擬關於手工業及商業的條例各若干條。並漫談此項條例。

十七日,上午領小江出到西直門,上公共汽車到大鐘寺站下,在附近略游。後再上公共車到北太平莊站下。向北走上大都舊城址上一游。回太平莊上公共車回寓。中午韓里全家來。

十八日,夜眠不佳。上午要到隆福醫院再打這一療程最末的一針,可是等到交費時才發現忘帶敷用的錢!又回所向雲甫借兩元才能交費打針。回所時已將九點半。看報。下午看第 404、405、406、407 期的《北京工作》,最後一期未完。黃石林勞動一月畢後回所,談。

十九日,看報外,把《北京工作》看完後送給作銘。下午看八月十五日及二十五日所出的《史學資料》。

二十日,看報外,看斯大林的《蘇聯社會主義經濟問題》,未完。早晨到醫院打針。天陰,溫度頗低,覺寒,提早一點鐘回家。

二十一日,上午看報外,續看《蘇聯社會主義經濟問題》。下午到北京醫院檢查身體。

二十二日,早晨到醫院打針,回所時將八點廿分。看報。下午把《蘇聯社會主義經濟問題》看完。接《歷史研究》編輯部來信,請將《從另一個角度看中國封建社會長期遲滯問題》一題目譯爲俄、英文字,我因自己無法,托作銘代譯英文並倩人代譯俄文。

二十三日,上午看報。下午因所中大掃除,午飯後即回家。下午休息未工作。

二十四日,上午理髮。

二十五日,早晨到醫院打針,回所時八點四十分。上午看報,黃石林來談將來工作計劃。下午看第 18 期的《世界知識》及第 18 期《紅旗》中的一篇。

二十六日,早晨到北京醫院想要補牙,但掛號處説:"現在没有補牙的材料,所以無法補。"問他材料什麼時候能來,他答:"大約一個月,但也不能一定。"遂回。到所時八點三刻已過。看報。下午把王俊名、莫榮先二同志所代譯的《從另一個角度看中國封建社會長期遲滯問題》的譯文,再同他們斟酌一番後,送給《歷史研究》編輯部。看《學術月刊》中的施畸寫的《孔子未嘗學〈易〉考》。又看其中他篇,未完。

二十七日,早晨到醫院打針,回所時已八點四十分。看報。看第 18 期的《紅旗》文章完畢。看《學術月刊》中王方名所著的《論思維史研究》。讀《資本論》中《簡單再生産》一章。下午新吾來談。今日陰,微雨。

二十八日,終日雨,下午較小,晚始停。未上班。在家除看報外,也未工作。

二十九日,早晨到醫院打針,回所時將八點四十分。上午看報。下午想讀《資本論》中《由剩餘價值到資本的轉化》章,可是開始就不容易懂,遂暫停止。再讀《所謂原始積纍》章,比初讀較仔細,也有些不懂的地方。單先進來談。他不久回湖南,從事考古工作,問我關於湖南考古工作現在達到的水平,我對於此點幾乎毫無所知,非常慚愧。後從文獻方面略談關於湖南、湖北方面的材料。

三十日,看報外,看一點《世界史》的第三、四卷的關於資本主義社會萌芽的各節。下午兩點到北京劇院聽潘梓年同志關於國內外情況及各所應取的方針的報告。三點半後回所,翻閱《世界通史》關於若望達安的部分。因恐今日車輛擁擠,提早回家。

十　月

一日,今日國慶節,上午到天安門觀禮。十二點過後即散會。但走到北海後門,又等一會兒才能搭上電車,到家兩點已過。晚還有權到天安門參加晚會,但我因困倦,未往。

二日,上午在家收拾屋子,下午給小江講故事而已。

三日,上午到平安里換汽車月票,往看侍峰的病,他現在還能吃能睡,可是說話只能吐幾個字,也還對付能認識人,不過如此!本意想往訪介眉,但因未帶錶,恐怕掉飯眼裏,遂歸,到家後却仍只十點半剛過。下午寫給桂璋一封。

四日,早晨到醫院打針,回所時九點十分。上午看報。下午再看《世界通史》關於若望達安部分。原希望它指明此運動的內含意義,但並無有。又看《資本論·資本主義積纍的一般法則》章。今日與作銘及黃石林談變更將來工作計劃事。

五日,上午看報。看十九期的《紅旗》,下午完畢。校改《從另一個角度看我國封建社會長期遲滯問題》打樣,未完。

六日,早晨到醫院打針,回所時將八點二十分。看報外,續看《資本主義積纍的一般法則》章。

七日,上午到北海慶霄樓開學部的學習會,所談主要仍多爲培幹問題。下午黨中組織生活,念關於工業指示的文件,坐談。可是我因爲未午睡,精神困倦,聽文件時大部時間竟入睡鄉,是應該嚴厲檢討的。

八日,上午同晞奕母子游動物園;下午同季芳往謝陳西源大夫。

九日,早晨到醫院打針,回所時八點□□①。上午看報。所中轉來辛亥革命五十周年籌備委員會請柬一封,請今晚七點到人民大禮堂,參加晚會,於六點二十分前入場,因在所晚飯不便,午飯後即回家。午睡後預備一切,五點即吃飯。飯後即往。畢時十點一刻左右,然到家睡時已將十二點。

十日,到所已八點半。看報外,檢查傳説時代材料卡片。昨日下午才想起改要登下期《歷史研究》一文打樣還未完,已遲三天! 今早到所即趕改後即親送去。

十一日,早晨到醫院打針,回所時將九點。《歷史研究》編輯部把《從另一個角度看我國封建社會長期遲滯問題》轉到《人民日報》社,他們把文壓縮一部分,來電話徵求我的同意,我答應同意,後又把打樣送來,請校對,校後還他們。孫一楫來,片刻即去。接劉子静信一封。下午看第十□②期的《世界知識》。

---

①編者注:原於"點"後空闕約二字。
②編者注:原於"十"後空闕一字。

十二日,看報外,檢查傳説時代資料卡片。下午提早半小時出到外文書店問俄文《列寧全集》末卷及明年俄文月份牌是否已到,均未到。

十三日,早晨到醫院打針,回所時將八點五十分。看報。九點半因佟柱臣新到所與同志相見,在山坡上開二十多分鐘的小會。下午看第九期的《考古》内文數篇。在所中提早半點鐘吃飯,畢。到首都影院,看阿根廷製片《大墻後面》,只可以説還不算壞。

十四日,上午學習討論社會主義的經濟規律問題。下午黨中組織生活,念政府制定暫行關於工業工作規劃草案七十條。接取包裹條一,係我在烟台回京時把膠鞋遺失在那裏,前已發現,但覺夏季已過,服務員當散歸農村,不易檢查,所以未去信問。現經該交際處檢出寄來,誠誼可感。

十五日,上午又與晞奕母子同游動物園。下午到新街口澡堂洗澡。

十六日,早晨到醫院打針,快排到時才想起忘帶藥物,只好回所再取,致打畢回所時已九點鐘。看報外,翻閲第十期《考古》及到八面槽郵電局取包裹而已。

十七日,上午看報後,精神即疲倦不振。下午看《關於哲學社會科學研究機構當前工作的十條意見》草稿,想提出一點意見,但未幾,收到第二十期的《紅旗》,遂看其中的後幾篇(前邊兩篇重要的還未看)。

十八日,早晨到醫院打針,回所時八點五十分。看報外,看第二十期《紅旗》的前兩篇。再看《十條意見》。晚到首都劇場看話劇《八一書暴》①。歸到家時約十一點,就眠時十二點已過。

十九日,到所時已八點二十分。看報外,檢查傳説時代資料卡片。

二十日,終日濃陰,並時霏霧絲。早晨陪季芳到地安門診療所按摩。把她送到後,我到所取藥,到醫院打針。因季芳上下電車不方便,我再回到地安門診療所接送她回家。在家午飯後,睡一點。三點三刻前後,又動身到所。接到明日在慶霄樓開第十四次學習坐談會,討論《十條》的通知。

二十一日,今日上午如昨日,下午仍陰。九點到慶霄樓開學部的學習會。下午到所黨内開小組會,討論任式楠的入黨問題。因今日禮拜六,坐車人多,提早一點鐘回家。

二十二日,晴。上午王實甫來,出示他所擬著的《墨經集釋》的樣本,請看後題意見。餘時僅對小江談《首戰平型關》的故事。

二十三日,早晨到隆福醫院打第二十療程的最末一針。回所時八點四十分已過。看報。下午看《墨子集釋》的樣本,並翻閲數頁《德意志意識形態》。因天寒,提早一刻鐘回家(室内不及十四度)。

二十四日,看報外,讀《德意志意識形態》。

二十五日,看報外,寫擬對《十條》提出的意見。

二十六日,看報外,看駱耕漠對於《蘇聯社會主義經濟問題》的報告。因未能知第一部類和第二部類商品的分别及 $v+m=c$ 的意義,查《資本論》第二卷,很容易明白前一點,但後一點仍未能

---

①編者注:"《八一書暴》",疑爲"《八一風暴》"之誤。

明白。

二十七日,看報外,把對《十條》所提意見寫完。今日風大,氣溫降低,下午四點前即提前回家。

二十八日,上午小組學習談《社會主義經濟問題》內所提的法則問題。下午黨內組織生活談發展黨員、如何幫助右派分子(未摘帽子者)、蘇聯第二十二次黨代表大會內所吵嚷的國內反對反黨組織國際批判阿爾巴尼亞之問題。最後問題談的最多,大家反對赫魯曉夫作法的程度比我強烈的多。

二十九日,上午到革命博物館看辛亥革命文獻展覽。下午看忠甫遺著的唐藩。

三十日,看報外,看蘇聯共產黨第二十次代表大會的文件。

三十一日,看報外,續看蘇聯共產黨第二十次代表大會的文件。

十一月

一日,看報外,續看蘇聯共產黨第二十次代表大會的文件。看第五期的《歷史研究》中文三篇。

二日,看報外,續看第五期的《歷史研究》。

三日,夜睡不佳,上午很困倦,時時打磕睡。下午睡兩點鐘,精神才恢復。終日不過看報。接劉子靜信一封。

四日,昨晚及今早看蘇聯所擬建設共產社會綱領。九點到北京飯店開學部的學習會。所談問題集中於蘇聯第二十二次共產黨代表大會上反斯大林主義運動、排斥阿爾巴尼亞問題,斥責

“反黨集團”問題。在那裏用午飯後到所，看報。三點一刻，即提前回家。

　　五日，上午同季芳、晞奕母子、小江游中山公園，看菊展。

　　六日，到所八點二十一二分。看報。下午檢查傳説時代資料卡片。

　　七日，看報。下午檢查傳説時代資料卡片。

　　八日，風頗大，天寒。看報。下午檢查傳説時代資料卡片。商錫永來談。

　　九日，看報。精神不好。下午只翻閲《左傳》。

　　十日，到北京醫院治右手上腫，又求治拉蛔蟲，醫囑先檢查，且必須空肚子，故須待他日。回所十點半已過。看報。下午仍檢查傳説時代資料卡片。接北京醫院檢查身體結果信一封。

　　十一日，全日到國務院禮堂聽周總理對於蘇共第二十二次大會的录音意見。

　　十二日，上午到所取回昨天和今天的報紙。下午因伯恭去世，他的妻來信求助，到郵電局給她寄三十元去。

　　十三日，早晨到北京醫院驗血並爲右手傷（腫已退）換藥。回所時九點二十分。看報。下午看《第一次國內革命戰爭簡史》。終日陰，午後微雨。因提前一點回家。

　　十四日，到所時八點一刻已過。看報外，看《紅旗》第21—22期内文四篇。

　　十五日，早晨到北京醫院看驗血結果及爲右手傷換藥。醫生説我的轉氨酶不正常，不能决定是否有肝炎，需要再檢查，並服藥預防。回所時十點二十分。看報外，看完《紅旗》内各文。接中華書局信一封。

十六日，因有肝炎的嫌疑，不得不休息一下，所以起床較晚，到所時間也較晚。看報後，中午即回家。下午休息。

十七日，今日上班、下班及工作情形，大致與昨日相同。上午到八面槽郵電局把人民日報社送來的十二元稿費取出。

十八日，上午到民族文化宮開學部的學習會，仍談蘇共第二十二次大會的各問題。下午回所，黨內組織生活仍討論此問題。四點四十分提前回家。

十九日，上午王實甫來談。下午到琉璃廠榮寶齋購套板印齊白石畫一張。

二十日，上班晚，上午不過看報。午間即回家。下午五點到北京醫院，用超聲波檢查身體，結果據說正常。

二十一日，早晨到北京醫院補牙，回所時將九點四十分。看報。吳汝祚從山東調查回來，談。修綆堂舊夥李同志來談。中午回家。

二十二日，早晨到北京醫院再驗血，回所時已將九點。看報。中午回家。下午看第412期的《北京工作》，未完。

二十三日，到所時已將八點半。看報。中午回家。

二十四日，早晨到北京醫院看驗血結果，答復是轉氨酶降低至108（上次大約是119），已近正常，但尚不能"完全解除警報"，一月後還應該再驗血。回所時約十點半。開始服打蟲藥。看報。中午回家。

二十五日，上午學習，仍談蘇共第二十二次大會各問題。下午過組織生活，念幾件文件。三點半即散會。四點廿分提前回家。接魏樹勳信一封。並送來二柚子（他認爲橙子）。

二十六日，上午領小江到所中取報並游景山公園。下午重寫給烟台專署交際處（因爲上次錯寫爲招待所）的信，可是寫成後，季芳指出我把“專署”寫成“專員”的錯誤，一看信中、信封上、寄畫捲上，完全寫錯！並且想起畫邊題字寫的是“服務處”，不是“交際處”（寫時記不清，今日寫信前找出原來寄膠鞋的包皮布，才看出是“交際處”，可是又把“署”字錯成“員”字！），也不能用，需要重買再寫！記憶力壞到如此，奈何！奈何！

二十七日，早晨微雨，到所時約爲八點半。想到隆福醫院再開始打針，可是遍尋北京院醫生證明，絶不可得！或者又丟掉了！上午看報。下午圖書室送來《阿爾巴尼亞考古發掘最近的成果》，請代翻譯，略看一遍。讀《國家與革命》。

二十八日，早晨到隆福醫院開始打這一療程的針，可是由於此次需要此醫院醫生在北京醫院醫生所出的證明上簽字，遲至十點半才能回所。看報。再寫給烟台專署交際處的信。看《國家與革命》。

二十九日，上午看報。下午開始譯《阿爾巴尼亞考古發掘最近的成果》。

三十日，早晨到醫院打針，回所時八點五十五分。看報。繼續譯《阿爾巴尼亞考古發掘最近的成果》。

十二月

一日，到所時八點二十五分。上午看報。下午仍繼續作翻譯。接劉子静信一封。

　　二日,上午到政協禮堂開學部的學習會。仍談蘇共第二十二次大會的各問題。午飯後,到所時微雪,遂提前回家。看報。

　　三日,上午在家收拾房間。下午午睡後領小江到稚岐及糜岐家。

　　四日,早晨到醫院打針,回所時八點五十五分。看報。繼續作翻譯。下午風稍大,天寒。

　　五日,到所時八點廿五日分。仍看報,把《阿爾巴尼亞考古發掘最近的成果》譯完。上午中華書局的何炳然同志來請對中國傳説及神話給它寫點東西,允許明年給它寫《堯舜及夏禹》,約四萬字。

　　六日,早晨到醫院打針,回所時八點三刻已過。看報。把譯稿再改正一次交出。晚到蟾宮,看《51號兵站》電影。

　　七日,看報外,看第四期的《歷史研究》文兩篇,及于省吾所著的《從甲骨文看商代的社會性質》。

　　八日,早晨到醫院打針,回所時已九點五分。看報。下午聽作銘所作工作報告。黄石林明明告訴我是兩點開會,我也很注意看錶,可是我去時却正是兩點半!看見會已開一時間,還想着黄石林給我説錯!細想才覺悟到我自己錯看錶!看唐立庵駁于省吾文。

　　九日,上下午均開大會討論蘇共廿二大問題。開會前及散會後看于省吾反駁唐立庵文一篇。唐文證據不充分,所以使于振振有詞,可是于文所要建立商爲軍事民主時代義,恐怕還不容易成立,有待再深入的研究。

　　十日,今日爲我的生日(按公曆計),上午糜岐、稚岐兩家皆來,甚爲歡騰。下午到新街口南大街刻一名章,十八日可取。又到新街口新華書店買《于謙和北京》《一二·九運動史》各一本。晚看《于謙和北京》。

十一日,早晨到醫院打針,回所時約八點半。看報外,看《一二九運動史》。

十二日,昨夜及今日風頗大,天寒。看報外,把我所編《紀元表》中的南詔及大理的紀元均按李家①瑞的《用文物補正南詔及大理國的紀年》改正。

十三日,早晨時到醫院打針,回所時大約九點。看報。下午復劉子静信一封。

十四日,到所時八點二十分。對劉子静的復信又加入一些。看報。下午翻閱《辭海》考古章稿;看第二十三期的《世界知識》文一篇。

十五日,早晨到醫院打針,回所時約九點五分。看報。下午看《世界知識》。夢家來談。

十六日,上午到學部聽尹達同志關於蘇共第二十二大問題的報告。下午在黨內過組織生活。因雨雪提早半點回家,但電車上仍擁擠不堪。

十七日,十一點前後,同季芳、小江到糜岐家。午飯後,又同糜岐及其小孩(韓里因事忙未往)到北海一游。

十八日,上午在華僑大廈開學部學習會,仍談蘇共二十二大問題及蘇阿關係、赫魯曉夫政治傾向對於世界影響問題。下午看

---

①編者注:“家”,原誤作“嘉”。

報及第二十四期的《紅旗》中短文數篇。

十九日，早晨到醫院打針，回所時快到九點。看報外，把二十四期的《紅旗》看完。又看《山西舊石器》。内中説到河南、陝西的部分。河南的説到靈寶、陝縣、澠池的舊石器發現地點，我從前全不知道。

二十日，早晨到所約八點二十分。讀《德意志意識形態》（又從頭讀）。看報。下午翻閲第十一、十二兩期的《考古》。

二十一日，早晨到醫院打這一療程（僅十針）的最後一針。回所時九點十分。看報。我從前總以爲西方最早用鐵的是喜提特人，前兩天同黄石林談及，在《世界通史》中急切查不出，讓他細查。今日他向我説，古巴庇倫用鐵更早。吳爾城邦已經有鐵工，我很詫異，並查俄文原文，果係吳爾在紀元前第三千年末已知用鐵。下午又看《紅旗飄飄》中《列寧在 1917 年》一文後段。《哲學研究》編輯部一張同志來談，説明年爲王船山逝世 270 周年紀念，想讓我寫一點文章，未敢完全答應。

二十二日，上午與夢家談他的思想改造問題。看報。下午聽秉琦關於王灣二期文化的報告。王灣在洛陽西北穀水南。遺址上層爲龍山文化，底層爲仰韶文化，中層頗厚，據秉琦意，它自身有特色，與仰韶、龍山均有聯繫，可是近於仰韶，可看作它在後期的支派，與龍山的距離却較大。這以上的情形，或可名之曰中原區域的發展：西以陝縣爲界，南可至信陽，東過鄭州，北抵黄河，云云。散會後，翻閲俄文《世界通史》第一次世界大戰後意大利的革命運動一段。接劉子静信一封。

二十三日，上午學習時，仍談蘇共二十二大後世界形勢的發展問題。下午組織生活漫談我國農村問題及城鄉關係問題。

二十四日，上午洗澡、理髮。將晚，訪黎劭西老友談。

二十五日，上午到所時已八點四十分。與黃石林談太史公在《項羽本紀》中再敘斬李由的問題。看報。下午《哲學研究》社的張同志再來約稿，仍未敢答應。看第六期的《歷史研究》中短文數篇。

二十六日，早晨因等電車過久，到所時八點半已過。讀船山先生的《俟解》。看報。下午魏光洲來。繼續看《歷史研究》。上午傅振倫來談。他現在在中華書局工作；他也曾成右派分子，現在帽子已摘；他談起，我才知道。

二十七日，上午到所時八點廿五分。看報外，續看《歷史研究》。看《馬恩全集》第八卷的《說明》。劉子靜又將他的《中國古代神話之研究》稿本寄來。

二十八日，看報外，繼續看《歷史研究》。

二十九日，夜睡不佳，到所時將八點四十分。看報外，翻閱侯外廬等所著的《中國思想通史》。

三十日，上午到學部開學習會，仍談有關蘇共二十二大各問題。中午到絨綫胡同四川飯店午飯，係由從自耕田收入中開消的。下午到所開送舊迎新會，有些文藝節目。四點過後，即散會，提早回家。

三十一日，因爲昨日所中換購物本，寫錯頁數，購不出物，遂到所中取今日報，並請設法改正購物本的錯誤。又到崇文門外，買年畫數張。下午黎晨同志親到商店交涉後，來寓改正本子，並蓋所中印章。